高职高专财经商贸大类专业群规划教材
2020年黑龙江省高等学校课程思政建设示范课程"经济法"配套教材

经济法基础

主　编　滕桂艳　吕继妍
副主编　李　鹏　王竞雄

中国财经出版传媒集团
中国财政经济出版社
·北京·

图书在版编目（CIP）数据

经济法基础 / 滕桂艳，吕继妍主编． -- 北京：中国财政经济出版社，2024.8． -- （高职高专财经商贸大类专业群规划教材）． -- ISBN 978-7-5223-3342-7

Ⅰ．D922.29

中国国家版本馆 CIP 数据核字第 20245RT089 号

责任编辑：李　冰　　　　　责任校对：胡永立
封面设计：孙俪铭

经济法基础
JINGJIFA JICHU

中国财政经济出版社 出版

URL：http：//ckfz.cfeph.cn
E - mail：cfeph@ cfeph.cn

（版权所有　翻印必究）

社址：北京市海淀区阜成路甲28号　邮政编码：100142
营销中心电话：010 - 88191537
天猫网店：中国财政经济出版社旗舰店
网址：https：//zgczjjcbs.tmall.com
北京密兴印刷有限公司印刷　各地新华书店经销
成品尺寸：185mm×260mm　16 开　17.5 印张　323 000 字
2024 年 8 月第 1 版　2024 年 8 月北京第 1 次印刷
定价：50.00 元
ISBN 978 - 7 - 5223 - 3342 - 7
（图书出现印装问题，本社负责调换）
本社质量投诉电话：010 - 88190744
打击盗版举报热线：010 - 88191661　QQ：2242791300

前　言

本书是为高职高专院校财经商贸大类专业群开设的"经济法"课程而编写，也是2020年黑龙江省高等学校课程思政建设示范课程"经济法"配套教材。通过学习经济法知识，帮助学习者掌握职业岗位中需要具备的基本经济和法律方面的知识和能力，打造"重诚信、善沟通、会核算、会管理"的高素质技术技能人才，帮助其在法律划定的界限内合理防范职业风险、依法履行职责、预防及减少违法行为导致的法律责任承担。

本书依托于黑龙江省高水平专业群即黑龙江商业职业学院智能财税专业群，精准适配"课赛融合、书证融通、德技并修、工学结合"人才培养模式，针对"经济法"课程中的市场主体法、市场规制法、宏观调控法、社会保障法四大模块，适当增加了经济法基础知识，《民法典》（合同编、物权编），知识产权法等内容，比较全面地介绍了经济贸易活动所涉及的法律法规和规章，在编写中力求做到实用、准确、新颖，尽可能实现深入浅出、图文并茂、形式多样的活页式及视听结合的数字化教材的需求。本书的内容共包括八个项目模块：项目一"经济法基础知识"、项目二"企业法律制度"、项目三"合同法律制度"、项目四"市场秩序法律制度"、项目五"证券法律制度"、项目六"票据法律制度"、项目七"知识产权法律制度"、项目八"劳动合同和社会保险法律制度"。

本书从项目审批到撰稿完毕，历时三年多时间，经历了我国《民法典》《公司法》等一系列重大法律法规的颁布与实施。因此，在编写中，特别注重与时俱进、守正创新，注重突出了以下特点：第一，实用性强。本书每一项目模块都由知识图谱开始，设定具体的任务提要、能力提升、思政融入与成效、岗位实训、知识储备，向学习者简要概括和提示本项目的关键知识。每项目都穿插有案例解析、真题演练，项目后附有单项选择题、多项选择题、判断题、实战模拟检测题，使全书尽可能易于理解且生动有趣，便于由浅入深地引入教学内容，也易于激发学习兴趣。第二，针对性强。本书以真实生产项目、典型工作任务、案例等为载体组织教学单元，适应结构化、模块化需求，编写体系和内容充分体现"岗课赛证"融通，兼顾未来职业发展、贴近岗位、服务专业，有利于实现财经商贸大类高水平专业群的人才培养目标。第三，数字化强。本书项目任务配以知识图谱和二维码形式，将案例解析、知识扩展、授课视频、配套课件和习题等数字化资源隐身在其中，形成符合学生认知特点、体现先进职业教育理念、服务专业群典型工作任务的形式灵活、信息技术应用适当的可听、可视、可练、可互动的数字化教材。另外，为了方便师生学习，我们专为本书在超星泛雅学习平台配备了"经济法基础"课程资源库，包括微课视频、教学课件、章节练习、案例分析等。

本书由滕桂艳、吕继妍任主编，李鹏、王竞雄任副主编，滕桂艳负责全书统稿、定稿。具体编写分工如下：滕桂艳编写项目一、项目三任务二至任务八、项目五任务二至任务四、项目七；吕继妍编写项目二、项目六、项目八；李鹏编写项目四；王竞雄编写项目三任务一、项目五任务一。

本书的编写出版得到了黑龙江商业职业学院教务处、旅游系、会计系、信息工程系、基础教育部等领导和教师的大力支持。在本书编写过程中，一些法律法规汇编、案例分析、初级会计师经济法基础、中级会计师经济法、注册会计师经济法和法学方面的教材、著作给了我们很大的帮助和启示，参阅并征引了众多学者、专家的著作，在此一并表示衷心的感谢。

限于水平，书中难免存有瑕疵，敬请专家和读者批评指正。

编者

2024年3月

目 录

项目一 经济法基础知识 ... 1

任务一 经济法概述 ... 2
知识点1 法的基本原理 ... 2
知识点2 经济法的调整对象与渊源 ... 4

任务二 经济法律关系 ... 7
知识点1 经济法律关系的主体 ... 8
知识点2 经济法律关系的内容和客体 ... 12
知识点3 经济法律事实 ... 14

任务三 民事法律行为与代理 ... 15
知识点1 民事法律行为 ... 16
知识点2 代理 ... 21

任务四 经济法的实施 ... 25
知识点1 违反经济法的法律责任 ... 26
知识点2 经济纠纷的解决途径 ... 28

项目检测一 ... 35

项目二 企业法律制度 ... 38

任务一 个人独资企业法 ... 39
知识点1 个人独资企业的设立 ... 40
知识点2 个人独资企业的事务管理 ... 41
知识点3 个人独资企业的解散和清算 ... 42

任务二 合伙企业法 ... 43
知识点1 普通合伙企业 ... 44
知识点2 特殊的普通合伙企业 ... 52

　　　　知识点3　有限合伙企业 ·· 53

　　　　知识点4　合伙企业解散、清算 ·· 56

　任务三　公司法 ··· 57

　　　　知识点1　公司和股东的权利义务 ·· 58

　　　　知识点2　有限责任公司的设立和组织机构 ··· 60

　　　　知识点3　有限责任公司的股权转让 ·· 66

　　　　知识点4　股份有限公司的设立和组织机构 ··· 67

　　　　知识点5　上市公司组织机构的特别规定 ··· 73

　　　　知识点6　股份有限公司的股份发行和转让 ··· 75

　　　　知识点7　国家出资公司组织机构的特别规定 ··· 78

　　　　知识点8　公司董事、监事、高级管理人员的资格和义务 ······················· 79

　　　　知识点9　公司债券 ·· 80

　　　　知识点10　公司财务、会计 ·· 82

　　　　知识点11　公司合并、分立、增资、减资 ·· 83

　　　　知识点12　公司解散和清算 ·· 84

　项目检测二 ··· 86

项目三　合同法律制度 ··· 90

　任务一　合同的一般规定 ··· 91

　　　　知识点1　合同的概念和分类 ·· 92

　　　　知识点2　合同的内容 ·· 93

　任务二　合同的订立 ··· 96

　　　　知识点1　合同的形式 ·· 96

　　　　知识点2　合同订立的程序 ·· 97

　　　　知识点3　合同的成立 ·· 100

　　　　知识点4　缔约过失责任 ·· 101

　任务三　合同的效力 ··· 101

　　　　知识点1　合同的生效 ·· 102

　　　　知识点2　合同的效力 ·· 103

　任务四　合同的履行 ··· 104

　　　　知识点1　合同履行原则 ·· 105

　　　　知识点2　合同履行规则 ·· 106

　　　　知识点3　抗辩权 ·· 107

　任务五　合同的保全 ··· 108

  知识点1 代位权 ·· 109

  知识点2 撤销权 ·· 110

 任务六 合同的担保 ·· 112

  知识点1 合同担保概述 ·· 113

  知识点2 保证 ·· 114

  知识点3 抵押权 ·· 117

  知识点4 质权 ·· 123

  知识点5 留置权 ·· 125

  知识点6 定金 ·· 126

 任务七 合同的变更、转让和终止 ··· 127

  知识点1 合同的变更 ·· 128

  知识点2 合同的转让 ·· 129

  知识点3 合同的终止 ·· 130

 任务八 违约责任 ·· 134

  知识点1 承担违约责任的方式 ·· 135

  知识点2 违约责任的免除 ·· 137

 项目检测三 ·· 139

项目四 市场秩序法律制度 ·· **143**

 任务一 反不正当竞争法 ·· 143

  知识点1 反不正当竞争法概述 ·· 144

  知识点2 不正当竞争行为 ·· 145

  知识点3 对不正当竞争行为的监督检查 ··· 148

 任务二 反垄断法 ·· 149

  知识点1 反垄断法概述 ·· 150

  知识点2 《反垄断法》所规制的垄断行为 ··· 151

 任务三 产品质量法 ·· 155

  知识点1 产品质量法概述 ·· 156

  知识点2 产品质量监督管理制度 ··· 157

  知识点3 生产者、销售者的产品质量责任和义务 ································ 160

 任务四 消费者权益保护法 ··· 162

  知识点1 消费者权益保护法概述 ··· 163

  知识点2 消费者的权利与经营者的义务 ··· 164

  知识点3 消费者权益争议的解决 ··· 168

项目检测四 …………………………………………………………… 170

项目五　证券法律制度 …………………………………………………… **173**

任务一　证券法的基本理论 ……………………………………………… 174
知识点　证券与证券法 …………………………………………… 174

任务二　证券发行 ………………………………………………………… 177
知识点1　证券发行概述 ………………………………………… 178
知识点2　证券发行的申请 ……………………………………… 180
知识点3　证券发行的程序 ……………………………………… 182

任务三　证券交易 ………………………………………………………… 184
知识点1　限制的证券交易行为 ………………………………… 185
知识点2　证券上市 ……………………………………………… 187
知识点3　信息披露 ……………………………………………… 188
知识点4　禁止的交易行为 ……………………………………… 191

任务四　上市公司的收购 ………………………………………………… 195
知识点　上市公司收购 …………………………………………… 196

　　项目检测五 …………………………………………………………… 199

项目六　票据法律制度 …………………………………………………… **203**

任务一　票据法律制度概述 ……………………………………………… 203
知识点1　票据行为 ……………………………………………… 204
知识点2　票据权利 ……………………………………………… 206
知识点3　票据抗辩 ……………………………………………… 209
知识点4　票据的伪造和变造 …………………………………… 210

任务二　汇票、本票和支票 ……………………………………………… 211
知识点1　汇票 …………………………………………………… 211
知识点2　本票、支票 …………………………………………… 216

　　项目检测六 …………………………………………………………… 218

项目七　知识产权法律制度 ……………………………………………… **222**

任务一　专利法 …………………………………………………………… 223
知识点1　专利权法律关系 ……………………………………… 223
知识点2　专利权的取得与期限 ………………………………… 229
知识点3　专利权的保护 ………………………………………… 233

任务二　商标法 ………………………………………………………… 235
　　　　知识点1　商标与商标法的基本认知 …………………………… 236
　　　　知识点2　商标注册 ………………………………………………… 237
　　　　知识点3　商标权的行使与管理 …………………………………… 241
　　　　知识点4　商标专用权的保护 ……………………………………… 243
　　项目检测七 ……………………………………………………………… 245

项目八　劳动合同和社会保险法律制度 ……………………………… **248**

　　任务一　劳动合同法 …………………………………………………… 248
　　　　知识点1　劳动合同的种类 ………………………………………… 249
　　　　知识点2　劳动合同的订立 ………………………………………… 250
　　　　知识点3　劳动合同的内容 ………………………………………… 251
　　　　知识点4　劳动合同的履行和变更 ………………………………… 253
　　　　知识点5　劳动合同的解除和终止 ………………………………… 254
　　任务二　社会保险法 …………………………………………………… 257
　　　　知识点1　基本养老保险 …………………………………………… 258
　　　　知识点2　基本医疗保险 …………………………………………… 259
　　　　知识点3　工伤保险 ………………………………………………… 261
　　　　知识点4　失业保险 ………………………………………………… 262
　　　　知识点5　社会保险费征缴 ………………………………………… 263
　　项目检测八 ……………………………………………………………… 264

参考文献 ………………………………………………………………… **268**

项目一　经济法基础知识

【思维导图】

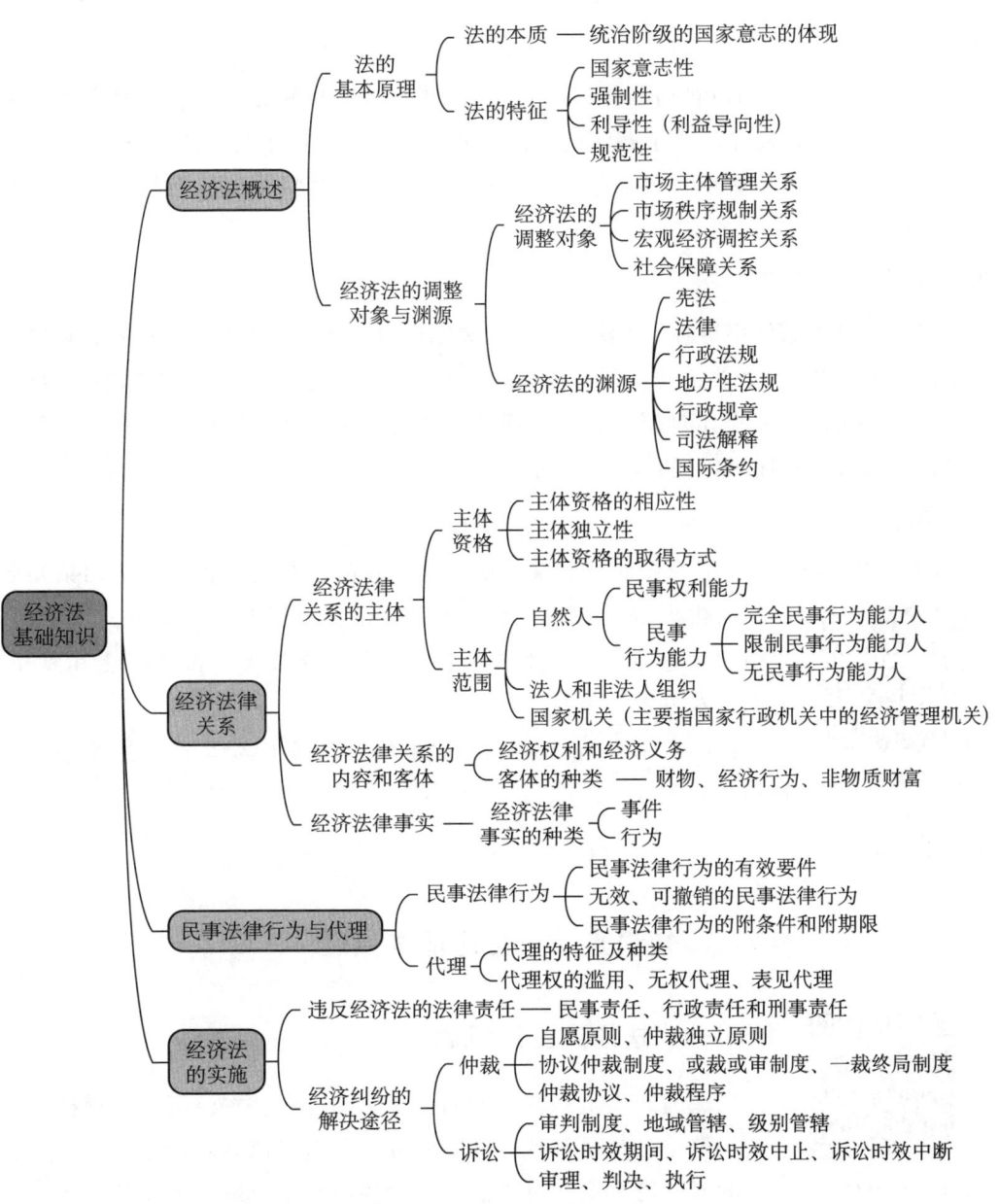

任务一　经济法概述

Ⅰ．任务提要

（1）法的本质、特征与分类；

（2）经济法的概念、调整对象与渊源。

Ⅱ．能力提升

（1）知识目标：理解掌握经济法的概念、调整对象与渊源等内容，使学生深刻体会经济法的当代使命，并了解法的起源、我国经济法的产生与发展。

（2）技能目标：能够总结概括出经济法的渊源；会判断哪些社会纠纷可以用经济法来解决。

Ⅲ．思政融入与成效

（1）从法的繁体字讲解中华法系，坚定文化自信，融入中国梦相关内容，培养学生用科学的历史观分析当前经济现象与法律问题，引导学生关心、关注国家时事政治。

（2）引领认知：坚定理想信念，爱国、爱社会主义，增强宪法法治意识、爱国主义情怀和社会责任感，提升政治认同。

Ⅳ．岗位实训

1.1.1 案例解析

2020年3月1日，北京张女士到某商场选购化妆品，在柜台咨询、试用某知名品牌的化妆品，由于不十分满意，张女士当即就想离开。没想到，该柜台营业员却强行要求张女士购买该化妆品，否则不让其离开。为此，双方发生争执。

试问：本案是否由经济法调整？（本案例涉及经济法调整对象等相关知识点。）

Ⅴ．知识储备

知识点1　法的基本原理

1.1.2 法字的来源

一、法的产生及概念

法的产生是一个长期的、复杂的过程。它经历了与道德、宗教、习俗、禁忌等社会规范的分离和由习惯到习惯法、再到成文法的漫长历史演变过程。最初的法律是由奴隶主国家认可的、对奴隶主阶级有利的习惯，即所谓不成文的习惯法，后来逐渐出现由国家权力机关按照立法程序、用条文形式制定、经公布施行的成文法。人类社会发展的历史证明，法不是从来就有的，也不是永恒存在的。法是在历史发展的一定阶段，伴随着私有制、阶级和国家的出现而产生的，并将随着私有制、阶级和国家的消亡而消亡。

一般认为，法是由国家制定或认可，并由国家强制力保证实施的，反映着统治阶级意志的规范体系，这一意志的内容由统治阶级的物质生活条件所决定，它通过规定人们在社会关系中的权利和义务，确认、保护和发展有利于统治阶级的社会行为规范及其相应的规范性文件的总和。

二、法的本质与特征

（一）法的本质

法是统治阶级的国家意志的体现，这是法的本质。

1. 法体现的统治阶级意志，是由统治阶级的物质生活条件决定，反映了社会客观需要。

2. 法体现的是统治阶级的整体意志和根本利益，而不是统治阶级每个成员个人意志的简单相加。

3. 法体现的不是一般的统治阶级意志，而是上升为法的统治阶级意志，是统治阶级的国家意志。

4. 法体现的统治阶级意志，会在一定程度上顾及被统治阶级的利益（而非完全不顾及被统治阶级的愿望和要求）。

（二）法的特征

1. 法是经过国家制定或者认可才得以形成的规范，具有国家意志性。

2. 法是凭借国家强制力的保证而获得普遍遵行的效力，具有强制性。

3. 法是确定人们在社会关系中的权利和义务的行为规范，具有利导性（利益导向性）。

4. 法是明确而普遍适用的规范，具有规范性。

【真题演练1-1 单项选择题】有关法的本质与特征，下列表述不正确的是（　　）。

A. 法是由国家制定或认可的规范

B. 法是全社会成员共同意志的体现

C. 法是由统治阶级的物质生活条件所决定的

D. 法凭借国家强制力的保证获得普遍遵守的效力

【答案】B

【解析】 选项 B：法虽然会在一定程度上顾及被统治阶级的利益，但体现的是"统治阶级的国家意志"。

【试题来源】 初级会计专业技术资格考试《经济法基础》真题

三、法的分类

1. 根据法的创制方式和发布形式：成文法和不成文法（习惯法）。
2. 根据法的内容、效力和制定程序：根本法（宪法）和普通法。
3. 根据法的内容：实体法和程序法。
4. 根据法的空间效力、时间效力或者对人的效力：一般法和特别法。
5. 根据法的主体、调整对象和渊源：国际法和国内法。
6. 根据法律运用的目的：公法和私法。

知识点 2 经济法的调整对象与渊源

一、经济法的产生与发展

经济法，这个名词最早出现在 1755 年，是由法国空想共产主义者摩莱里在其专著《自然法典》中提出的。他把经济法看成是分配法，并不是我们现在意义上的"经济法"。根据我国学者的研究，一般认为，经济法是指国家调整一定经济关系的各项经济法律规范的总称。研究经济法的产生和发展的历史过程，正是从这个意义的理解上展开的。无论是奴隶制法，还是封建制法，都有不少调整经济关系的法律规范，甚至还有一些单行法规。但它们充其量也只是广义经济法的某种历史形态。它们既不是现代的经济法，更不是独立科学意义上的经济法。

现代经济法最早产生于资本主义社会，是随着资本主义从自由竞争发展到垄断阶段之后，出现资本主义经济危机，这标志着资本主义经济法的产生，继而发展于社会主义国家。经济法起始于德国，德国作为新兴资本主义国家，在 19 世纪 70 年代出现了生产和资本的迅速集中，卡特尔在 1873 年的经济危机之后广泛发展，政府在社会经济发展中扮演重要角色，以国家扶持卡特尔之法就成了德国经济法的标志之一。1910 年出台了扶持卡特尔的钾矿业法，抑制企业进入钾矿业，被认为是最初的经济法，以法的手段对不经意间扰乱自由资本主义秩序的垄断加以限制，这就是经济法的起源。

我国社会主义经济法，是在党的十一届三中全会以后产生和发展起来的。早在新民主主义革命时期，经济法已在孕育之中了。从 1927 年建立革命根据地的政权后，就开始了根据地的法制建设，其中也包括经济法制建设。如 1931 年 11 月 7 日江西苏区成立了中华苏维埃共和国,制定了《中华苏维埃共和国宪法大纲》其中包括了经济方面的规定。新中国成立后,全面废除了国民党政府实施的法律制度,同时制定和颁布了一批经济法律制度,这些经济法规对国民经济的恢复和社会主义建设起了推动和保护作用。党的十一届三中全会后,我国进入了一个新的历史发展时期。1978年12月,党的十一届三中全会历史性的决议,开辟了我国社会主义经济建设的新纪元。

二、经济法的概念

经济法是调整国家在经济管理和经济协调过程中发生的经济关系的法律规范的总称。要从以下三点把握这个概念:

1. 经济法是国家以调整经济关系为目的而制定和颁布的法律规范,即经济法只调整经济关系,而不调整非经济关系。

2. 经济法调整的仅是特定的经济关系,即在国家协调经济运行过程中发生的经济关系。

3. 经济法是由一系列调整特定经济关系的单行经济法律规范组成的总的称呼。

经济法作为市场经济的产物,既不同于民商法,又不同于行政法。它弥补了传统民商法及行政法对市场经济调控的不足,又规范了国家对经济的干预行为,从而较好地保证了经济公平和社会公平,强调了社会公共利益,扩大了政府的经济职权,强化了国家对经济的干预。这类规范所体现的效益性、规制性特征,是其他任何法律规范所不具备的。

三、经济法的调整对象

经济法的调整对象是以经济关系为调整对象,但并不是所有的经济关系都由经济法调整,如财产继承关系由《继承法》调整,因此,经济法的调整对象仅限于国家需要干预的特定的经济关系。具体包括:

(一) 市场主体管理关系

国家为了协调经济的运行,通过立法对市场主体的资格取得与丧失进行必要的管理和干预。这种管理和干预主要体现在明确规定了公司或企业的设立、变更与终止,内部机构的设置与职权范围及财务制度等事项上,从而保证市场主体地位的统一与平等。在此过程中所形成的管理关系,如公司法、企业法,属于经济法的调整对象之列。

(二) 市场秩序规制关系

这是指国家为了维护社会主义市场经济秩序、规范市场主体行为,而对市场主体的生产经营行为加以干预和约束所发生的一种国家经济调节关系。在这类关系中，一方主体为国家，另一方主体为从事生产经营活动的经营者，彼此之间就生产经营行为的引导、调节、控制、监督、查处和制裁等方面发生的社会关系，由市场规制法进行调整，如产品质量法、消费者权益保护法、反垄断法、反不正当竞争法等。

（三）宏观经济调控关系

宏观经济调控，是国家为了实现经济总量的基本平衡，保持国民经济持续、快速、健康发展而对国民经济结构及其运行进行的调节和控制。在国家运用各种经济调节手段调控国民经济和社会发展运行过程中所形成的社会关系，如证券法、票据法、税法、价格法、会计法和审计法，属于经济法的调整对象。

（四）社会保障关系

社会保障关系，是指在国家和社会组织、筹措、运营发放及监督管理社会保障基金中对劳动者实行社会保障的过程中产生的经济关系。只有好的社会保障才能使国家、社会稳定，才能更好地促进国家经济发展。如劳动合同法、社会保险法等。

四、经济法的渊源

经济法的渊源，又称为经济法的形式，是指经济法的具体表现形态，即经济法是由何种国家机关，依照什么方式或程序创制出来的，并表现为何种形式、具有何种效力等级的规范性法律文件。在我国，经济法的渊源包含以下七个方面：

（一）宪法

宪法是国家的根本大法，由国家最高权力机关即全国人民代表大会制定、通过和修改的，是国家全部立法的法律基础。也是经济立法的基本依据，具有最高的法律效力。因此，任何经济法律的内容都必须符合宪法的规定，与宪法内容相抵触的经济法律均属无效。

（二）法律

法律是由全国人民代表大会及其常务委员会，经过一定立法程序制定的规范性文件，其法律效力和地位仅次于宪法，是经济法最主要的渊源。

（三）行政法规

行政法规，是由国家最高行政机关即国务院在法定职权范围内为实施宪法和法律而制定、发布的规范性文件，其地位仅次于宪法和法律。通常冠以条例、办法、规定等名称。我国经济法大量以行政法规的形式存在，它是经济法的重要形式，这也是由经济的社会化和政府对经济的全方位管理和参与的客观条件所决定的。

（四）地方性法规

地方性法规，是指由有地方立法权的省、自治区、直辖市、国务院批准的较大的市以及省政府所在地的市的人民代表大会及其常务委员会，根据本行政区域的具体情况和实际需要，在不与宪法、法律、行政法规相抵触的前提下制定的规范性文件。

（五）行政规章

行政规章，是国务院各部委行署、直属机构，有地方立法权的省、自治区、直辖市人民政府，省、自治区人民政府所在地的市和国务院批准的较大的市以及某些经济特区市的人民政府，在其职权范围内依法制定、发布的规范性文件。行政规章分为部门规章和地方政府规章两种。

（六）司法解释

司法解释，是最高司法机关根据法律赋予的职权，为明确法律的适用，统一全国的审判工作，对现行的成文法所做的解释，司法解释也是经济法的渊源之一。

（七）国际条约

国际条约，是指我国与外国或地区缔结的双边、多边协议和其他具有条约性质的文件。它不属于国内法的范畴，但我国签订和加入的国际条约对于国内的国家机关、社会团体、企事业单位和自然人也有约束力。因此，这些条约就具有与国内法同样的约束力，也是我国经济法的渊源。

不同经济法律形式的制定机关和效力如表1-1所示。

表1-1 不同经济法律形式的制定机关和效力

种类		制定机关	效力
宪法		全国人民代表大会	根本＋最高
法律		全国人大及其常委会	仅次于宪法
法规	行政法规	国务院	仅次于宪法和法律
	地方性法规	地方（省，省会、特区、设区的市）人大及其常委会	仅次于宪法、法律、行政法规
规章	部门规章	国务院各部委（财政部）、中国人民银行、审计署及其直属机构	仅次于宪法、法律、行政法规
	地方政府规章	地方（省，省会、特区、设区的市）人民政府	仅次于宪法、法律、行政法规、同级地方性法规
效力顺序：宪法＞法律＞行政法规＞地方性法规＞地方政府规章			

任务二　经济法律关系

Ⅰ. 任务提要

（1）经济法律关系三要素；

（2）经济法律事实。

Ⅱ．能力提升

（1）知识目标：全面认识和理解经济法律关系，掌握经济法律关系的概念、构成要素及经济法律事实的种类，并对经济生活中出现的经济案例要重点加以关注。

（2）技能目标：能够区分经济法律关系三要素。

Ⅲ．思政融入与成效

（1）将社会主义核心价值观：自由、平等、公正、法治融入经济法律关系学习，让学生明确立场不同、角度不同，权利义务即不同。

（2）引领认知：树立法治意识，培养学生换位思考问题意识，在工作和生活中学会理解他人，友善待人。

Ⅳ．岗位实训

李某今年15周岁，偷偷将自己母亲的一条价值15000元的镶钻白金项链以1000元的价格卖给了邻居王某（成年人）。李父发现后认为：李某尚未成年，自己是他的监护人，孩子未经家长同意，不能进行如此大额的交易。因此，他领着儿子找到王某，要求其退还项链。双方发生争执。试问：李某与王某的买卖关系是否成立？为什么？

1.2.1 案例解析

（本案例涉及主体资格、法律关系的形成及法律后果等相关知识点。）

Ⅴ．知识储备

经济关系是社会关系的一种，但并非所有经济关系都受法律保护，只有当某种经济关系有相应的法律规范去确认、调整它时，这种经济关系才受到法律保护。通常我们把这种受法律保护的经济关系称为经济法律关系。因此，经济法律关系，是指被经济法律规范所调整的经济权利和经济义务关系。任何法律关系都由主体、客体和内容三个要素构成，缺少其中任何一个要素，都不构成法律关系。夫妻关系、合同关系就是一种法律关系。

知识点1　经济法律关系的主体

一、经济法律关系主体的概念

经济法律关系主体，简称经济法主体，是指参加经济法律关系，依法享有经济权利和承担经济义务的当事人，即经济法律关系的参加者。在一个经济法律关系中，至少有两方当事人参加：享有经济权利的一方称为权利主体；承担经济义务的一方称为义务主体。在横向经济关系中，主体双方往往既是权利主体，又是义务主体。

作为经济法律关系的主体，必须具备一定的资格和条件才能参加各种经济法律关系，这种资格和条件是由法律确定的。只有具有法律赋予的主体资格的当事人，才能成为经济法律关系的主体。主体资格需注意以下几点：

1. 主体资格的相应性。只有具备经济法律关系主体资格的当事人，才能参与经济法律关系，享受一定权利和承担一定义务。未取得主体资格的组织不能参与经济法律关系，不能从中享有权利和承担义务，不受法律保护。但是，依法成立的主体也只能在法律规定或者认可的范围内参加经济法律关系，超越法律规定或者认可范围的，则不具有参加"相应"经济法律关系的主体资格。如，企业法人的职能部门不得担任保证人；企业法人的分支机构有法人书面授权的，可以在授权范围内提供保证。

2. 主体独立性。经济法律关系的主体以"自己的名义"独立地参加经济法律关系，即使是国家机关代表国家参加经济管理、经济协调法律关系，也不是以宽泛地以国家的名义，而是以自己的名义独立地进行经济法律行为。

3. 主体资格的取得方式。
（1）由国家各级"权力机关"批准成立；
（2）由国家各级"行政机关"批准成立；
（3）经济组织"自身"批准成立；
（4）由主体自己向国家机关"申请并经核准"登记成立；
（5）由法律、法规"直接赋予一定身份"而成立。

二、经济法律关系主体的范围

根据我国法律规定，经济法律关系主体的种类：自然人、法人和非法人组织、国家机关。

（一）自然人

自然人从出生时起到死亡时止，具有民事权利能力，依法享有民事权利，承担民事义务。

1. 民事权利能力。民事权利能力是指能够依法享受权利和承担义务的资格。自然人的民事权利能力一律平等，始于出生、终于死亡。

2. 民事行为能力。民事行为能力是指能够以自己行为依法行使权利和承担义务，从而使法律关系产生、变更或消灭的资格。行为能力以权利能力为前提。民事行为能力的划分为：

（1）完全民事行为能力人：十六周岁以上不满十八周岁的未成年人，以自己的劳动收入为主要生活来源的和十八周岁以上的成年人，可以独立实施民事法律行为。

（2）限制民事行为能力人：八周岁以上的未成年人和不能完全辨认自己行为的成年人，实施民事法律行为由其法定代理人代理或者经其法定代理人同意、追认；但是，可以独立实施纯获利益的民事法律行为或者与其年龄、智力、精神健康状况相适应的民事法律行为。

（3）无民事行为能力人：不满八周岁的未成年人和八周岁以上不能辨认自己行为的未成年人、成年人，由其法定代理人代理实施民事法律行为。

1.2.2 自然人的刑事责任能力

自然人的民事行为能力分类如表1-2所示。

表1-2　　　　　　　　自然人的民事行为能力分类

行为能力	分类标准
无民事行为能力	不满八周岁的未成年人（<8周岁）
	不能辨认自己行为的自然人（与年龄无关）
限制民事行为能力	八周岁以上的未成年人（≥8周岁）
	不能完全辨认自己行为的成年人
完全民事行为能力	十八周岁以上的自然人（≥18周年）
	十六周岁以上的未成年人，以自己的劳动收入为主要生活来源的，视为完全民事行为能力人（≥16周岁）
"以上""以下"均包括本数，"超过""不满"均不包括本数。	

（二）法人和非法人组织

它们是市场最主要的主体，是经济法律关系中最为广泛的主体。

1. 法人。法人是具有民事权利能力和民事行为能力，依法独立享有民事权利和承担民事义务的组织。法人应当依法成立，有自己的名称、组织机构、住所、财产或者经费，以其全部财产独立承担民事责任。代表法人从事民事活动的负责人，为法人的法定代表人。法人的民事权利能力和民事行为能力，从法人成立时产生，到法人终止时消灭。

（1）法人的民事权利能力。

①始于成立，终于消灭；

【补充】法人成立：签发营业执照；法人消灭：公司登记机关注销登记。

【链接】公司依法清算结束并办理注销登记前，其法人资格仍然存在。

②权利能力的范围受经营范围、性质上的约束。

（2）法人的民事行为能力。

①与权利能力同时产生，同时消灭；

②没有等级之分,通过法定代表人或其他代理人实现。

(3) 法人的分类。《民法典》将法人分为营利法人、非营利法人和特别法人。

①营利法人,是指以取得利润并分配给股东等出资人为目的成立的法人。包括有限责任公司、股份有限公司和其他企业法人等;

②非营利法人,是指为公益目的或者其他非营利目的成立,不向出资人、设立人或者会员分配所取得利润的法人。包括事业单位、社会团体、基金会、社会服务机构等。

③特别法人,包括机关法人、农村集体经济组织法人、城镇农村的合作经济组织法人、基层群众性自治组织法人,为特别法人。

2. 非法人组织。非法人组织是不具有法人资格,但是能够依法以自己的名义从事民事活动的组织。非法人组织包括个人独资企业、合伙企业、不具有法人资格的专业服务机构等。非法人组织的财产不足以清偿债务的,其出资人或者设立人承担无限责任。法律另有规定的,依照其规定。

(三) 国家机关

凡是行使国家职能的各类机关统称为国家机关,包括国家权力机关、国家行政机关、国家司法机关和国家监察机关。作为经济法主体的国家机关主要是指国家行政机关中的经济管理机关,当它们的主体资格被宪法和经济法确定后,就相应地具备了一定的权利能力和行为能力。无论它们在纵向经济管理时以不平等主体资格出现,还是在横向经济关系中以平等主体资格出现,它们都是经济法律关系的主体。

【真题演练1-2 单项选择题】以下关于法律关系主体的表述中,正确的选项是( )。

A. 法律关系主体必须同时具有权利能力和行为能力
B. 作为法律关系主体的自然人不包括外国人
C. 分公司具有法人地位
D. 法律关系主体既包括权利人,也包括义务人

【答案】D

【解析】本题涉及法律关系主体。(1) 选项A:法律关系主体,必须具有权利能力;而法律关系主体要自己参与法律活动,必须具有相应的行为能力;(2) 选项B:法律关系主体的自然人既包括本国公民,也包括居住在一国境内或在境内活动的外国公民和无国籍人;(3) 选项C:分公司不具有法人地位,但能够以自己名义从事法律活动;(4) 选项D:法律关系主体即法律关系的参加者,是指参加法律关系,依法享有权利和承担义务的当事人。

【试题来源】2021年注册会计师全国统一考试专业阶段考试《经济法》真题

知识点 2　经济法律关系的内容和客体

一、经济法律关系的内容

经济法律关系的内容，是指经济法律关系主体依法所享有的经济权利和承担的经济义务。它是经济法律关系的核心要素，是联结经济法主体之间及主体与客体之间的桥梁，直接体现了经济法主体的利益和要求。

（一）经济权利

经济权利是指经济法主体在国家管理与协调社会主义市场经济运行过程中，依法具有的自己为或不为一定行为或者要求他人为或不为一定行为的资格。不同的经济法主体享有不同的经济权利，如经济职权、经营管理权等。其主要包括：

1. 所有权。所有权指所有权人对自己的不动产或者动产，依法享有占有、使用、收益和处分的权利。所有权具有排他性、绝对性。占有是指对财产的实际控制权利，使用是指按照财产的性能与用途加以利用的权利，收益是指获取财产产生利益的权利，处分是指决定财产在事实上和法律上命运的权利。所有权的占有、使用、收益、处分四项权能可以在一定条件下与所有人分离。

2. 法人财产权。法人财产权是指营利法人对投资人投资的全部财产在经营中所享有的占有、使用、收益与处分的权利。

3. 经营管理权。经营管理权是指营利法人对投资人授予其经营管理的财产所享有的占有、使用和依法处分的权利，以及由此产生的机构设置、人事、劳动等方面的管理权利。

4. 经济职权。经济职权是指国家机关及其工作人员在行使经济管理职能时依法享有的权利。经济职权具有一定的行政权力性质，在国家机关及其工作人员依法行使经济职权时，其他经济法主体均应服从。经济职权对国家机关及其工作人员来说既是权利又是义务，不得随意放弃或转让。

5. 债权。债权是指按照合同约定或法律规定在当事人之间产生的特定请求权利。债权中义务主体是特定的。

6. 知识产权。知识产权包括专利权、商标权和著作权等，是权利人对其创作的智力劳动成果依法享有的专有权利。

（二）经济义务

经济义务是指依照经济权利人的要求为一定行为或不为一定行为以满足权利人利益的责任。经济义务依据法定或约定原因而产生，包括积极义务（纳税、服兵役）和消极义务（不得毁坏公共财物、不得侵害他人生命财产安全）。

(三) 经济权利与经济义务的关系

经济权利与经济义务相互依存，是密切联系不可分割的。马克思说，没有无义务的权利，也没有无权利的义务。任何一方的经济权利都必须以另一方经济义务的存在为前提；而任何一方的经济义务又都是为实现他方的经济权利而设定的。没有经济权利就不会有经济义务。

二、经济法律关系的客体

经济法律关系的客体是经济法主体的权利和义务所共同指向的对象。客体是确定权利义务关系性质和具体内容的依据，也是确定权利行使和义务履行的客观标准。如果没有客体，经济权利义务就失去了依附的目标和载体，也就不可能发生经济权利和义务。

根据我国经济法律法规的有关规定，经济法律关系的客体可以概括为以下三类。

1. 财物。财物，是指具有一定价值，能够被人们占有、使用和处分的物质财富。一是货币和有价证券。货币是一种特殊商品，它具有价值尺度、流通手段、支付手段、储藏手段和世界货币等职能。在借贷法律关系中，货币就是这一法律关系的客体。有价证券，是指由特定机构发行的拥有一定财产权利的书面凭证，如支票、股票、债券等，但必须是依法允许流通的有价证券。二是物，是指能为人们控制的，具有一定经济价值的，可通过具体物质形态表现存在的物品。但并非所有的物都可以充当经济法律关系的客体，只有那种与经济法主体的经济调控行为有关联的物才能够作为经济法律关系的客体。

2. 经济行为。经济行为，是指经济法主体为达到一定的经济目的，实现其权利和义务所进行的经济活动，包括以下几种：一是经济管理行为，是指经济法主体行使经济管理权或经营管理权所指向的行为，如审查批准行为、监督检查行为等；二是完成工作行为，是指经济法主体的一方利用自己的资金和技术设备为对方完成一定的工作任务，而对方根据完成工作的数量和质量支付一定报酬的行为，如勘测设计合同关系中的客体便是设计行为；三是提供一定劳务的行为，是指为对方提供一定劳务或服务，满足对方的需要，而对方支付一定报酬的行为，如货物运输行为、仓储保管行为等。

3. 非物质财富。非物质财富，也称之为精神财富或精神产品，包括智力成果、道德产品和经济信息等。智力成果，是指人们通过脑力劳动创造的能够带来经济价值的精神财富，如发明、商标等；道德产品，是指人们在各种社会活动中取得的非物化的道德价值，如荣誉称号、嘉奖表彰等，是自然人、法人荣誉权的客体；经济信息，是指反映社会经济活动发生、变化等情况的各种消息、情报、资料等的总称。

【真题演练1-3 单项选择题】下列关于法律关系要素的表述错误的是（　　）。

A. 公司属于营利法人,事业单位法人、社会团体法人属于非营利法人,机关法人属于特别法人
B. 小刘 16 周岁,其工作收入是主要生活来源,小刘有民事权利能力,但是限制行为能力人
C. 不满 8 周岁的未成年人小明为无民事行为能力人
D. 旅客运输合同的客体是运送旅客的行为

【答案】B

【解析】本题涉及自然人的民事行为能力分类、法人的分类、经济法律关系的客体等问题。

【试题来源】2022 年注册会计师全国统一考试专业阶段考试《经济法》模拟题

知识点 3　经济法律事实

一、经济法律关系设立、变更、终止的条件

（一）前提条件：经济法律规范

经济法律规范,是经济法律关系设立、变更与终止的法律依据。

（二）直接原因：经济法律事实

经济法律事实,是指由经济法律规范所规定的,能够引起经济法律关系设立、变更与终止的客观情况。而经济法律关系则是经济法律事实出现的结果。

二、经济法律事实的种类

（一）事件

事件是指不以当事人的主观意志为转移但能够引起经济法律关系设立、变更或终止的客观事实。

事件可以是自然现象,如地震、水灾、火灾等自然灾害,又称绝对事件;也可以是社会现象,如战争、罢工、政府禁令、重大国际变化等,可能引起外贸管制关系发生变化,又称相对事件。这些社会现象虽然是由人的行为引起,但它与法律关系的当事人的主观意志无关,因此归属于事件。

（二）行为

行为是指经济法主体为达到一定的经济目的而进行的有意识的活动。

按其性质不同可以分为经济合法行为和经济违法行为。经济合法行为是指符合法律规定的行为;经济违法行为是指经济法主体违反法律法规的行为,如偷税、漏

税等。这两种行为都可能引起经济法律关系的设立、变更或终止。

按其表意不同可以分为事实行为和法律行为。事实行为是指行为人不具有设立、变更或终止民事法律关系的意思表示,由法律直接规定法律后果的行为,如侵权行为、创作行为、发明行为、拾得遗失物、建造房屋;法律行为是指民事主体通过意思表示设立、变更、终止民事法律关系的行为,是行为人有意识创设的、自觉自愿的行为,以达到预期民事法律后果为出发点和归宿的,如合同行为。

【真题演练1-4 单项选择题】甲公司与乙公司签订租赁合同,约定甲公司承租乙公司一台精密仪器,租期1个月,租金15万元。引起该租赁法律关系发生的法律事实是(   )。

A. 租赁的精密仪器　　　　　B. 甲公司和乙公司
C. 15万元租金　　　　　　　D. 签订租赁合同的行为

【答案】D

【解析】(1)租赁合同的签订,在甲公司与乙公司之间建立了租赁法律关系,属于引起法律关系产生的法律行为。(2)该租赁合同的主体是甲公司和乙公司,客体是交付/使用租赁物的行为、收取/支付租金的行为,内容是甲公司使用租赁物的权利和支付租金的义务、乙公司收取租金的权利和交付租赁物的义务。

【试题来源】初级会计专业技术资格考试《经济法基础》真题

任务三　民事法律行为与代理

Ⅰ.任务提要

(1)民事法律行为的有效要件;
(2)无效、可撤销的民事法律行为;
(3)民事法律行为的附条件和附期限;
(4)代理的特征及种类;
(5)代理权的滥用、无权代理、表见代理。

Ⅱ.能力提升

(1)知识目标:掌握各种民事法律行为的法律效力和表见代理;熟悉代理的特征和分类;了解代理权的滥用、无权代理。
(2)技能目标:学会正确运用法律知识,依法、高效解决经济纠纷。

Ⅲ.思政融入与成效

(1)融入中国梦相关内容,教育学生认清世界发展走向和中国发展大势,培养学生用科学的历史观分析不同的民事法律行为及其法律后果。

（2）引领认知：科学的世界观、价值观、人生观，培养学生运用法律合理地解决纠纷。

Ⅳ．岗位实训

甲授权乙以甲的名义将甲的一台笔记本电脑出售，价格不得低于8000元。乙的好友丙欲以6000元的价格购买。乙遂对丙说："大家都是好朋友，甲说最低要8000元，但我想6000元卖给你，他肯定也会同意的。"乙遂以甲的名义以6000元将笔记本电脑卖给丙。试问：该买卖行为是否有效？甲对该行为可否撤销或追认？

（本案例涉及法律行为的效力、无权代理等相关知识点。）

1.3 案例解析

Ⅴ．知识储备

知识点1 民事法律行为

一、民事法律行为的一般规定

（一）民事法律行为的概念与特征

民事法律行为是民事主体通过意思表示设立、变更、终止民事法律关系的行为。它是法律事实的最基本形式，具有以下特征：

1. 民事法律行为是一种合法行为。

2. 意思表示是民事法律行为的基本特征。意思表示是指行为人将其期望发生法律效果的内心意思，以一定方式表达于外部的行为。

3. 民事法律行为是以达到一定的民事法律后果为目的的行为。能否发生行为人预期的民事法律后果，是判断某项行为是否构成民事法律行为的重要标志。

（二）民事法律行为的形式

民事法律行为可以采用书面形式、口头形式或者其他形式；法律、行政法规规定或者当事人约定采用特定形式的，应当采用特定形式。主要有以下三种：

1. 书面形式。书面形式是指用书面文字进行的意思表示，包括电报、电传、电子数据交换和电子邮件等数据电文形式。书面形式主要适用于数额较大、不能即时清结的民事法律行为中。书面形式又可以分为一般书面形式和特殊书面形式，其中，特殊书面形式包括公证、登记、鉴证、认证、审批和公告等形式。对书面形式法律有特别规定的，当事人必须采取，否则将影响民事法律行为的效力。

2. 口头形式。口头形式是指以对话方式进行的意思表示，包括电话交谈。口头形式的法律行为是不要式的法律行为，具有简便迅速的优点，但是一旦发生纠纷，日后难以取证。口头形式大多适用于数额较小、即时清结的民事法律行为中。

3. 其他形式。主要包括推定形式和沉默形式。推定形式是指当事人通过有目的、有意义的积极行为将其内在意思表示于外部，使他人可以推知其已作出某种意思表示的形式。沉默形式是指既无语言表示又无行为表示的消极行为，称其为沉默形式。通常情况下，意思表现于外部，须借助于积极的表示行为；沉默不是意思表示，法律行为不能成立。只有在有法律有规定、当事人约定或者符合当事人之间的交易习惯时，当事人的消极行为才可以视为意思表示，并产生成立法律行为的效果。法律作这种规定，是为了尽快了结事务，制裁懈怠者。

二、民事法律行为的效力

（一）民事法律行为的生效

依据《民法典》的规定，民事法律行为具备下列条件有效：

1. 行为人具有相应的民事行为能力。法律行为以当事人的意思表示为基本要素。具有健全的理智，是作出合乎法律要求的意思表示的基础。因此，行为人必须具有相应的民事行为能力。对于自然人而言，具有完全民事行为能力的人可以依法独立进行民事活动；不具有相应的行为能力的人所从事的法律行为，又未经其法定代理人同意或者追认的，原则上无效。但限制民事行为能力人可独立实施纯获利益、不承担义务的法律行为，如接受奖励、赠与等行为。对于法人而言，民事行为能力随其成立而产生，随其终止而消灭，但法人民事行为能力的行使也要与其民事权利能力范围相适应，否则可能不发生法人实施法律行为所追求的法律效果。

2. 意思表示真实。即要求行为人的内心意图与外部表达相一致。但意思表示不真实并不一律构成法律行为无效的原因，须区别造成意思表示不真实的原因而具体对待。行为人意思表示不真实往往由多种原因造成，可分为主观原因的不真实和客观原因的不真实两类，其中在主观原因的不真实中，又可分为故意的不真实和基于错误的不真实。因认识错误、误解或受欺诈所作出的行为，由于其效果意思与表示意思不一致，则会发生无效或撤销的后果，而基于一般错误的意思表示，并不能使法律行为的效力受到影响。

3. 不违反法律、行政法规的强制性规定，不违背公序良俗。这是由法律行为的合法性所决定的。不违反强制性规定，是指法律行为的内容不得与法律、行政法规的强制性规定相抵触；不违背公序良俗，是指法律行为内容不得违背公共秩序与善良风俗。

《民法典》规定："违反法律、行政法规的强制性规定的民事法律行为无效。但是，该强制性规定不导致该民事法律行为无效的除外。违背公序良俗的民事法律行为无效。"法律行为因违反强制性规定或公序良俗而无效，其基础均在于违反社会公共利益，但需注意的是，违反法律、行政法规的强制性规定的法律行为，并不当然无效，应于具体个案中分析被违反的强制性规定的规范目的，并结合案件的具体情节综合考量，以审慎判断法律行为是否实质损害社会公共利益。若损害，当使其无效；若未损害，则不妨使其有效，当事人须因违反强制性规定而承担行政处罚等公法责任。

（二）无效的民事法律行为

1. 无效民事法律行为的概念。无效民事法律行为，是指因欠缺法律行为的有效要件且不能补救，因而当然不发生法律效力的民事法律行为。无效民事法律行为的本质特征在于其违法性，即当事人一方或双方所实施的民事行为是违法的。

2. 无效民事法律行为的种类。根据《民法典》的规定，下列法律行为无效：

（1）无民事行为能力人独立实施的。

（2）当事人通谋虚假表示实施的。《民法典》第一百四十六条第一款规定："行为人与相对人以虚假的意思表示实施的民事法律行为无效。"例如，债务人为避免财产被强制执行，虚假地将房子卖给自己的朋友。通谋虚假表示实施的法律行为之所以无效，主要是因为对于双方当事人而言，均无真实的意思表示。

（3）恶意串通，损害他人合法权益的。《民法典》第一百五十四条规定："行为人与相对人恶意串通，损害他人合法权益的民事法律行为无效。"恶意串通实施的法律行为与通谋虚假表示实施的法律行为均包含串通或通谋，前者强调恶意以损害他人，后者着眼于意思表示的虚假，二者在适用对象上存在交叉，但不完全重合。

（4）违反强制性规定或违背公序良俗的。如前文所述，违反强制性规定的法律行为不当然无效，仍须具体分析确定。

无效的民事法律行为有全部无效和部分无效之分。民事法律行为部分无效，不影响其他部分效力的，其他部分仍然有效。

3. 无效民事法律行为的法律后果。无效的民事法律行为，从行为开始时起就没有法律约束力。其在法律上产生以下法律后果：

（1）恢复原状。恢复原状，指恢复到无效法律行为发生之前的状态，当事人因该行为取得的财产应当返还给受损失的一方。

（2）赔偿损失。有过错的一方应当赔偿对方因此所受的损失。如果双方都有过错的，应当各自承担相应的责任。

（3）收归国家、集体所有或者返还第三人。双方恶意串通，实施法律行为损害国家、集体或者第三人利益的，应当追缴双方取得的财产，收归国家、集体所有或者返还第三人。

（4）其他制裁。对行为人实施无效法律行为损害国家利益或者社会公共利益，依法需要给予行政制裁或者刑事制裁的，还应当依法追究其行政责任或者刑事责任。

【真题演练1-5 多项选择题】依照民事法律制度的规定，以下关于无效民事行为特点的表述中，正确的有（   ）。

A. 不能通过当事人的行为进行补正
B. 其无效须以当事人主张为前提
C. 从行为开始起就没有法律约束力
D. 其无效须经人民法院或仲裁机构确认

【答案】AC

【解析】本题涉及无效民事行为。无效民事行为固然无效（不论当事人是不是主张，是不是明白，也不论是不是通过人民法院或仲裁机构确认，该民事行为固然无效）、自始无效（从行为开始时就没有法律约束力）、绝对无效（绝对不发生法律效力，不能通过当事人的行为进行补正）。

【试题来源】2021年注册会计师全国统一考试专业阶段考试《经济法》真题

（三）可撤销的民事法律行为

1. 可撤销民事法律行为的概念及特征。可撤销的民事法律行为，是指可以因行为人自愿请求人民法院或仲裁机构予以撤销而归于无效的民事法律行为。

相比无效民事法律行为，可撤销的民事法律行为具有以下特征：

（1）该行为在撤销前是有效的，但如果被撤销，则该民事法律行为自始无效。

（2）该行为的撤销应由享有撤销权的当事人行使，且人民法院或仲裁机构对之采取不告不理的态度。

（3）撤销权人对权利的行使拥有选择权，可选择撤销或不撤销其行为。

（4）撤销权的行使有时间限制。《民法典》第一百五十二条第一款规定："有下列情形之一的，撤销权消灭：①当事人自知道或者应当知道撤销事由之日起一年内、重大误解的当事人自知道或者应当知道撤销事由之日起九十日内没有行使撤销权；②当事人受胁迫，自胁迫行为终止之日起一年内没有行使撤销权；③当事人知道撤销事由后明确表示或者以自己的行为表明放弃撤销权。"第二款规定："当事人自民事法律行为发生之日起五年内没有行使撤销权的，撤销权消灭。"

2. 可撤销民事法律行为的种类。根据《民法典》的规定，下列民事法律行为，一方有权请求人民法院或仲裁机关予以撤销：

（1）行为人对行为内容有重大误解的。重大误解是指行为人因对行为的性质、对方当事人、标的物的品种、质量、规格和数量等的错误认识，使行为的后果与自己的真实意思相悖，并造成较大损失的情形。

（2）受欺诈的。根据《民法典》第一百四十八条、第一百四十九条的规定，受欺诈而实施的民事法律行为可撤销，但"第三人实施欺诈行为，使一方在违背真实意思的情况下实施的民事法律行为，对方知道或者应当知道该欺诈行为的，受欺诈方有权请求人民法院或者仲裁机构予以撤销"。例如，标的物评估机构对买受人实施欺诈，使得买受人与出卖人签订买卖合同，若出卖人不知道且不应当知道该欺诈事由，买受人不得主张撤销买卖合同。其理由主要在于保护出卖人的合理信赖。

（3）受胁迫的。《民法典》第一百五十条规定："一方或者第三人以胁迫手段，使对方在违背真实意思的情况下实施的民事法律行为，受胁迫方有权请求人民法院或者仲裁机构予以撤销。"

（4）乘人之危、显失公平的。乘人之危、显失公平，是指行为人利用对方当事人处于危困状态、缺乏判断能力等情形，致使民事法律行为成立时显失公平的，严重损害对方利益的情形。

3. 可撤销民事法律行为的法律后果。可撤销的民事法律行为被依法撤销后，民事法律行为从行为发生之日起无效，具有与无效民事法律行为相同的法律后果。如果撤销权人表示放弃撤销权或未在法定期间内行使撤销权的，则可撤销的民事法律行为确定地成为完全有效的法律行为。《民法典》第一百五十二条规定：有下列情形之一的，撤销权消灭：（1）当事人自知道或者应当知道撤销事由之日起一年内、重大误解的当事人自知道或者应当知道撤销事由之日起九十日内没有行使撤销权；（2）当事人受胁迫，自胁迫行为终止之日起一年内没有行使撤销权；（3）当事人知道撤销事由后明确表示或者以自己的行为表明放弃撤销权。当事人自民事法律行为发生之日起五年内没有行使撤销权的，撤销权消灭。

【真题演练1-6 单项选择题】 依照民事法律制度的规定，以下关于可撤销的民事行为的表述中，正确的选项是（　　）。

A. 可撤销的民事行为一经撤销，自始无效

B. 可撤销的民事行为亦称为效力待定的民事行为

C. 自行为发生之日起一年内当事人未撤销的，撤销权消灭

D. 法官审理案件时发现民事行为具有可撤销事由的，可依职权撤销

【答案】 A

【解析】 本题涉及可撤销的民事法律行为。（1）选项B：可撤销的民事行为与效力待定的民事行为是两种不同的民事行为；（2）选项C：具有撤销权的当事人自明白或应当明白撤销事由之日起1年内没有行使撤销权的，撤销权消灭；（3）选项D：可撤销的民事行为的撤销，应由撤销权人申请，人民法院不主动干预。

【试题来源】 2021年注册会计师全国统一考试专业阶段考试《经济法》真题

三、民事法律行为的附条件和附期限

（一）附条件的民事法律行为

附条件的民事法律行为，是指当事人约定的、以某一条件的成就与否来决定其

效力的发生或消灭的民事法律行为。法律行为所附的条件，必须是将来的事实，必须是不确定的事实，必须合法，还必须可能；否则，视为法律行为未附条件。附条件的民事法律行为在符合所附条件时生效或者失效。当事人约定的不确定事实的发生或不发生，称之为条件成就。但是，当事人为自己的利益不正当地阻止条件成就的，视为条件已经成就；不正当地促成条件成就的，视为条件不成就。

（二）附期限的民事法律行为

附期限的民事法律行为，是指当事人约定以某一时间的到来决定其效力产生或消灭的民事法律行为。附期限与附条件的民事法律行为之间唯一的区别在于"期限"是肯定要到来的，"条件"则是可能发生也可能不发生的。附期限的民事法律行为，在所附期限到来时生效或者失效，如某年某月某日；也可以是不确定的期限，如"某人死亡之日"。

知识点 2　代理

一、代理的一般规定

（一）代理的概念与特征

1. 代理的概念。代理，是指代理人在代理权限内，以被代理人的名义与相对人实施法律行为，由此产生的法律后果直接由被代理人承担的法律制度。在代理制度中，代理人是替被代理人实施法律行为的人；被代理人是由代理人替自己实施法律行为并承担法律后果的人；相对人是与代理人实施法律行为的人。例如，在张三受甲公司的委托对外与乙公司签订购销协议的行为中，张三是代理人，甲公司是被代理人，乙公司属于相对人。

2. 代理的特征。

（1）代理人必须以被代理人的名义实施法律行为。这是因为代理的法律后果由被代理人承受，而非归属于代理人。非以被代理人名义而是以自己的名义代替他人实施的法律行为，不属于代理行为，例如行纪、寄售等受托处分财产的行为。

（2）代理人在代理权限内独立地向相对人进行意思表示。代理行为属于法律行为，代理人在代理权限范围内，有权根据情况独立进行判断，并直接向相对人进行意思表示，以实现代理目的。非独立进行意思表示的行为，不属于代理行为，例如传递信息、中介行为等。

（3）代理行为的法律后果直接归属于被代理人。虽然代理行为是在代理人与相对人之间进行的，但行为的目的是实现被代理人的利益，代理人并不因代理行为直接取得利益或负担，因此，其产生的权利义务等法律后果当然应由被代理人承担。

这使代理行为与无效代理行为、冒名欺诈等行为区别开来。

3. 代理的适用范围。代理适用于民事主体之间设立、变更和终止权利义务的法律行为。依照法律规定、当事人约定或者民事法律行为的性质，应当由本人实施的民事法律行为，不得代理，如订立遗嘱、婚姻登记、收养子女等；本人未亲自实施的，应当认定行为无效。

（二）代理的种类

代理包括委托代理和法定代理。

1. 委托代理。委托代理是指基于被代理人的授权委托而发生的代理。委托代理，可以用书面形式，也可以用口头形式。委托代理授权采用书面形式的，授权委托书应当载明代理人的姓名或者名称、代理事项、权限和期限，并由被代理人签名或者盖章。

2. 法定代理。法定代理，是指基于法律的直接规定而产生的代理。这是专为无民事行为能力人和限制民事行为能力人所设定的一项制度。《民法典》第二十三条规定："无民事行为能力人、限制民事行为能力人的监护人是其法定代理人。"

二、代理权的行使

（一）代理权行使的一般要求

代理人在行使代理权的过程中，必须遵循下列要求：

1. 代理人应在代理权限范围内行使代理权，不得越权代理。越权代理行为，非经被代理人追认，对被代理人不发生法律效力。

2. 代理人应亲自行使代理权，不得任意转托他人。在代理关系中，代理人与被代理人之间具有一定的人身依赖性，需要代理人亲自为之，除非被代理人同意或紧急事由，代理人不得将代理权转托他人行使。

3. 代理人应忠实于被代理人利益。因为代理制度的目的是实现被代理人的利益，因此代理人应当按被代理人的要求行使代理权。

（二）转委托代理

转委托代理，又称再代理、复代理，是指代理人为了实施其代理权限内的行为，而以自己的名义为被代理人选任代理人的代理。转委托代理以本代理的存在为前提；转委托的第三人是原代理人以自己的名义选任的代理人；转委托的第三人行使的代理权是原代理人的代理权；转委托的第三人是被代理人的代理人，而不是代理人的代理人。只有两种情况下才允许转委托代理：（1）被代理人允许，包括事先同意和事后追认；（2）出现紧急情况，如急病、通信联络中断、疫情防控等特殊原因，委托代理人自己不能办理代理事项，又不能与被代理人及时取得联系，如不及时转委托第三人代理，会给被代理人造成损失或扩大损失。《民法典》第一百六十九条规定："代理人需要转委托第三人代理的，应当取得被代理人的同意或者追认。转委托代理经被代理人同意或者追认的，被代理人可以就代理事务直接指示转委托的第三人，代理人仅就第三人的选任以及对第三人的指示承担责任。转委托代理未经被代理人同意或者追认的，代理人应当对转委托的第三人的行为承担责任；但是，在紧急情况下代理人为了维护被代理人的利益需要转委托第三人代理的除外。"

（三）代理权的滥用

所谓代理权的滥用，是指代理人在行使代理权的过程中，违背代理权设定的宗旨和行使的准则，实施了有损于被代理人利益的行为。滥用代理权由此导致的后果由行为人承担。在实践中，代理权滥用的行为主要有以下几种：

1. 自己代理，即代理人以被代理人名义与自己实施民事行为。此时，代理人同时充当代理人和第三人的角色，代理行为实际上是由代理人一人来完成的。这显然无法保证代理人能勤勉、谨慎地忠实于被代理人的利益。

2. 双方代理，指代理人既代理被代理人，又代理第三人而实施民事行为的情形。此时，虽然存在第三方当事人，但由于代理人需要同时代理双方的利益，难免顾此失彼，难以实现代理权的目的。

3. 恶意串通代理，是指代理人与第三人恶意串通，损害被代理人利益的行为，这种行为违背了代理关系的诚信性质，被代理人由此受到的损失由代理人和第三人负连带赔偿责任。

【真题演练1-7多项选择题】乙公司有个塔吊，甲和乙公司签订了代理合同，甲代理乙公司将该塔吊出售。甲的以下情形中属于滥用代理权的有（　　）。

A. 以被代理人的名义把塔吊卖给自己

B. 与丁恶意串通，将塔吊低价卖给丁，损害了乙的利益

C. 以被代理人的名义卖出，甲以丙的名义买入

D. 代理权被收回后，甲仍以乙的名义把塔吊卖出

【答案】 ABC

【解析】 本题涉及代理权的滥用问题。(1) 滥用代理权包括：自己代理（选项A）、双方代理（选项C）、代理人与第三人恶意串通，损害被代理人的利益（选项B）；(2) 选项D属于无权代理。

【试题来源】2021年注册会计师全国统一考试专业阶段考试《经济法》真题

（四）无权代理

1. 无权代理的概念。无权代理，是指代理人不具有代理权而实施的代理行为。这种代理行为，由于欠缺代理权，不具有代理行为的实质特征，因而不是真正的代

理。但是，无权代理并非当然无效，如果该行为得到被代理人追认，则为有效代理。所以，无权代理的效力取决于被代理人的态度，在被代理人追认前的期间内，无权代理属于效力待定的民事法律行为。

2. 无权代理的情形。无权代理具有以下几种情形：（1）未经授权的代理，即行为人未获得被代理人的任何授权，而以被代理人的名义从事民事活动。（2）超越代理权的代理，即代理人获得了被代理人的授权，但其实施的代理行为不在被代理人的授权范围内，其代理行为中超越代理权限的部分构成无权代理。（3）代理权终止后的代理，指行为人曾经取得过代理权，后因各种原因代理权已经终止，其事实上已处于无代理权状态，但仍然以被代理人的名义实施民事活动。

3. 无权代理的法律后果。无权代理在被代理人追认前期间，其效力是处于待定状态。（1）从被代理人角度分析，被代理人对无权代理行为享有追认权和拒绝权。如果予以追认，则产生有权代理的法律效果；如果拒绝追认，则对被代理人不产生法律效力；如果被代理人不作追认表示的，视为拒绝追认；如果被代理人知道他人以自己的名义实施民事行为而不作否认表示的，视为同意。（2）从第三人角度分析，在被代理人对无权代理行为作出追认前，第三人享有催告权和撤销权。（3）从无权代理行为人角度分析，当被代理人拒绝追认或不予追认时，责任自行承担；但是，如果第三人知道行为人无权代理而仍然与其实施民事行为给他人造成损害的，由第三人和行为人负连带责任。

（五）表见代理

1. 表见代理的概念。表见代理，是指被代理人的行为足以使善意第三人相信无权代理人具有代理权，从而使善意第三人与无权代理人实施民事行为，由此造成的法律后果由法律强制被代理人承担的代理。表见代理本属于无权代理，法律之所以设立表见代理制度，是为了保护善意第三人的交易安全与利益，并令疏于注意的被代理人自负后果。

2. 表见代理的构成要件。表见代理的构成要件包括以下几个方面：（1）行为人无代理权。（2）客观上存在使第三人相信行为人具有代理权的事实或理由，即由于被代理人的某种为或不为的意思表示，使第三人是以相信行为人具有代理权。（3）第三人须为善意。（4）行为人与第三人所为的民事行为须具备民事法律行为的一般特征和有效代理的表面要件。

3. 表见代理发生的原因。表见代理发生的原因有以下几种：（1）被代理人以书面或口头形式直接或间接地对第三人表示以他人为自己的代理人，而事实上却未对他人进行授权。（2）被代理人将具有证明代理权意义的文件（如介绍信、盖有公章的空白合同书等）交给他人，而事实上，被代理人对他人并无授予代理权的意图。（3）被代理人授权不明，代理人超越代理权限实施代理行为，善意第三人相信其有权代理。(4) 代理关系终止后，被代理人未采取必要措施公示代理关系终止的事实，以致造成善意第三人仍然与前代理人实施民事行为。(5) 被代理人知道他人以自己的名义进行活动而不作否认表示。

4. 表见代理的效力。符合构成要件的表见代理具有与有权代理同样的效力，代理行为的法律效果直接归属于被代理人。被代理人承担表见代理的法律后果，如果因此受到损失，有权向无权代理人请求赔偿。对第三人来说，可自由选择主张表见代理或主张无权代理，并依法追究责任。

【真题演练1-8 案例分析题】甲是乙公司的业务领导，后自乙公司辞职，并带走了一份乙公司已盖章的空白合同书。甲为获取更多的折扣，持盖章的乙公司空白合同书与丙公司签订了一批购买地板的合同。合同约定于×年×月交货，货到后3日内查验，验收合格后，乙公司支付全数价款。丙公司对甲辞职并非知情，如约履行了合同。丙公司按约定日期将地板交付乙公司，乙公司对该合同予以认可，并同意将该地板以本钱价转售给甲。

试问：乙公司和丙公司签订的合同是不是有效，并说明理由。

【答案】乙公司和丙公司签订的合同有效。依照规定，行为人没有代理权、超越代理权或代理权终止后以被代理人名义订立合同，相对人有理由相信行为人有代理权的，该代理行为有效。此题中，丙公司能够主张表见代理，合同有效。

【解析】本题涉及表见代理问题。

【试题来源】改编自2021年注册会计师全国统一考试专业阶段考试《经济法》真题

任务四 经济法的实施

Ⅰ. 任务提要

(1) 经济法律责任及其实现；
(2) 仲裁的适用范围、基本制度、仲裁程序；
(3) 民事诉讼的基本制度、诉讼管辖、民事诉讼程序。

Ⅱ. 能力提升

(1) 知识目标：理解并掌握经济法律责任及其实现；了解仲裁的适用范围，掌握仲裁基本制度、仲裁程序，熟悉仲裁裁决的撤销和执行；掌握民事诉讼的基本制度，熟悉诉讼管辖，了解民事诉讼程序。

(2) 技能目标：能辨别经济法律责任的不同形式；会订立仲裁协议，能够依法申请仲裁;能够正确辨别什么纠纷提起何种诉讼,并在诉讼时效内维护法定的权利。

Ⅲ. 思政融入与成效

(1) 从中国古代奴隶制五刑、封建制五刑到社会主义法治体系,从中国古代神明断案到仲裁、诉讼,探讨我该打官司吗?诉讼法院如何选择?民告官能赢吗?明确仲裁和诉讼具有平等、自愿、公平的特征。

(2) 引领认知:树立公平、法治意识、责任意识及有权利必有救济途径的法治观念,进而自觉知礼守法,明确依法承担法律责任是社会文明、法治进步的最好体现,懂得用法律保护自身合法权益。

Ⅳ. 岗位实训

甲公司与乙公司签订一买卖合同。合同约定:若发生合同纠纷,须提交 A 市仲裁委员会仲裁。后因乙公司违约,甲公司依法解除合同,并要求乙公司赔偿损失。双方对赔偿额发生争议,甲公司就该争议向 A 市仲裁委员会申请仲裁。乙公司认为,因合同被解除,合同中的仲裁条款已失效,故甲公司不能向 A 市仲裁委员会申请仲裁。

试问:乙公司的观点是否正确的?(本案例涉及仲裁协议等相关知识点。)

1.4 案例解析

Ⅴ. 知识储备

知识点 1 违反经济法的法律责任

一、经济法律责任的概念

违反经济法的法律责任,又称经济法律责任,是指经济法主体因实施了违反经济法律法规的行为而应承担的法律后果。经济法律责任是经济法主体的经济权利和经济义务得以实现的保障机制。由于经济法律责任固有的惩戒性,其对经济法主体行为保持端正具有威慑和督促作用。

二、经济法律责任的种类

由于经济法律关系的复杂性,决定了经济法律责任也不会是一种单一的法律责任,包括民事责任、行政责任和刑事责任三种。

(一)民事责任

民事责任,是指经济法主体违反经济法律法规给对方造成损害时,依法应承担的民事法律后果。它主要适用于一般的违反经济法的行为,是经济法律责任中最主要的责任形式。在民事活动中，违反民事义务的行为多数与财产损害有关；因而，民事责任方式也多以补偿受害人的财产损失为主；进而决定了民事责任主要是财产性质的法律责任，以恢复被侵害的民事权益为目的。根据《民法典》的规定，经济法主体承担民事责任的方式主要有：停止侵害，排除妨害，消除危险，返还财产，恢复原状、修理、重作、更换、继续履行、赔偿损失和支付违约金。还有一些方式是承担非财产性质的责任，如消除影响、恢复名誉、赔礼道歉等。如在侵害消费者权益的民事责任方式中，如果经营者侵害消费者的人格或者侵犯消费者人身自由的，就应当停止侵害、恢复名誉、消除影响、赔礼道歉，并赔偿损失（主要是精神损失）。

（二）行政责任

行政责任，是指有关国家机关对违反经济法律规范的行为人依法给予惩罚的责任形式，包括行政处罚和行政处分两种方式。行政处罚是有关国家机关对责任主体所作出的惩罚措施，包括暂扣许可证件、降低资质等级、吊销许可证件、限制开展生产经营活动、责令停产停业、责任关闭、限制从业、行政拘留等；行政处分是对违反经济法律规范的有关国家机关的工作人员依法给予的惩罚措施，包括警告、记过、记大过、降级、撤职、开除等。

（三）刑事责任

刑事责任，是对违反法律、构成经济犯罪的行为人及其主管人员和其他直接责任人员所给予的惩罚，一般只针对具有严重社会危害性的行为。具体措施包括主刑和附加刑，主刑有管制、拘役、有期徒刑、无期徒刑和死刑；附加刑有罚金、剥夺政治权利、没收财产和驱逐出境。附加刑也可以独立适用。在处罚原则上，如果是单位犯罪，则对单位处以罚金，对主管人员和其他直接责任人员追究刑事责任。

经济法律责任的种类如表 1-3 所示。

表 1-3　　　　　　　　　　经济法律责任的种类

种类		具体规定
民事责任	财产性质的责任	停止侵害、排除妨害、消除危险、返还财产、恢复原状、修理、重作、更换、继续履行、赔偿损失、支付违约金
	非财产性质的责任	消除影响、恢复名誉、赔礼道歉
行政责任	行政处罚（对外部）	声誉罚——警告、通告批评
		财产罚——罚款、没收违法所得、没收非法财物
		行为罚——暂扣或吊销许可证件、降低资质等级、限制开展生产经营活动、责令停产停业、责令关闭、限制从业
		人身自由罚——行政拘留
	行政处分（对内部）	警告、记过、记大过、降级、撤职、开除

续表

种类	具体规定	
刑事责任	主刑	管制（期限为3个月以上2年以下，数罪并罚最高不超过3年）
		拘役（期限为1个月以上6个月以下，数罪并罚最高不超过1年）
		有期徒刑、无期徒刑、死刑（包括死刑立即执行和死刑缓期2年执行）
	附加刑（可以和主刑一起适用，也可以单独适用）	罚金、剥夺政治权利、没收财产、驱逐出境

三、经济法律责任的实现

经济法律责任的实现，是国家对经济法律关系进行保护的最有效的手段和最终体现。经济法律责任的实现，一是责任主体自觉履行，二是由有权处理的机构依法进行责任认定及强制执行。

知识点 2 经济纠纷的解决途径

在经济生活中，解决经济冲突的途径有：当事人协商和解、有权机关进行调解、协议仲裁、行政复议和诉讼，其中最主要的方式为仲裁和诉讼。

一、仲裁

仲裁，是指由经济纠纷的各方当事人共同选定仲裁机构，对纠纷依照法定程序作出具有约束力的裁决的活动。根据《仲裁法》的规定，仲裁适用于平等主体的自然人、法人和其他组织之间发生的合同纠纷和其他财产纠纷。涉及婚姻、收养、监护、扶养、继承等人身关系的纠纷和应当由行政机关处理的行政争议，以及具有一定的特殊性的劳动争议、农村集体经济组织内部的农业承包合同纠纷，不适用仲裁。

（一）《仲裁法》的基本原则和基本制度

根据《仲裁法》的规定，对合同纠纷和其他财产权益纠纷进行仲裁，应遵循以下基本原则和基本制度。

1. 自愿原则。自愿原则，是指当事人达成仲裁协议，申请仲裁等都必须出自其真实意愿。自愿原则是仲裁制度的基本原则，它充分体现了当事人的意思自治。在我国仲裁制度中，自愿原则主要体现在5个环节上：

（1）以仲裁方式解决纠纷，应是当事人双方的共同意愿。当事人采用仲裁方式解决纠纷，应当双方自愿达成仲裁协议，没有仲裁协议，一方申请仲裁的，仲裁机构不予受理。

(2) 自愿选择仲裁机构。法律对当事人约定仲裁机构,明确规定不受地域管辖和级别管辖限制,当事人可以选择他们共同信任的仲裁机构进行仲裁。

(3) 仲裁员由当事人自主选定。在仲裁中,当事人有权选择其认为公正、具有相应专业素质的仲裁员组成仲裁庭,也可以委托仲裁机构的主任代为指定。

(4) 当事人可以约定交由仲裁解决的争议事项。

(5) 当事人在开庭和裁决过程中,可以约定公开仲裁或不公开仲裁,也可以约定开庭仲裁或书面仲裁。

2. 仲裁独立原则。仲裁的独立,包括仲裁机构独立于行政机关,与行政机关没有隶属关系;仲裁组织体系中的仲裁协会、仲裁委员会和仲裁庭三者之间相互独立;仲裁员独立审理和作出裁决;法院对仲裁实行必要的监督,但仲裁并不附属于法院。这些规定,使仲裁真正具有公正性和权威性。

3. 以事实为根据、法律为准绳原则。仲裁机构应当以客观案情为依据进行调解和裁决,并且仲裁机构应在查明事实后确定解决纠纷所适用的实体法律,按照法律的规定作出仲裁裁决。

4. 协议仲裁制度。协议仲裁制度是自愿原则的最根本的体现,也是自愿原则得以实现的最基本的保证。该项制度包括两方面含义:(1) 提交争议请求仲裁,必须建立在双方当事人自愿的基础上,达成仲裁协议。(2) 仲裁机构受理案件,必须基于双方当事人的共同授权,对没有仲裁协议的仲裁申请,仲裁机构不能受理。

5. 或裁或审制度。或裁或审制度是指发生纠纷的双方当事人享有选择仲裁或者诉讼途径解决纠纷权利的制度,这是尊重当事人选择解决争议途径的制度。当事人达成仲裁协议的,应当向仲裁机构申请仲裁。当事人选择仲裁的,不能再向人民法院起诉,但仲裁协议无效的除外。反之,当事人没有达成仲裁协议的,或者直接向人民法院起诉的,应当由人民法院受理纠纷案件。

6. 一裁终局制度。仲裁庭作出的仲裁裁决为终局裁决,裁决作出后,当事人就同一纠纷,不能再申请仲裁或向人民法院起诉。但是,裁决被人民法院依法裁定撤销或不予执行的,当事人可以重新达成仲裁协议申请仲裁,也可以向人民法院起诉。

(二) 仲裁协议

仲裁协议,是指双方当事人自愿把他们之间可能发生或者已经发生的经济纠纷提交仲裁机构裁决的书面约定,包括在合同中订立的仲裁条款,以及在纠纷发生前或者纠纷发生后以其他书面方式达成的请求仲裁的协议。仲裁协议是仲裁机构受理特定合同争议的法律依据,仲裁协议排除了法院对该案件的管辖权。

1. 仲裁协议的内容。仲裁协议应当包括下列内容:(1) 请求仲裁的意思表示。这是仲裁协议最基本的内容,它表达了当事人对仲裁这种解决纠纷方式的选择。(2) 仲裁事项。当事人提交仲裁解决的争议,它是仲裁协议的实质性内容。(3) 选定的仲裁委员会。这是某个仲裁委员会受理纠纷的依据。如果当事人就仲裁委员会没有约定的,可以订立补充协议;补充协议未达成的,仲裁协议无效。

2. 仲裁协议的效力。仲裁协议一经依法成立,即具有法律约束力。仲裁协议独立存在,合同的变更、解除、终止或无效,不影响仲裁协议的效力。

仲裁庭有权确认合同的效力。当事人对仲裁协议的效力有异议的,应当在仲裁庭首次开庭前提出,可以请求仲裁委员会作出决定或者请求人民法院作出裁定。一方请求仲裁委员会作出决定,另一方请求人民法院作出裁定的,由人民法院裁定。

当事人达成仲裁协议,一方向人民法院起诉未声明有仲裁协议,人民法院受理后,另一方在首次开庭前提交仲裁协议的,人民法院应当驳回起诉,但仲裁协议无效的除外;另一方在首次开庭前未对人民法院受理该案提出异议的,视为放弃仲裁协议,人民法院应当继续审理。

(三) 仲裁程序

1. 仲裁申请。仲裁申请,是指当事人按照其达成的仲裁协议,将其纠纷提交约定的仲裁机构予以解决的行为。当事人申请仲裁,应当具备以下条件:(1) 有仲裁协议。(2) 有具体的仲裁请求和所依据的事实和理由。(3) 属于仲裁委员会受理的范围。

2. 审查与受理。仲裁委员会收到仲裁申请书后,对当事人的仲裁申请进行审查,并于收到申请书之日起 5 日内作出是否受理的决定。对于符合受理条件的,予以受理并通知当事人;对于不符合受理条件的,应当书面通知当事人并说明理由。

3. 审理与裁决。对于决定受理的仲裁申请,仲裁机构应当组成仲裁庭。仲裁庭可以由一名或三名仲裁员组成,仲裁员由当事人选定或委托仲裁机构指定。仲裁原则上应当开庭进行,但当事人可以约定不开庭审理。仲裁不公开进行,除涉及国家秘密的外,当事人可以协议公开进行。在仲裁庭作出裁决前,可以先行调解;调解不成的,应当及时作出裁决。当事人在仲裁过程中有权进行辩论。仲裁庭根据多数仲裁员的意见作出裁决,并制作裁决书。少数仲裁员的不同意见可以记入笔录。仲裁庭不能形成多数意见时,裁决应当按照首席仲裁员的意见作出。裁决书自作出之日起发生法律效力。

4. 裁决的执行。仲裁实行一裁终局制,裁决一旦作出,当事人应当履行。一方不履行的,另一方当事人可以依法申请人民法院强制执行。

(四) 仲裁裁决的撤销

当事人提出证据证明裁决有依法应撤销情形的,应当自收到裁决书之日起 6 个月内,向仲裁委员会所在地的中级人民法院申请撤销裁决。人民法院经组成合议庭审查核实裁决有法定撤销情形之一的,或认定裁决违背社会公共利益的,应当裁定撤销。当事人申请撤销仲裁裁决的法定事由有：（1）没有仲裁协议的；（2）裁决的事项不属于仲裁协议的范围或者仲裁委员会无权仲裁的；（3）仲裁庭的组成或者仲裁的程序违反法定程序的；（4）裁决所根据的证据是伪造的；（5）对方当事人隐瞒了足以影响公正裁决的证据的；（6）仲裁员在仲裁该案时有索贿受贿，徇私舞弊，枉法裁决行为的。

人民法院应当在受理撤销裁决申请之日起两个月内作出撤销裁决或者驳回申请的裁定。人民法院受理撤销裁决的申请后，认为可以由仲裁庭重新仲裁的，通知仲裁庭在一定期限内重新仲裁，并裁定中止撤销程序。仲裁庭拒绝重新仲裁的，人民法院应当裁定恢复撤销程序。

二、诉讼

诉讼，是指人民法院根据纠纷当事人的请求，运用审判权确认争议各方权利义务关系，解决经济纠纷的活动。在我国，《民事诉讼法》是经济诉讼活动的法律依据。

（一）审判制度

1. 合议制度。人民法院审理第一审民事案件，除适用简易程序审理的民事案件由审判员一人独任审理或者基层人民法院审理的基本事实清楚、权利义务关系明确的第一审民事案件，可以由审判员一人适用普通程序独任审理外，一律由审判员、人民陪审员共同组成合议庭或者由审判员组成合议庭。人民法院审理第二审民事案件，由审判员组成合议庭。合议庭的成员人数，必须是单数。

2. 回避制度。这是指参与某案件民事诉讼活动的审判人员、法官助理、书记员、司法技术人员、翻译人员、鉴定人、勘验人，是本案当事人或者当事人、诉讼代理人近亲属的，或者与本案有利害关系的，或者与本案当事人、诉讼代理人有其他关系，可能影响对案件公正审理的，当事人有权用口头或者书面方式申请他们回避。

3. 公开审判制度。人民法院审理民事案件，除涉及国家秘密、个人隐私或者法律另有规定的以外，应当公开进行。离婚案件，涉及商业秘密的案件，当事人申请不公开审理的，可以不公开审理。不论案件是否公开审理，一律公开宣告判决。

4. 两审终审制度。这是指一个诉讼案件经过两级法院审判后即终结的制度。按照两审终审制，一个案件经第一审法院审判后，当事人如果不服，有权在法定期限内（当事人不服地方人民法院第一审判决的，有权在判决书送达之日起 15 日内；当事人不服地方人民法院第一审裁定的，有权在裁定书送达之日起 10 日内）向上一级人民法院提起上诉，由该上一级人民法院进行第二审。第二审人民法院的判决、裁定，是终审的判决、裁定。

但是，适用特别程序、督促程序、公示催告程序和企业法人破产还债程序审理的案件，实行一审终审。对终审判决、裁定，当事人不得上诉。如果发现终审裁判确有错误，可以通过审判监督程序予以纠正。

（二）诉讼管辖

诉讼管辖，是指各级人民法院之间以及不同地区的同级人民法院之间，受理第一审经济纠纷案件的权限和分工。管辖的种类有很多，其中最重要的是级别管辖、地域管辖、专属管辖。

1. 级别管辖。级别管辖，是根据案件的性质、影响范围和难易程度来划分上下级人民法院受理第一审经济纠纷案件的分工和权限。

我国人民法院的设置分为四级，即基层人民法院、中级人民法院、高级人民法院和最高人民法院。基层人民法院管辖第一审民事案件，但本法另有规定的除外；中级人民法院管辖重大涉外案件、在本辖区有重大影响的案件以及最高人民法院确定由中级人民法院管辖的第一审民事案件；高级人民法院管辖在本辖区有重大影响的第一审民事案件；最高人民法院管辖在全国有重大影响的案件以及认为应当由本院审理的第一审民事案件。

2. 地域管辖。地域管辖，是指确定同级人民法院之间在各自管辖的地域内审理一审经济案件的分工和权限。地域管辖通常包括：一般地域管辖和特殊地域管辖。

（1）一般地域管辖。它是指以当事人住所地与法院辖区的关系来确定管辖法院。一般地域管辖的原则是"原告就被告"，即对公民提起的民事诉讼，由被告住所地人民法院管辖；被告住所地与经常居住地不一致的，由经常居住地人民法院管辖。对法人或其他组织提起的民事诉讼，由被告住所地人民法院管辖。同一诉讼的几个被告住所地、经常居住地在两个以上人民法院辖区的，各该人民法院都有管辖权。两个以上人民法院都有管辖权的诉讼，原告可以向其中一个人民法院起诉；原告向两个以上有管辖权的人民法院起诉的，由最先立案的人民法院管辖。但对不在中华人民共和国领域内居住的人提起的有关身份关系的诉讼；对下落不明或者宣告失踪的人提起的有关身份关系的诉讼；对被采取强制性教育措施的人提起的诉讼；对被监禁的人提起的诉讼，由原告住所地人民法院管辖，原告住所地与经常居住地不一致的，由原告经常居住地人民法院管辖。

（2）特殊地域管辖，它是指以诉讼标的物所在地或者引起经济法律关系发生、变更或者消灭的法律事实所在地以及被告所在地为标准来确定管辖法院。适用特殊地域管辖的主要有以下几种情况：①因合同或者其他财产权益纠纷提起的诉讼，当事人可以书面协议选择被告住所地、合同履行地、合同签订地、原告住所地、标的物所在地等与争议有实际联系的地点的人民法院管辖，但不得违反级别管辖和专属管辖的规定；②因保险合同纠纷提起的诉讼，由被告住所地或者保险标的物所在地人民法院管辖；③因票据纠纷提起的诉讼，由票据支付地或者被告住所地人民法院管辖，票据支付地是票据载明的付款地；④因公司设立、确认股东资格、分配利润、解散等纠纷提起的诉讼，由公司住所地人民法院管辖；⑤因铁路、公路、水上、航空运输和联合运输合同纠纷提起的诉讼，由运输始发地、目的地或者被告住所地人民法院管辖；⑥因侵权行为提起的诉讼，由侵权行为地或者被告住所地人民法院管辖；⑦因铁路、公路、水上和航空事故请求损害赔偿提起的诉讼，由事故发生地或车辆、船舶最先到达地、航空器最先降落地或者被告住所地人民法院管辖；⑧因船舶碰撞或者其他海事损害事故请求损害赔偿提起的诉讼，由碰撞发生地、碰撞船舶最先到达地、加害船舶被扣留地或者被告住所地人民法院管辖；⑨因海难救助费用提起的诉讼，由救助地或者被救助船舶最先到达地人民法院管辖；⑩因共同海损提起的诉讼，由船舶最先到达地、共同海损理算地或者航程终止地的人民法院管辖。

3. 专属管辖。专属管辖，是指法律强制规定某类案件只能由特定法院管辖，其他法院无权管辖，也不允许当事人协议变更管辖。下列案件由人民法院专属管辖：（1）因不动产纠纷提起的诉讼，由不动产所在地人民法院管辖；（2）因港口作业中发生纠纷提起的诉讼，由港口所在地人民法院管辖；（3）因继承遗产纠纷提起的诉讼，由被继承人死亡时住所地或者主要遗产所在地人民法院管辖。

（三）诉讼时效

诉讼时效，是指权利人在法定期间内不行使权利而失去诉讼保护的制度。诉讼时效期间，是指权利人请求人民法院保护其民事权利的法定期间。诉讼时效期间届满，权利人丧失的是胜诉权，即丧失依诉讼程序强制义务人履行义务的权利，权利人的实体权利并不消灭，债务人自愿履行的，不受诉讼时效限制。诉讼时效期间可分为两种：

1. 普通诉讼时效期间。普通诉讼时效期间，是指由民事普通法规定的具有普通意义的诉讼时效期间。根据《民法典》的规定，向人民法院请求保护民事权利的诉讼时效期间为3年。法律另有规定的，依照其规定。诉讼时效期间自权利人知道或者应当知道权利受到损害以及义务人之日起计算。法律另有规定的，依照其规定。但是，自权利受到损害之日起超过20年的，人民法院不予保护，有特殊情况的，人民法院可以根据权利人的申请决定延长。

2. 特别诉讼时效期间。特别诉讼时效期间，是指仅适用于特定民事法律关系的诉讼时效期间。特别诉讼时效优于普通诉讼时效，也就是说，凡有特别诉讼时效规定的适用特别诉讼时效，如果法律对诉讼时效另有规定的，依照法律规定。如《民法典》规定，因国际货物买卖合同和技术进出口合同争议提起诉讼或者申请仲裁的时效期间为4年。

3. 诉讼时效期间的中止、中断及不适用情形。

（1）诉讼时效期间的中止。在诉讼时效期间的最后6个月内，因下列障碍，不能行使请求权的，诉讼时效中止：①不可抗力；②无民事行为能力人或者限制民事行为能力人没有法定代理人，或者法定代理人死亡、丧失民事行为能力、丧失代理权；③继承开始后未确定继承人或者遗产管理人；④权利人被义务人或者其他人控制；⑤其他导致权利人不能行使请求权的障碍。自中止时效的原因消除之日起满6个月，诉讼时效期间届满。

（2）诉讼时效期间的中断。有下列情形之一的，诉讼时效中断，从中断、有关程序终结时起，诉讼时效期间重新计算：①权利人向义务人、义务人的代理人、财产代管人或者遗产管理人等提出履行请求；②义务人同意履行义务；③权利人提起诉讼或者申请仲裁；④与提起诉讼或者申请仲裁具有同等效力的其他情形。

（3）下列请求权不适用诉讼时效的规定：①请求停止侵害、排除妨碍、消除危险；②不动产物权和登记的动产物权的权利人请求返还财产；③请求支付抚养费、赡养费或者扶养费；④依法不适用诉讼时效的其他请求权。

诉讼时效的期间、计算方法以及中止、中断的事由由法律规定，当事人约定无效。当事人对诉讼时效利益的预先放弃无效。

【真题演练1-9 多项选择题】 根据基本民事法律制度的规定，下列各项，致使诉讼时效中断的有（　　）。

A. 权利人提起诉讼　　　　B. 义务人同意履行义务
C. 权利人申请仲裁　　　　D. 权利人向义务人提出履行请求

【答案】 ABCD

【解析】 本题考核诉讼时效的中断。

【试题来源】 2021年注册会计师全国统一考试专业阶段考试《经济法》真题、2023年全国职业院校技能大赛（GZ062法律实务）赛项模块一《法律基础知识》竞赛试题

（四）判决和执行

1. 审理。人民法院审理民事案件，根据需要进行巡回审理，就地办案。人民法院审理民事案件，应当在开庭3日前通知当事人和其他诉讼参与人。公开审理的，应当公告当事人姓名、案由和开庭的时间、地点，以便群众旁听。公开审判包括审判过程公开和审判结果公开两项内容。不论案件是否公开审理，一律公开宣告判决。法院审理民事案件，可以根据当事人的意愿进行调解。

2. 判决和裁定。当事人不服地方人民法院第一审判决的，有权在判决书送达之日起15日内向上一级人民法院提起上诉。当事人不服地方人民法院第一审裁定的，有权在裁定书送达之日起10日内向上一级人民法院提起上诉。

第二审法院的判决、裁定是终审的判决、裁定，也就是发生法律效力的判决、裁定；如果在此期间当事人没有提起上诉，第一审判决、裁定就是发生法律效力的

判决、裁定。最高人民法院的判决、裁定,以及依法不准上诉或者超过上诉期没有上诉的判决、裁定,是发生法律效力的判决、裁定。

公众可以查阅发生法律效力的判决书、裁定书,但涉及国家秘密、商业秘密和个人隐私的内容除外。

3. 执行。发生法律效力的民事判决、裁定,当事人必须履行。一方拒绝履行的,对方当事人可以向人民法院申请执行,也可以由审判员移送执行员执行。调解书和其他应当由人民法院执行的法律文书,当事人必须履行。一方拒绝履行的,对方当事人可以向人民法院申请执行。

对依法设立的仲裁机构的裁决,一方当事人不履行的,对方当事人可以向有管辖权的人民法院申请执行。受申请的人民法院应当执行。仲裁裁决被人民法院裁定不予执行的,当事人可以根据双方达成的书面仲裁协议重新申请仲裁,也可以向人民法院起诉。

对公证机关依法赋予强制执行效力的债权文书,一方当事人不履行的,对方当事人可以向有管辖权的人民法院申请执行,受申请的人民法院应当执行。公证债权文书确有错误的,人民法院裁定不予执行,并将裁定书送达双方当事人和公证机关。

申请执行的期间为2年。申请执行时效的中止、中断,适用法律有关诉讼时效中止、中断的规定。前款规定的期间,从法律文书规定履行期间的最后一日起计算;法律文书规定分期履行的,从最后一期履行期限届满之日起计算;法律文书未规定履行期间的,从法律文书生效之日起计算。

当事人对已经发生法律效力的判决、裁定,认为有错误的,可以向上一级人民法院申请再审;当事人一方人数众多或者当事人双方为公民的案件,也可以向原审人民法院申请再审。当事人申请再审的,不停止判决、裁定的执行。

当事人申请再审,应当在判决、裁定发生法律效力后6个月内提出。如有新的证据,足以推翻原判决、裁定的;原判决、裁定认定事实的主要证据是伪造的;据以作出原判决、裁定的法律文书被撤销或者变更的;审判人员审理该案件时有贪污受贿,徇私舞弊,枉法裁判行为的,自知道或者应当知道之日起6个月内提出。当事人对已经发生法律效力的调解书,提出证据证明调解违反自愿原则或者调解协议的内容违反法律的,可以申请再审。经人民法院审查属实的,应当再审。

项目检测一

一、单项选择题

1. 最早提出经济法这一概念的是( )。
A. 摩莱里   B. 德萨米   C. 莱特   D. 蒲鲁东

2. 行政法规，是指由（　　）制定的规范性文件，其地位和效力仅次于宪法和法律。

  A. 全国人大   B. 全国人大常委会

  C. 国务院   D. 国务院各部委

3. 某电器商行明知电冰箱质量有问题，但在销售时故意不加说明，顾客购买了质量有问题的电冰箱。电器商行与顾客之间的民事行为属于（　　）。

  A. 显失公平的民事行为   B. 乘人之危的民事行为

  C. 重大误解的民事行为   D. 受欺诈的民事行为

4. 根据《民法典》的规定，在一定期间内，债权人因特定障碍不能行使请求权的，诉讼时效中止，该期间为（　　）。

  A. 诉讼时效期间的最后6个月   B. 诉讼时效期间的最后9个月

  C. 诉讼时效期间届满后6个月   D. 诉讼时效期间届满后9个月

5. 以下关于仲裁与诉讼区别的表述不正确的是（　　）。

  A. 仲裁必须由双方达成仲裁协议才可进行，而诉讼只要有一方当事人起诉即可进行

  B. 仲裁不公开进行，诉讼一般应公开进行

  C. 仲裁不实行回避制度，诉讼实行回避制度

  D. 仲裁实行一裁终局制度，而诉讼实行两审终审制度

二、多项选择题

1. 经济法的调整对象有（　　）。

  A. 市场主体管理关系   B. 市场秩序规制关系

  C. 宏观经济调控关系   D. 社会保障关系

2. 下列各项中，可以作为经济法律关系客体的有（　　）。

  A. 阳光   B. 房屋   C. 经济决策行为   D. 非专利技术

3. 根据《民法典》的规定，以下对可撤销的民事法律行为的表述，其中不正确的有（　　）。

  A. 该行为撤销前，其效力已经发生，未经撤销，其效力不消灭

  B. 如果具有撤销权的当事人未在法定期限内行使撤销权，则该行为视同有效的法律行为，对当事人具有约束力

  C. 该行为一经撤销，其效力自被撤销之日起无效

  D. 如果自行为成立时起超过六个月，当事人才请求变更或者撤销的，法院不予保护

4. 下列权利义务中，属于经济法律关系内容的有（　　）。

  A. 所有权   B. 纳税义务   C. 经营管理权   D. 服兵役义务

5. 根据《民事诉讼法》的规定，下列表述中，不正确的有（　　）。

A. 当事人不履行发生效力的判决，另一方当事人可以向人民法院申请强制执行

B. 当事人不服法院第一审判决的，有权在判决书作出之日起 15 日内向上一级法院提起上诉

C. 当事人对生效的判决仍不服的，可以在一年内申请再审，但不影响判决的执行

D. 适用特别程序、督促程序、公示催告程序和企业法人破产还债程序审理的案件，实行一审终审制

三、判断题

1. 我国从古代到现代都有经济立法，所以作为一个独立部门的经济法在我国一直存在着。（　　）

2. 国家机关可以作为单位会员加入社会团体。（　　）

3. 仲裁庭对当事人申请仲裁的争议作出裁决，自裁决书作出之日起发生法律效力。（　　）

4. 甲公司委托张某采购台式电脑，结果实际购买的是笔记本电脑，该行为属于滥用代理。（　　）

5. 甲公司向乙银行借款 10 万元，到期未还。乙银行于还本付息期限届满后 1 年时，向有管辖权的法院提起诉讼，要求甲公司还本付息，乙银行的行为引起诉讼时效的中断。（　　）

四、实战模拟

2023 年 1 月 10 日，甲请乙中介公司帮助寻找适当的出租房。双方在合同中约定：（1）该出租房应是位于城里的二居室；月租金不高于 2000 元；甲支付 500 元作为中介费；（2）乙中介公司应在签订合同后 1 个月内找到符合要求的出租房，否则退还中介费并解除合同；（3）如双方发生争议，提请当地仲裁机构仲裁。

问题：在甲与乙中介公司之间是否形成了经济法律关系？如果形成了经济法律关系，指出该经济法律关系的主体、内容和客体。

项目二 企业法律制度

【思维导图】

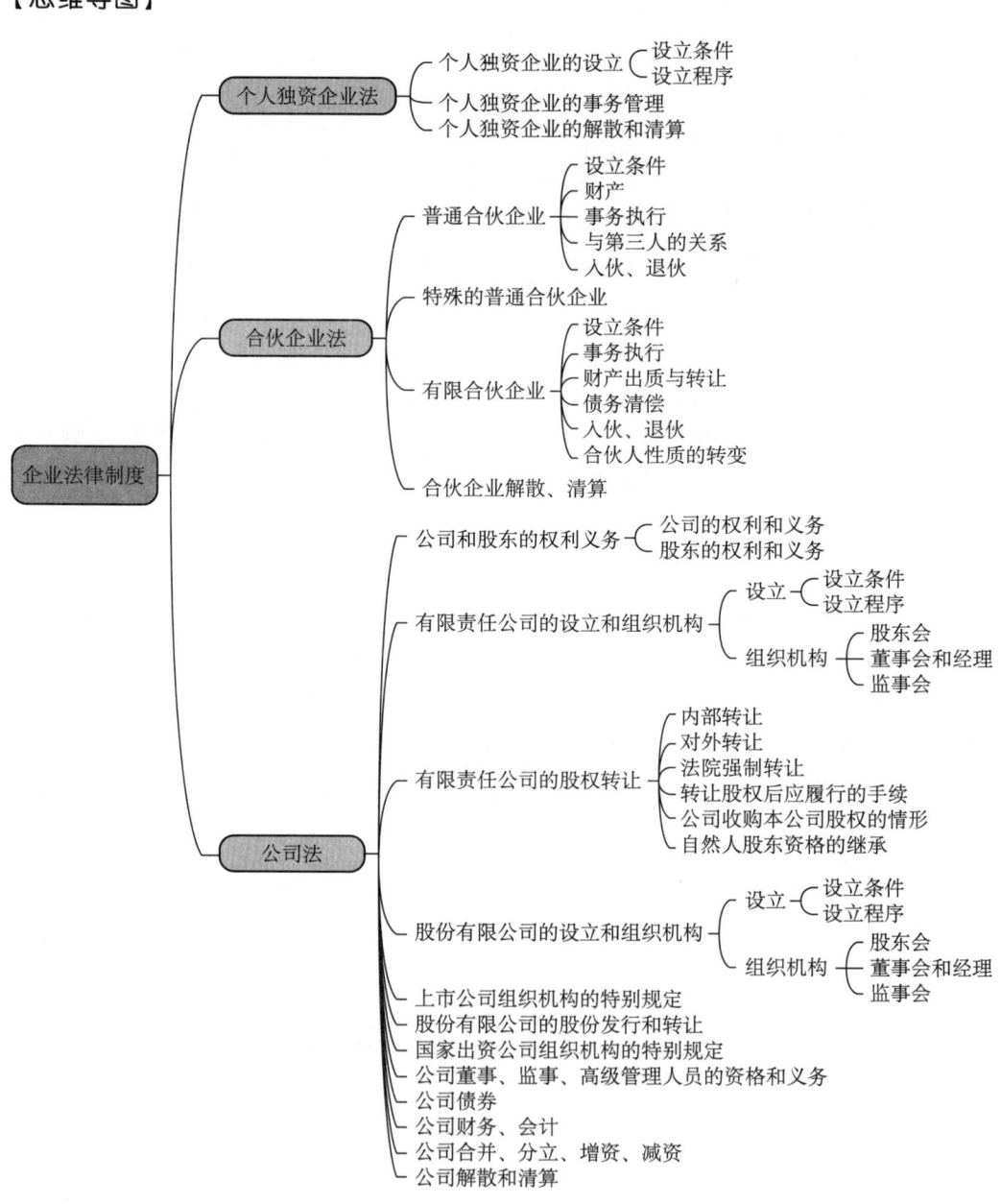

任务一 个人独资企业法

Ⅰ．任务提要

（1）个人独资企业的概念和特征；
（2）个人独资企业的设立条件及权利义务；
（3）个人独资企业的管理。

Ⅱ．能力提升

（1）知识目标：了解个人独资企业的概念和特征；掌握个人独资企业的设立条件和管理。

（2）技能目标：能够应用个人独资企业的法律知识处理设立及经营过程出现的法律问题。

Ⅲ．思政融入与成效

每个青年都应有自己的梦想，将个人理想融入中国梦，努力实现自身价值，培养创新理念。通过辨析不同商事组织承担责任不同，将诚信、守法、公正融入个人独资企业设立与运营学习中，强调重商德、明商规、强商信等法治精神。

Ⅳ．岗位实训

王某是一家国有企业的职工，近年来其就职企业的效益连连滑坡，面临破产。他很想自立门户创建一家独资企业，自己做老板。他根据自己的理解和一些非官方途径了解到的信息，勾勒出欲设企业的大致情况如下：

企业名称为"洁又惠"面点制作有限责任公司，自己为该企业董事长。听说独资企业的注册资本只要 1 元钱，即象征性地出一点就可以了，所以资本暂定为 400 元，外加一些碗筷、几把桌椅；而且注册资本越低，他承担的责任也就越少。王某准备借用一处即将拆迁的街面房作为经营场所，到几个月后面临拆迁时再想办法解决经营场地问题。

王某计划雇用 3 名左右的职工，但支付的工资中不包含社会养老金、失业保险金、医疗保险金等内容，这些项目由职工自己想办法解决。由于企业业务较少，没必要设置账簿、配备专门的财会人员。又由于王某不太懂经营管理，所以他准备聘用一名经理来管理企业；但是又需控制经理的权力，较重大的事项均由王某自己来决定。如果经理在外代表企业所进行的活动超越其职权对企业不利的，则由该经理自行对外负责。

最后，独资企业不取得法人资格故无须登记，过几天去做一块

2.1 案例解析

企业的招牌挂在经营场所即可开业了。

王某的以上想法和计划是否符合法律规定？

V．知识储备

知识点1 个人独资企业的设立

一、个人独资企业的设立条件

（一）投资人为一个自然人

首先需要注意的是，投资人只能是自然人且为1人，区别于公司和合伙。其次，该自然人只能是中国国籍的自然人，不包括港澳台同胞。

特别提示：法律、行政法规禁止从事营利性活动的人，不得作为投资人申请设立个人独资企业。如国家公务员、党政机关领导干部、警官、法官、检察官、商业银行工作人员等，不得投资申请设立个人独资企业。

（二）有合法的企业名称

个人独资企业只能有一个合法的企业名称，应当与其责任形式及从事的营业相符合，并且应当遵守企业名称登记管理规定。名称中不得使用"有限""有限责任""公司"等字样。

（三）有投资人申报的出资

个人独资企业的投资人对企业债务承担无限责任，并不是以出资额为限承担责任，因此仅要求投资人有自己申报的出资即可，投资人申报的出资额应当与企业的生产经营规模相适应。设立个人独资企业可以用货币、实物、土地使用权、知识产权或其他财产权利出资，但不得以劳务出资。投资人可以以个人财产出资，也可以以家庭共有财产出资。个人独资企业投资人在申请企业设立登记时明确以其家庭共有财产作为个人出资的，应当依法以家庭共有财产对企业债务承担无限责任。

（四）有固定的生产经营场所和必要的生产经营条件

（五）有必要的从业人员

二、个人独资企业设立的程序

（一）提出设立申请

申请设立个人独资企业，应当由投资人或者其委托的代理人向个人独资企业所在地的登记机关提交设立申请书、投资人身份证明、生产经营场所使用证明等文件。委托代理人申请设立登记时，应当出具投资人的委托书和代理人的合法证明。

登记机关应当在收到设立申请文件之日起 15 日内,对符合本法规定条件的,予以登记,发给营业执照;对不符合本法规定条件的,不予登记,并应当给予书面答复,说明理由。个人独资企业的营业执照的签发日期,为个人独资企业成立日期。登记机关为市场监督管理部门。

(二) 设立分支机构

个人独资企业设立分支机构,应当由投资人或者其委托的代理人向分支机构所在地的登记机关申请登记,领取营业执照。分支机构的民事责任由设立该分支机构的个人独资企业承担。

知识点 2　个人独资企业的事务管理

一、个人独资企业事务管理的方式

个人独资企业投资人可以自行管理企业事务,也可以委托或者聘用其他具有民事行为能力的人负责企业的事务管理。

(一) 投资人自行管理

由投资人本人对企业进行直接管理。

(二) 委托或聘用他人管理

投资人委托或者聘用他人管理个人独资企业事务,受托人应具有民事行为能力,应当与受托人或者被聘用的人签订书面合同,明确委托的具体内容和授予的权利范围。投资人对受托人或者被聘用的人员职权的限制,不得对抗善意第三人。投资人委托或者聘用的人员管理个人独资企业事务时违反双方订立的合同,给投资人造成损害的,承担民事赔偿责任。

二、投资人委托或者聘用的管理个人独资企业事务的人员的职权限制

受托人或者被聘用的人员应当履行诚信、勤勉义务,按照与投资人签订的合同负责个人独资企业的事务管理。

投资人委托或者聘用的管理个人独资企业事务的人员不得有下列行为:(1) 利用职务上的便利,索取或者收受贿赂;(2) 利用职务或者工作上的便利侵占企业财产;(3) 挪用企业的资金归个人使用或者借贷给他人;(4) 擅自将企业资金以个人名义或者以他人名义开立账户储存;(5) 擅自以企业财产提供担保;(6) 未经投资人同意,从事与本企业相竞争的业务;(7) 未经投资人同意,同本企业订立合同或者进行交易;(8) 未经投资人同意,擅自将企业商标或者其他知识产权转让给他人

使用；（9）泄露本企业的商业秘密；（10）法律、行政法规禁止的其他行为。

【真题演练 2-1 案例分析题】 2023 年 5 月 1 日，甲出资设立 A 个人独资企业。甲聘请乙管理企业事务，同时对乙的职权予以限制，规定凡乙对外签订标的额超过 5 万元以上的合同，必须经甲的同意。同年 12 月，乙没有经甲的同意，以 A 企业的名义向善意第三人丙签订 8 万元的货物买卖合同。乙的行为是否有效？为什么？

【答案】 乙该行为有效。因为根据《个人独资企业法》的规定，投资人对受托人或者被聘用的人员职权的限制，不得对抗善意第三人。

知识点 3 个人独资企业的解散和清算

一、个人独资企业的解散

《个人独资企业法》第二十六条规定，个人独资企业有下列情形之一时，应当解散：

（一）投资人决定解散

投资人对企业的经营管理享有绝对权，只要不违反法律规定，投资人有权决定在任何时候解散个人独资企业。

（二）投资人死亡或者被宣告死亡，无继承人或者继承人决定放弃继承

在投资人死亡或者被宣告死亡的情况下，企业得以继承则继续存在，但需要办理投资人变更登记；企业没有被继承，则需办理解散。

（三）被依法吊销营业执照

在此情况下投资人无法再继续经营企业，属于强制解散的情况。涂改、出租、转让营业执照的，责令改正，没收违法所得，处以 3000 元以下的罚款；情节严重的，吊销营业执照。个人独资企业成立后无正当理由超过 6 个月未开业的，或者开业后自行停业连续 6 个月以上的，吊销营业执照。

（四）法律、行政法规规定的其他情形

二、个人独资企业的清算

（一）确定清算人

个人独资企业解散，由投资人自行清算或者由债权人申请人民法院指定清算人进行清算。需要注意的是，投资人自行清算，不包括受托人、被聘用人员以及继承人，债权人也不能直接进行清算，必须向法律提出申请指定清算人。

（二）通知、申报债权

投资人自行清算的，应当在清算前 15 日内书面通知债权人，无法通知的，应当

予以公告。债权人应当在接到通知之日起 30 日内,未接到通知的应当在公告之日起 60 日内,向投资人申报其债权。

(三) 财产清偿顺序

个人独资企业解散的,财产应当按照下列顺序清偿:(1) 所欠职工工资和社会保险费用;(2) 所欠税款;(3) 其他债务。

个人独资企业财产不足以清偿债务的,投资人应当以其个人的其他财产予以清偿。此时需要注意,投资人在申请设立企业登记时,是否明确注明以家庭共有财产作为出资,如果注明以家庭共有财产作为出资,投资人应当以家庭共有财产对企业债务承担无限责任。

(四) 责任消灭

个人独资企业解散后,原投资人对个人独资企业存续期间的债务仍应承担偿还责任,但债权人在五年内未向债务人提出偿债请求的,该责任消灭。

(五) 注销登记

个人独资企业清算结束后,投资人或者人民法院指定的清算人应当编制清算报告,并于 15 日内到登记机关办理注销登记。

任务二 合伙企业法

Ⅰ. 任务提要

(1) 普通合伙企业的设立条件;
(2) 普通合伙企业的经营管理;
(3) 有限合伙企业;
(4) 特殊普通合伙企业;
(5) 入伙、退伙;
(6) 合伙企业解散与清算。

Ⅱ. 能力提升

(1) 知识目标:了解合伙企业的概念和特征,掌握普通合伙企业的设立、事务执行、债务清偿、入伙退伙。

(2) 技能目标:领会和把握合伙企业合伙人对企业债务的承担以及合伙企业与第三人的关系。

Ⅲ. 思政融入与成效

将普通合伙人比喻成同乘一条船的人,强调无限连带责任关系到每个合伙人的切身利益，弘扬法治精神，诚信守法，维护公平正义。引导学生树立意识自治、诚实信用、忠诚协作和公平意识，在工作和生活中遇到困难要勇于承担责任。

Ⅳ．岗位实训

甲、乙、丙共同投资设立一个普通合伙企业。合伙协议约定：甲以人民币 5 万元出资，乙以房屋作价人民币 8 万元出资，丙以劳务作价人民币 4 万元出资；各合伙人按相同比例分配盈利、分担亏损。合伙企业成立后，为扩大经营，向银行贷款人民币 5 万元，期限为 1 年。甲提出退伙，鉴于当时合伙企业盈利，乙、丙表示同意。于是，甲办理了退伙结算手续。此后丁入伙。丁入伙后，因经营环境变化，企业发生严重亏损。乙、丙、丁决定解散合伙企业，并将合伙企业现有财产价值人民币 3 万元予以分配，但对未到期的银行贷款未予清偿。在银行贷款到期后，银行要求合伙企业清偿债务，发现该企业已经解散，遂向甲要求偿还全部贷款，甲称自己早已退伙，不负责清偿债务。银行向丁要求偿还全部贷款，丁称该笔贷款是在自己入伙前发生的，不负责清偿。银行向乙要求偿还全部贷款，乙表示只按照合伙协议约定的比例清偿相应数额。银行向丙要求偿还全部贷款，丙则表示自己是以劳务出资的，不承担偿还贷款义务。

2.2 案例解析

要求：根据以上事实及有关规定，回答下列问题：
（1）甲、乙、丙、丁各自的主张能否成立？并说明理由。
（2）合伙企业所欠银行贷款应如何清偿？
（3）在银行贷款清偿后，甲、乙、丙、丁内部之间应如何分担清偿责任？

Ⅴ．知识储备

知识点 1 普通合伙企业

普通合伙企业（包括特殊普通合伙企业）由普通合伙人组成，合伙人对合伙企业债务承担无限连带责任。有限合伙企业由普通合伙人和有限合伙人组成，普通合伙人对合伙企业债务承担无限连带责任，有限合伙人以其认缴的出资额为限对合伙企业债务承担责任。

一、普通合伙企业的设立条件

（一）有两个以上合伙人

合伙人为自然人的，应当具有完全民事行为能力。当然合伙人既可以是自然人，也可以是法人或其他组织。国有独资公司、国有企业、上市公司以及公益性的事业单位、社会团体不得成为普通合伙人，但可以成为有限合伙人。

需要注意的是，合伙企业法对合伙人的人数上限未作规定。

（二）有书面合伙协议

合伙协议对全体合伙人具有约束力，是建立合伙关系的法律依据，必须由全体合伙人协商一致以书面形式订立。

合伙协议应当载明下列事项：(1) 合伙企业的名称和主要经营场所的地点；(2) 合伙目的和合伙经营范围；(3) 合伙人的姓名或者名称、住所；(4) 合伙人的出资方式、数额和缴付期限；(5) 利润分配、亏损分担方式；(6) 合伙事务的执行；(7) 入伙与退伙；(8) 争议解决办法；(9) 合伙企业的解散与清算；(10) 违约责任。合伙协议经全体合伙人签名、盖章后生效。

（三）有合伙人认缴或者实际缴付的出资

合伙人可以用货币、实物、知识产权、土地使用权或者其他财产权利出资，也可以用劳务出资。合伙人以实物、知识产权、土地使用权或者其他财产权利出资，需要评估作价的，可以由全体合伙人协商确定，也可以由全体合伙人委托法定评估机构评估。合伙人以劳务出资的，其评估办法由全体合伙人协商确定，并在合伙协议中载明。合伙人应当按照合伙协议约定的出资方式、数额和缴付期限，履行出资义务。以非货币财产出资的，依照法律、行政法规的规定，需要办理财产权转移手续的，应当依法办理。

（四）有合伙企业的名称和生产经营场所

合伙企业名称中应当标明"普通合伙"字样。普通合伙企业的名称中不得出现"有限"或"有限责任"的字样。

（五）法律、行政法规规定的其他条件

二、普通合伙企业的设立登记

（一）申请

申请设立合伙企业，应当向企业登记机关提交登记申请书、合伙协议书、合伙人身份证明等文件。合伙企业的经营范围中有属于法律、行政法规规定在登记前须经批准的项目的，该项经营业务应当依法经过批准，并在登记时提交批准文件。

（二）核准登记

申请人提交的登记申请材料齐全、符合法定形式，企业登记机关能够当场登记的，应予当场登记，发给营业执照。如不符合当场登记情况的，企业登记机关应当自受理申请之日起 20 日内，作出是否登记的决定。予以登记的，发给营业执照；不

予登记的，应当给予书面答复，并说明理由。

合伙企业的营业执照签发日期，为合伙企业成立日期。合伙企业领取营业执照前，合伙人不得以合伙企业名义从事合伙业务。

（三）分支机构

合伙企业设立分支机构，应当向分支机构所在地的企业登记机关申请登记，领取营业执照。

特别提示：合伙企业在领取营业执照前，合伙人不得以合伙企业的名义从事合伙业务。

【**真题演练 2-2 单项选择题**】根据合伙企业法律制度的规定，下列主体中，可以成为合伙企业普通合伙人的是（　　）。

A. 乙上市公司　　　　　　　B. 丁普通合伙企业
C. 丙律师协会　　　　　　　D. 甲国有独资公司

【**答案**】B

【**解析**】国有独资公司、国有企业、上市公司以及公益性的事业单位、社会团体不得成为普通合伙人。选项 B 当选。

【**试题来源**】2022 年中级会计专业技术资格考试《经济法》真题

三、合伙企业财产

（一）合伙企业财产的构成

合伙企业的财产是由三部分构成的：合伙人的出资、以合伙企业名义取得的收益和依法取得的其他财产，均为合伙企业的财产。

1. 合伙人的出资，也就是合伙企业的原始财产。

需要注意的是，原始财产是指全体合伙人的认缴出资财产，而不是实缴出资财产。

2. 以合伙企业名义取得的收益，合伙企业成立后积累的财产。既包括取得的财产的所有权，也包括财产使用权。

3. 合伙企业依法取得的其他财产，包括企业接受赠与的财产。

（二）合伙企业财产的性质

合伙企业的财产具有共有性质，属于全体合伙人共同共有，未经其他合伙人同意，任何一个合伙人无权单独处分合伙企业财产。合伙人在合伙企业清算前，不得请求分割合伙企业的财产；但是，合伙企业法另有规定的除外。合伙人在合伙企业清算前私自转移或者处分合伙企业财产的，合伙企业不得以此对抗善意第三人。

(三) 合伙企业财产的转让

1. 对内转让。对内转让是指合伙人将其在合伙企业中的全部或者部分财产份额转让给其他合伙人。合伙人之间转让在合伙企业中的全部或者部分财产份额时,应当通知其他合伙人。

2. 对外转让。对外转让是指合伙人将其在合伙企业中的全部或部分财产份额转让给合伙人以外的第三人。除合伙协议另有约定外,合伙人向合伙人以外的人转让其在合伙企业中的全部或者部分财产份额时,须经其他合伙人一致同意。在同等条件下,其他合伙人有优先购买权;但是,合伙协议另有约定的除外。

3. 出质。合伙人以其在合伙企业中的财产份额出质的,须经其他合伙人一致同意;未经其他合伙人一致同意,其行为无效,由此给善意第三人造成损失的,由行为人依法承担赔偿责任。

【真题演练 2-3 案例分析题】 甲、乙、丙成立普通合伙企业 A。甲未经其他合伙人同意便将合伙企业中的财产份额质押给债权人丁,用于担保其个人债务。请问:甲的出质行为是否符合法律规定?为什么?

【答案】 本题中,由于合伙人甲未经其他合伙人同意擅自出质,即使丁为善意第三人,该出质行为仍然无效,由此而给第三人丁造成的损失由甲个人承担。

四、合伙事务执行

(一) 合伙事务执行的形式

合伙人对执行合伙事务享有同等的权利。每位合伙人均可直接参与企业经营管理并对外代表合伙企业执行合伙企业的事务。

1. 全体合伙人共同执行合伙企业事务。

2. 由一个或数个合伙人执行合伙企业事务。按照合伙协议的约定或者经全体合伙人决定,可以委托一个或者数个合伙人对外代表合伙企业,执行合伙事务,其他合伙人不再执行合伙事务。作为合伙人的法人、其他组织执行合伙事务的,由其委派的代表执行。

3. 聘任合伙人以外的第三人经营管理企业事务。被聘任的合伙企业的经营管理人员应当在合伙企业授权范围内履行职务。被聘任的合伙企业的经营管理人员,超越合伙企业授权范围履行职务,或者在履行职务过程中因故意或者重大过失给合伙企业造成损失的,依法承担赔偿责任。

需要注意的是,被聘任人员非企业合伙人,无须对正常执业过程中企业产生的债务承担无限连带责任。

【真题演练 2-4 判断题】 在普通合伙企业中,由一个或数个合伙人执行合伙事

务的，执行合伙事务所产生的费用和亏损由合伙企业承担。（　　）

【答案】对

【解析】由一个或者数个合伙人执行合伙事务的，执行事务合伙人应当定期向其他合伙人报告事务执行情况以及合伙企业的经营和财务状况，其执行合伙事务所产生的收益归合伙企业，所产生的费用和亏损由合伙企业承担。本题表述正确。

【试题来源】2022年中级会计专业技术资格考试《经济法》真题

（二）合伙人的权利和义务

1. 合伙人的权利。

（1）执行权，合伙人对执行合伙企业事务享有同等的权利。

（2）监督权，不执行合伙事务的合伙人有权监督执行事务合伙人执行合伙事务的情况。

（3）知情权，合伙人为了解合伙企业的经营状况和财务状况，有权查阅合伙企业会计账簿等财务资料。

（4）异议权，合伙人分别执行合伙事务的，执行事务合伙人可以对其他合伙人执行的事务提出异议。提出异议时，应当暂停该项事务的执行。

（5）撤销委托权，受委托执行合伙事务的合伙人不按照合伙协议或者全体合伙人的决定执行事务的，其他合伙人可以决定撤销该委托。

2. 合伙人的义务。

（1）报告义务，由一个或者数个合伙人执行合伙事务的，执行事务合伙人应当定期向其他合伙人报告事务执行情况以及合伙企业的经营和财务状况，其执行合伙事务所产生的收益归合伙企业，所产生的费用和亏损由合伙企业承担。

（2）竞业禁止义务，合伙人不得自营或者同他人合作经营与本合伙企业相竞争的业务。

（3）限制自我交易义务，除合伙协议另有约定或者经全体合伙人一致同意外，合伙人不得同本合伙企业进行交易。

（4）忠诚义务，合伙人不得从事损害本合伙企业利益的活动。

按照《合伙企业法》规定，合伙人违反上述义务需要承担法律责任：合伙人执行合伙事务，或者合伙企业从业人员利用职务上的便利，将应当归合伙企业的利益据为己有的，或者采取其他手段侵占合伙企业财产的，应当将该利益和财产退还合伙企业；给合伙企业或者其他合伙人造成损失的，依法承担赔偿责任。

不具有事务执行权的合伙人擅自执行合伙事务，给合伙企业或者其他合伙人造成损失的，依法承担赔偿责任。合伙人违反法律规定或者合伙协议的约定，从事与本合伙企业相竞争的业务或者与本合伙企业进行交易的，该收益归合伙企业所有；给合伙企业或者其他合伙人造成损失的，依法承担赔偿责任。

（三）合伙企业事务执行的决议办法

合伙人对合伙企业有关事项作出决议，按照合伙协议约定的表决办法办理。合伙协议未约定或者约定不明确的，实行合伙人一人一票并经全体合伙人过半数通过的表决办法。

《合伙企业法》对合伙企业的表决办法另有规定的，从其规定。除合伙协议另有约定外，合伙企业的下列事项应当经全体合伙人一致同意：（1）改变合伙企业的名称；（2）改变合伙企业的经营范围、主要经营场所的地点；（3）处分合伙企业的不动产；（4）转让或者处分合伙企业的知识产权和其他财产权利；（5）以合伙企业名义为他人提供担保；（6）聘任合伙人以外的人担任合伙企业的经营管理人员。

（四）合伙企业的损益分配

1. 合伙企业的利润分配、亏损分担，按照合伙协议的约定办理；合伙协议未约定或者约定不明确的，由合伙人协商决定；协商不成的，由合伙人按照实缴出资比例分配、分担；无法确定出资比例的，由合伙人平均分配、分担。

2. 合伙协议不得约定将全部利润分配给部分合伙人或者由部分合伙人承担全部亏损。

五、合伙企业与第三人的关系

（一）合伙企业对外行为的效力

合伙企业对合伙人执行合伙企业事务以及对外代表合伙企业权利的限制，不得对抗善意第三人。善意第三人又称善意取得人，是指不知道法律关系双方真实情况的第三人。

（二）合伙企业和合伙人的债务清偿

1. 合伙企业债务的清偿。

（1）"先企业，后个人"，即优先用合伙企业财产清偿，合伙人承担无限连带清偿责任。从法律关系上来分析，合伙企业作为独立的民事主体与第三人形成的债权债务关系，理应用合伙企业财产清偿债务。但是由于合伙企业不是法人，没有独立的财产，所以当合伙企业财产不足以清偿全部债务时，会牵连到合伙人的个人其他财产，即合伙人要承担无限连带责任。

无限责任指当合伙企业的全部财产不足以清偿到期债务时，每一个合伙人都有义务清偿企业剩余全部债务，而不以其对企业的出资为限。连带责任指合伙企业的债权人可以向任何一个合伙人主张债权，该合伙人不得拒绝。合伙人之间约定的债务清偿比例对债权人无效，债权人既可以请求全部或部分合伙人承担全部的清偿责任，也可以按照自己确定的清偿比例向各合伙人主张债权。

(2) 合伙人之间债务的分担。合伙人之间对内承担按份责任，对外承担无限连带责任。无限连带责任，是指合伙人由于承担无限连带责任，清偿数额超过其应当承担的亏损分担比例的，有权向其他合伙人追偿。

2. 合伙人的债务清偿。

(1) 合伙人发生与合伙企业无关的债务，相关债权人不得以其债权抵销其对合伙企业的债务；也不得代位行使合伙人在合伙企业中的权利。从法律关系来分析，合伙人的个人债务并非合伙企业之债，其与债权人之间的债权债务是一个法律关系，而债权人与合伙企业是另一法律关系的主体，不能将两个不同的法律关系之债相混同。况且，合伙企业财产属于全体合伙人共同共有，如若合伙人用合伙企业财产抵销个人欠债，则侵犯了其他合伙人的合法权益。不允许债权人行使代位权是因为债权人不是合伙人，他不能享有合伙人的权利承担合伙人的义务，如果其只享有债权而不承担无限连带责任对其他合伙人是不公平的。

(2) 合伙人的自有财产不足清偿其与合伙企业无关的债务的，该合伙人可以以其从合伙企业中分取的收益用于清偿；债权人也可以依法请求人民法院强制执行该合伙人在合伙企业中的财产份额用于清偿。人民法院强制执行合伙人的财产份额时，应当通知全体合伙人，其他合伙人有优先购买权；其他合伙人未购买，又不同意将该财产份额转让给他人的，依照《合伙企业法》规定为该合伙人办理退伙结算，或者办理削减该合伙人相应财产份额的结算。

六、入伙、退伙

(一) 入伙

入伙是指在合伙企业存续期间，合伙人以外的第三人加入合伙企业并取得合伙人资格，具有合伙人的身份、地位的法律行为。

1. 入伙的条件和程序。

新合伙人入伙，除合伙协议另有约定外，应当经全体合伙人一致同意，并依法订立书面入伙协议。订立入伙协议时，原合伙人应当向新合伙人如实告知原合伙企业的经营状况和财务状况。

合伙企业登记事项因入伙发生变更，应当于作出变更决定或者发生变更事由之日起 15 日内，向企业登记机关办理有关变更登记手续。

2. 新合伙人的权利和责任。

入伙的新合伙人与原合伙人享有同等权利，承担同等责任。入伙协议另有约定的，从其约定。新合伙人对入伙前合伙企业的债务承担无限连带责任。

(二) 退伙

退伙是指合伙人退出合伙企业，丧失合伙人的资格，合伙人的身份归于消灭的法律行为。

1. 退伙原因。

退伙的原因可以分为两种：自愿退伙和法定退伙。自愿退伙又分为协议退伙和通知退伙。法定退伙分为当然退伙和除名。

（1）自愿退伙，是指基于合伙人的自愿而退伙。

协议退伙。合伙协议约定合伙期限的，在合伙企业存续期间，有下列情形之一的，合伙人可以退伙：①合伙协议约定的退伙事由出现；②经全体合伙人一致同意；③发生合伙人难以继续参加合伙的事由；④其他合伙人严重违反合伙协议约定的义务。

通知退伙。合伙协议未约定合伙期限的，合伙人在不给合伙企业事务执行造成不利影响的情况下，可以退伙，但应当提前30日通知其他合伙人。

合伙人违反上述规定退伙的，应当赔偿由此给合伙企业造成的损失。

（2）法定退伙，是并非出于合伙人的自愿，而是基于法律明确规定的事由而退伙。

当然退伙。合伙人有下列情形之一的，当然退伙：①作为合伙人的自然人死亡或者被依法宣告死亡；②个人丧失偿债能力；③作为合伙人的法人或者其他组织依法被吊销营业执照、责令关闭撤销，或者被宣告破产；④法律规定或者合伙协议约定合伙人必须具有相关资格而丧失该资格；⑤合伙人在合伙企业中的全部财产份额被人民法院强制执行。

合伙人被依法认定为无民事行为能力人或者限制民事行为能力人的，经其他合伙人一致同意，可以依法转为有限合伙人，普通合伙企业依法转为有限合伙企业。其他合伙人未能一致同意的，该无民事行为能力或者限制民事行为能力的合伙人退伙。

退伙事由实际发生之日为退伙生效日。

除名。其他合伙人一致要求，强制合伙人退伙的情形。合伙人有下列情形之一的，经其他合伙人一致同意，可以决议将其除名：①未履行出资义务；②因故意或者重大过失给合伙企业造成损失；③执行合伙事务时有不正当行为；④发生合伙协议约定的事由。对合伙人的除名决议应当书面通知被除名人。被除名人接到除名通知之日，除名生效，被除名人退伙。被除名人对除名决议有异议的，可以自接到除名通知之日起30日内，向人民法院起诉。

2. 退伙的法律效果。

（1）财产继承。合伙人死亡或者被依法宣告死亡的，对该合伙人在合伙企业中的财产份额享有合法继承权的继承人，按照合伙协议的约定或者经全体合伙人一致同意，从继承开始之日起，取得该合伙企业的合伙人资格。

有下列情形之一的，合伙企业应当向合伙人的继承人退还被继承合伙人的财产份额：①继承人不愿意成为合伙人；②法律规定或者合伙协议约定合伙人必须具有相关资格，而该继承人未取得该资格；③合伙协议约定不能成为合伙人的其他情形。

合伙人的继承人为无民事行为能力人或者限制民事行为能力人的，经全体合伙人一致同意，可以依法成为有限合伙人，普通合伙企业依法转为有限合伙企业。全体合伙人未能一致同意的，合伙企业应当将被继承合伙人的财产份额退还该继承人。

（2）退伙结算。合伙人退伙，其他合伙人应当与该退伙人按照退伙时的合伙企业财产状况进行结算，退还退伙人的财产份额。退伙人对给合伙企业造成的损失负有赔偿责任的，相应扣减其应当赔偿的数额。退伙时有未了结的合伙企业事务的，待该事务了结后进行结算。退伙人在合伙企业中财产份额的退还办法，由合伙协议约定或者由全体合伙人决定，可以退还货币，也可以退还实物。

退伙人对基于其退伙前的原因发生的合伙企业债务，承担无限连带责任。

【真题演练2-5 单项选择题】根合伙人退伙时，合伙企业财产少于合伙企业债务的，退伙人应当依照《合伙企业法》规定分担亏损。根据合伙企业法律制度的规定，下列关于合伙人除名的表述中，正确的是（　　）。

A. 被除名人对除名决议有异议的，应当自除名决议作出之日起15日内向人民法院起诉

B. 被除名人接到除名通知后提出异议的，除名决议不生效

C. 对合伙人的除名决议应当书面通知被除名人

D. 发生合伙协议约定事由的自动除名，无须经其他合伙人决议

【答案】C

【解析】关于除名，《合伙企业法》规定，合伙人有下列情形之一的，经其他合伙人一致同意，可以决议将其除名：（1）未履行出资义务；（2）因故意或者重大过失给合伙企业造成损失；（3）执行合伙事务时有不正当行为；（4）发生合伙协议约定的事由。对合伙人的除名决议应当书面通知被除名人。被除名人接到除名通知之日，除名生效，被除名人对除名决议有异议的，可以自接到除名通知之日起30日内，向人民法院起诉。选项C当选。

【试题来源】2022年中级会计专业技术资格考试《经济法》真题

知识点2　特殊的普通合伙企业

一、设立特殊的普通合伙企业的要求

以专业知识和专门技能为客户提供有偿服务的专业服务机构，可以设立为特殊

的普通合伙企业。特殊的普通合伙企业名称中应当标明"特殊普通合伙"字样。

二、特殊的普通合伙企业的责任

(一) 普通债务

合伙人在执业活动中非因故意或者重大过失造成的合伙企业债务以及合伙企业的其他债务,由全体合伙人承担无限连带责任。

(二) 合伙人故意或重大过失产生的债务

一个合伙人或者数个合伙人在执业活动中因故意或者重大过失造成合伙企业债务的,应当承担无限责任或者无限连带责任,其他合伙人以其在合伙企业中的财产份额为限承担责任。

合伙人执业活动中因故意或者重大过失造成合伙企业债务,以合伙企业财产对外承担责任后,该合伙人应当按照合伙协议的约定对给合伙企业造成的损失承担赔偿责任。

知识点3 有限合伙企业

有限合伙企业是由普通合伙人和有限合伙人共同组成的,普通合伙人对企业承担无限连带责任,有限合伙人以其认缴的出资额为限对企业承担责任的合伙组织。为创业者和投资者的合作创造了很好的机会。

一、设立条件

(一) 合伙人

有限合伙企业由2个以上50个以下合伙人设立;但是,法律另有规定的除外。有限合伙企业至少应当有一个普通合伙人。国有独资公司、国有企业、上市公司以及公益性的事业单位、社会团体不得成为普通合伙人,但可以成为有限合伙人。

有限合伙企业仅剩有限合伙人的,应当解散;有限合伙企业仅剩普通合伙人的,转为普通合伙企业。

(二) 企业名称和生产经营场所

有限合伙企业名称中应当标明"有限合伙"字样。

(三) 有书面的合伙协议

合伙协议除符合《合伙企业法》第十八条的规定外,还应当载明下列事项:(1) 普通合伙人和有限合伙人的姓名或者名称、住所;(2) 执行事务合伙人应具备的条件和选择程序;(3) 执行事务合伙人权限与违约处理办法;(4) 执行事务合伙人的除名条件和更换程序；(5) 有限合伙人入伙、退伙的条件、程序以及相关责任；(6) 有限合伙人和普通合伙人相互转变程序。

（四）合伙人实缴或认缴的出资

有限合伙人可以用货币、实物、知识产权、土地使用权或者其他财产权利作价出资。有限合伙人不得以劳务出资，普通合伙人可以。有限合伙人应当按照合伙协议的约定按期足额缴纳出资；未按期足额缴纳的，应当承担补缴义务，并对其他合伙人承担违约责任。有限合伙企业登记事项中应当载明有限合伙人的姓名或者名称及认缴的出资数额。

（五）法律、法规规定的其他条件

二、事务的执行

有限合伙企业由普通合伙人执行合伙事务。执行事务合伙人可以要求在合伙协议中确定执行事务的报酬及报酬提取方式。

有限合伙人不执行合伙事务，不得对外代表有限合伙企业。

有限合伙人的下列行为，不视为执行合伙事务：(1) 参与决定普通合伙人入伙、退伙；(2) 对企业的经营管理提出建议；(3) 参与选择承办有限合伙企业审计业务的会计师事务所；(4) 获取经审计的有限合伙企业财务会计报告；(5) 对涉及自身利益的情况，查阅有限合伙企业财务会计账簿等财务资料；(6) 在有限合伙企业中的利益受到侵害时，向有责任的合伙人主张权利或者提起诉讼；(7) 执行事务合伙人怠于行使权利时，督促其行使权利或者为了本企业的利益以自己的名义提起诉讼；(8) 依法为本企业提供担保。

有限合伙人可以同本有限合伙企业进行交易；但是，合伙协议另有约定的除外。有限合伙人可以自营或者同他人合作经营与本有限合伙企业相竞争的业务；但是，合伙协议另有约定的除外。注意对比此处与普通合伙人的区别。

第三人有理由相信有限合伙人为普通合伙人并与其交易的，该有限合伙人对该笔交易承担与普通合伙人同样的责任。有限合伙人未经授权以有限合伙企业名义与他人进行交易，给有限合伙企业或者其他合伙人造成损失的，该有限合伙人应当承担赔偿责任。

三、合伙企业财产出质与转让、利润分配

1. 出质。有限合伙人可以将其在有限合伙企业中的财产份额出质；但是，合伙协议另有约定的除外。

2. 转让。有限合伙人可以按照合伙协议的约定向合伙人以外的人转让其在有限

合伙企业中的财产份额，但应当提前 30 日通知其他合伙人。

3. 利润分配。有限合伙企业不得将全部利润分配给部分合伙人；但是，合伙协议另有约定的除外。

四、债务清偿

有限合伙人的自有财产不足清偿其与合伙企业无关的债务的，该合伙人可以以其从有限合伙企业中分取的收益用于清偿；债权人也可以依法请求人民法院强制执行该合伙人在有限合伙企业中的财产份额用于清偿。

人民法院强制执行有限合伙人的财产份额时，应当通知全体合伙人。在同等条件下，其他合伙人有优先购买权。

五、入伙、退伙

（一）入伙

新入伙的有限合伙人对入伙前有限合伙企业的债务，以其认缴的出资额为限承担责任。

（二）退伙

有限合伙人出现下列情况要当然退伙：（1）作为合伙人的自然人死亡或者被依法宣告死亡；（2）作为合伙人的法人或者其他组织依法被吊销营业执照、责令关闭撤销，或者被宣告破产；（3）法律规定或者合伙协议约定合伙人必须具有相关资格而丧失该资格；（4）合伙人在合伙企业中的全部财产份额被人民法院强制执行。

作为有限合伙人的自然人在有限合伙企业存续期间丧失民事行为能力的，其他合伙人不得因此要求其退伙。

作为有限合伙人的自然人死亡、被依法宣告死亡或者作为有限合伙人的法人及其他组织终止时，其继承人或者权利承受人可以依法取得该有限合伙人在有限合伙企业中的资格。

有限合伙人退伙后，对基于其退伙前的原因发生的有限合伙企业债务，以其退伙时从有限合伙企业中取回的财产承担责任。

六、合伙人性质的转变

除合伙协议另有约定外，普通合伙人转变为有限合伙人，或者有限合伙人转变为普通合伙人，应当经全体合伙人一致同意。有限合伙人转变为普通合伙人的，对其作为有限合伙人期间有限合伙企业发生的债务承担无限连带责任。普通合伙人转变为有限合伙人的，对其作为普通合伙人期间合伙企业发生的债务承担无限连带责任。

知识点 4　合伙企业解散、清算

一、合伙企业解散

按照《合伙企业法》的规定，合伙企业有下列情形之一的，应当解散：(1) 合伙期限届满，合伙人决定不再经营；(2) 合伙协议约定的解散事由出现；(3) 全体合伙人决定解散；(4) 合伙人已不具备法定人数满 30 天；(5) 合伙协议约定的合伙目的已经实现或者无法实现；(6) 依法被吊销营业执照、责令关闭或者被撤销；(7) 法律、行政法规规定的其他原因。

二、合伙企业清算

合伙企业解散，应当由清算人进行清算。

（一）确定清算人

清算人由全体合伙人担任；经全体合伙人过半数同意，可以自合伙企业解散事由出现后 15 日内指定一个或者数个合伙人，或者委托第三人，担任清算人。

自合伙企业解散事由出现之日起 15 日内未确定清算人的，合伙人或者其他利害关系人可以申请人民法院指定清算人。

（二）通知公告债权人

清算人自被确定之日起 10 日内将合伙企业解散事项通知债权人，并于 60 日内在报纸上公告。债权人应当自接到通知书之日起 30 日内，未接到通知书的自公告之日起 45 日内，向清算人申报债权。

债权人申报债权，应当说明债权的有关事项，并提供证明材料。清算人应当对债权进行登记。

清算期间，合伙企业存续，但不得开展与清算无关的经营活动。

（三）财产清偿顺序

合伙企业财产在支付清算费用和职工工资、社会保险费用、法定补偿金以及缴纳所欠税款、清偿债务后的剩余财产，依照《合伙企业法》的规定进行分配。合伙企业不能清偿到期债务的，债权人可以依法向人民法院提出破产清算申请，也可以要求普通合伙人清偿。合伙企业依法被宣告破产的，普通合伙人对合伙企业债务仍应承担无限连带责任。

（四）办理注销登记

清算结束，清算人应当编制清算报告，经全体合伙人签名、盖章后，在 15 日内向企业登记机关报送清算报告，申请办理合伙企业注销登记。合伙企业注销后，原普通合伙人对合伙企业存续期间的债务仍应承担无限连带责任。

任务三　公司法

Ⅰ．任务提要

（1）公司的概念、特征和分类；

（2）公司的一般规定；

（3）有限责任公司；

（4）股份有限公司；

（5）公司的董事、监事和高级管理人员；

（6）公司债券和公司财务会计；

（7）公司合并、分立、解散和清算。

Ⅱ．能力提升

（1）知识目标：了解公司的解散、清算；公司财务会计；掌握公司的一般规定；特殊有限责任公司的法律规定；有限责任公司和股份有限公司的设立及组织机构；股份有限公司股份的发行与转让；公司债券；公司董事、监事、高级管理人员的资格和义务；上市公司的特殊规定。

（2）技能目标：能为设立有限责任公司和股份有限公司做准备；指出有限责任公司与股份有限公司的不同。

Ⅲ．思政融入与成效

以日常生活中的实例，引出有限责任公司的设立和组织机构，明确公司自治是在法律框架下的自治，将家国情怀融入上市公司和国家出资公司组织机构的讲授中，弘扬社会主义制度的优越性，通过对比募集股份与非法集资的不同，弘扬法治精神、诚信经营。

Ⅳ．岗位实训

甲、乙、丙三个国有企业投资设立有限责任公司丁，该公司设立董事会，成员为14人，由甲企业原副总经理3人、财务主管2人，乙企业原总经理、副总经理5人，丙企业原总经理、副总经理、财务人员4人组成，公司章程规定，董事每届任期4年，连选可以连任，4个以上董事可以提议召开董事会，董事长有权解除董事职务，董事会同时决定设立监事会，成员为6人，任命2名召集人，其中1人为财

2.3 案例解析

务人员担任。

依照我国《公司法》（2023年修订）试分析：该公司设立过程中的上述行为是否符合法律规定？

V．知识储备

知识点1 公司和股东的权利义务

公司是企业法人，有独立的法人财产，享有法人财产权。我国《公司法》所指的公司，是依照本法在中华人民共和国境内设立的有限责任公司和股份有限公司。

一、公司的权利和义务

（一）公司的权利主要指公司的自主经营权和独立财产权

公司的合法权益受法律保护，不受侵犯。公司可以向其他企业投资。法律规定公司不得成为对所投资企业的债务承担连带责任的出资人的，从其规定。

（二）公司义务主要指依法成立、合法经营和社会责任等

1. 设立公司，应当依法向公司登记机关申请设立登记。

2. 公司从事经营活动，应当遵守法律法规，遵守社会公德、商业道德，诚实守信，接受政府和社会公众的监督。

3. 公司从事经营活动，应当充分考虑公司职工、消费者等利益相关者的利益以及生态环境保护等社会公共利益，承担社会责任。

4. 公司应当保护职工的合法权益，依法与职工签订劳动合同，参加社会保险，加强劳动保护，实现安全生产。

5. 公司职工依照《中华人民共和国工会法》组织工会，开展工会活动，维护职工合法权益。

6. 公司应当定期向股东披露董事、监事、高级管理人员从公司获得报酬的情况。

二、股东的权利和义务

（一）股东的权利

公司股东，是公司的出资人，是公司股份的持有人。股东的权利是依据《公司法》而产生的法定权利。

1. 公司股东对公司依法享有资产收益、参与重大决策和选择管理者等权利。

2. 股东有权查阅、复制公司章程、股东名册、股东会会议记录、董事会会议决

议、监事会会议决议、财务会计报告,对公司的经营提出建议或者质询。股东可以要求查阅公司会计账簿、会计凭证。股东要求查阅公司会计账簿、会计凭证的,应当向公司提出书面请求,说明目的。公司有合理根据认为股东查阅会计账簿、会计凭证有不正当目的,可能损害公司合法利益的,可以拒绝提供查阅,并应当自股东提出书面请求之日起15日内书面答复股东并说明理由。公司拒绝提供查阅的,股东可以向人民法院提起诉讼。

3. 股东按照实缴的出资比例分取红利;公司新增资本时,股东有权优先按照实缴的出资比例认缴出资。但是,全体股东约定不按照出资比例分取红利或者不按照出资比例优先认缴出资的除外。

4. 表决权。股东会会议由股东按照出资比例行使表决权;但是,公司章程另有规定的除外。

5. 被选举权。股东有被选举为董事会成员、监事会成员的权利。

6. 转让权。有限责任公司的股东之间可以相互转让其全部或者部分股权。

7. 退出权。公司连续5年不向股东分配利润,而公司该5年连续盈利,并且符合本法规定的分配利润条件的,股东会该项决议投反对票的股东可以请求公司按照合理的价格收购其股权。

8. 监督权。公司的董事、监事与高级管理人员因违反法律、行政法规或者公司章程的规定,损害广大股东利益的,股东可以向人民法院提起诉讼。

9. 诉讼权。公司股东会、董事会的决议内容违反法律、行政法规的无效。公司股东会、董事会的会议召集程序、表决方式违反法律、行政法规或者公司章程,或者决议内容违反公司章程的,股东自决议作出之日起60日内,可以请求人民法院撤销。但是,股东会、董事会的会议召集程序或者表决方式仅有轻微瑕疵,对决议未产生实质影响的除外。未被通知参加股东会会议的股东自知道或者应当知道股东会决议作出之日起60日内,可以请求人民法院撤销;自决议作出之日起1年内没有行使撤销权的,撤销权消灭。股东依照前款规定提起诉讼的,人民法院可以应公司的请求,要求股东提供相应担保。

10. 公司章程规定的其他权利。

(二)股东的义务

公司股东在享有权利的同时,必须承担一定的义务,具体义务如下:

1. 依法缴纳出资。有限责任公司的股东或股份有限公司的发起人不按规定缴纳出资额的,除应当向公司足额缴纳外,还应当向已按期足额缴纳出资的股东或发起人承担违约责任。公司成立后,发现作为设立公司出资的非货币财产的实际价额显著低于公司章程所定价额的,应当由交付该出资的股东补足其差额;公司设立时的其他股东承担连带责任。

2. 不得滥用股东权利。公司股东应当遵守法律、行政法规和公司章程，依法行使股东权利，不得滥用股东权利损害公司或者其他股东的利益。

公司股东滥用股东权利给公司或者其他股东造成损失的，应当依法承担赔偿责任。公司股东滥用公司法人独立地位和股东有限责任，逃避债务，严重损害公司债权人利益的，应当对公司债务承担连带责任。股东利用其控制的两个以上公司实施前款规定行为的，各公司应当对任一公司的债务承担连带责任。只有一个股东的公司，股东不能证明公司财产独立于股东自己的财产的，应当对公司债务承担连带责任。

3. 公司章程规定的其他义务。

知识点 2　有限责任公司的设立和组织机构

一、有限责任公司的设立

设立有限责任公司，应当具备下列条件：

1. 股东符合法定人数。有限责任公司由 1 个以上 50 个以下股东出资设立。有限责任公司股东可以是自然人、法人或其他组织。

有限责任公司设立时的股东可以签订设立协议，明确各自在公司设立过程中的权利和义务。有限责任公司设立时的股东为设立公司从事的民事活动，其法律后果由公司承受。公司未成立的，其法律后果由公司设立时的股东承受；设立时的股东为二人以上的，享有连带债权，承担连带债务。设立时的股东为设立公司以自己的名义从事民事活动产生的民事责任，第三人有权选择请求公司或者公司设立时的股东承担。设立时的股东因履行公司设立职责造成他人损害的，公司或者无过错的股东承担赔偿责任后，可以向有过错的股东追偿。

2. 有符合公司章程规定的全体股东认缴的出资额。

（1）出资数额。有限责任公司的注册资本为在公司登记机关登记的全体股东认缴的出资额。《公司法》对于公司的注册资本没有最低限额的规定，股东认缴出资是指股东在公司章程中书面承诺缴纳的出资额。全体股东认缴的出资额由股东按照公司章程的规定自公司成立之日起 5 年内缴足。法律、行政法规以及国务院决定对有限责任公司注册资本实缴、注册资本最低限额、股东出资期限另有规定的，从其规定。

（2）出资方式。股东可以用货币出资，也可以用实物、知识产权、土地使用权、股权、债权等可以用货币估价并可以依法转让的非货币财产作价出资；但是，法律、行政法规规定不得作为出资的财产除外。依据《中华人民共和国市场主体登记管理条例》规定，股东不得以劳务、信用、自然人姓名、商誉、特许经营权或者设定担保的财产等作价出资。对作为出资的非货币财产应当评估作价，核实财产，不得高估或者低估作价。法律、行政法规对评估作价有规定的，从其规定。

（3）缴纳出资。股东应当按期足额缴纳公司章程规定的各自所认缴的出资额。股东以货币出资的，应当将货币出资足额存入有限责任公司在银行开设的账户；以非货币财产出资的，应当依法办理其财产权的转移手续。

股东未按期足额缴纳出资的，除应当向公司足额缴纳外，还应当对给公司造成的损失承担赔偿责任。有限责任公司设立时，股东未按照公司章程规定实际缴纳出资，或者实际出资的非货币财产的实际价额显著低于所认缴的出资额的，设立时的其他股东与该股东在出资不足的范围内承担连带责任。公司成立后，董事会应当对股东的出资情况进行核查并有义务进行催缴。

（4）签发出资证明书。有限责任公司成立后，应当向股东签发出资证明书，记载下列事项：（1）公司名称；（2）公司成立日期；（3）公司注册资本；（4）股东的姓名或者名称、认缴和实缴的出资额、出资方式和出资日期；（5）出资证明书的编号和核发日期。出资证明书由法定代表人签名，并由公司盖章。

3. 股东共同制定公司章程。公司章程是设立公司必备的法律文件，设立公司应当依法制定公司章程。公司章程对公司、股东、董事、监事、高级管理人员具有约束力。公司章程应当采用书面形式，由股东共同制定。

有限责任公司章程应当载明下列事项：（1）公司名称和住所；（2）公司经营范围；（3）公司注册资本；（4）股东的姓名或者名称；（5）股东的出资额、出资方式和出资日期；（6）公司的机构及其产生办法、职权、议事规则；（7）公司法定代表人的产生、变更办法；（8）股东会认为需要规定的其他事项。股东应当在公司章程上签名或者盖章。

4. 有公司名称，建立符合有限责任公司要求的组织机构。依照《公司法》设立有限责任公司，应当在公司名称中标明有限责任公司或者有限公司字样。

5. 有公司住所。公司以其主要办事机构所在地为住所。

申请设立公司，应当提交设立登记申请书、公司章程等文件，提交的相关材料应当真实、合法和有效。申请材料不齐全或者不符合法定形式的，公司登记机关应当一次性告知需要补正的材料。

登记事项：公司名称、住所、注册资本、经营范围、法定代表人姓名、有限责任公司股东姓名或者名称。

符合《公司法》规定的设立条件的，由公司登记机关给予登记；不符合本法规定的设立条件的，不得登记为有限责任公司。

依照《市场主体登记管理条例》规定，登记机关应当对申请材料进行形式审查。对申请材料齐全、符合法定形式的予以确认并当场登记。不能当场登记的，应当在3个工作日内予以登记；情形复杂的，经登记机关负责人批准，可以再延长3个工作日。

申请人申请市场主体设立登记，登记机关依法予以登记的，签发营业执照。营业执照签发日期为市场主体的成立日期。

法律、行政法规或者国务院决定规定设立市场主体须经批准的，应当在批准文件有效期内向登记机关申请登记。

【真题演练2-6 单项选择题】甲有限责任公司四位股东的下列非货币财物中，不能用作出资的是（　　）。

A. 丙公司的某快餐特许经营权　　B. 乙公司的非专利技术
C. 赵某的新能源汽车　　D. 钱某的商标权

【答案】A

【解析】劳务、信用、自然人姓名、商誉、特许经营权不能用货币估价，因此不能出资，选项A当选。

【试题来源】2022年中级会计专业技术资格考试《经济法》真题

二、有限责任公司的组织机构

《公司法》规定，有限责任公司的组织机构包括三部分"三会一理"即，股东会、董事会、经理、监事会，分别是公司的权力机关、执行机关和监督机关。

（一）股东会

1. 股东会的性质和组成。有限责任公司股东会由全体股东组成。股东会是公司的权力机构，不是公司的常设机构，既不对外代表公司，也不执行公司具体事务。

2. 股东会的职权。《公司法》规定，股东会行使下列职权：（1）选举和更换董事、监事，决定有关董事、监事的报酬事项；（2）审议批准董事会的报告；（3）审议批准监事会的报告；（4）审议批准公司的利润分配方案和弥补亏损方案；（5）对公司增加或者减少注册资本作出决议；（6）对发行公司债券作出决议；（7）对公司合并、分立、解散、清算或者变更公司形式作出决议；（8）修改公司章程；（9）公司章程规定的其他职权。股东会可以授权董事会对发行公司债券作出决议。对前款所列事项股东以书面形式一致表示同意的，可以不召开股东会会议，直接作出决定，并由全体股东在决定文件上签名或者盖章。只有一个股东的有限责任公司不设股东会。股东作出前款所列事项的决定时，应当采用书面形式，并由股东签名或者盖章后置备于公司。

3. 股东会的召开。

（1）首次股东会会议由出资最多的股东召集和主持，依照本法规定行使职权。

（2）定期会议。股东会会议分为定期会议和临时会议。定期会议应当按照公司章程的规定按时召开。

（3）临时会议。代表十分之一以上表决权的股东、三分之一以上的董事或者监事会提议召开临时会议的，应当召开临时会议。

股东会会议由董事会召集，董事长主持；董事长不能履行职务或者不履行职务的，由副董事长主持；副董事长不能履行职务或者不履行职务的，由过半数的董事共同推举一名董事主持。董事会不能履行或者不履行召集股东会会议职责的，由监事会召集和主持；监事会不召集和主持的，代表十分之一以上表决权的股东可以自行召集和主持。

召开股东会会议，应当于会议召开 15 日前通知全体股东；但是，公司章程另有规定或者全体股东另有约定的除外。

股东会应当对所议事项的决定作成会议记录，出席会议的股东应当在会议记录上签名或者盖章。

4. 股东会的决议。

股东会会议由股东按照出资比例行使表决权；但是，公司章程另有规定的除外。

股东会的议事方式和表决程序，除本法有规定的外，由公司章程规定。

股东会作出决议，应当经代表过半数表决权的股东通过。股东会会议作出修改公司章程、增加或者减少注册资本的决议，以及公司合并、分立、解散或者变更公司形式的决议，应当经代表三分之二以上表决权的股东通过。

（二）董事会

1. 董事会的性质和组成。董事会是公司股东会的执行机构，具有一定的经营决策权，授受股东会的领导，对股东会负责。有限责任公司设董事会，但规模较小或者股东人数较少的有限责任公司，可以不设董事会，设一名董事，行使本法规定的董事会的职权。该董事可以兼任公司经理。

有限责任公司董事会成员为 3 人以上，其成员中可以有公司职工代表。职工人数 300 人以上的有限责任公司，除依法设监事会并有公司职工代表的外，其董事会成员中应当有公司职工代表。董事会中的职工代表由公司职工通过职工代表大会、职工大会或者其他形式民主选举产生。

董事会设董事长一人，可以设副董事长。董事长、副董事长的产生办法由公司章程规定。有限责任公司可以按照公司章程的规定在董事会中设置由董事组成的审计委员会，行使《公司法》规定的监事会的职权，不设监事会或者监事。公司董事会成员中的职工代表可以成为审计委员会成员。

董事任期由公司章程规定，但每届任期不得超过3年。董事任期届满，连选可以连任。董事任期届满未及时改选，或者董事在任期内辞任导致董事会成员低于法定人数的，在改选出的董事就任前，原董事仍应当依照法律、行政法规和公司章程的规定，履行董事职务。董事辞任的，应当以书面形式通知公司，公司收到通知之日辞任生效，但存在前款规定情形的，董事应当继续履行职务。股东会可以决议解任董事，决议作出之日解任生效。无正当理由，在任期届满前解任董事的，该董事可以要求公司予以赔偿。

2. 董事会的职权。董事会对股东会负责，行使下列职权：（1）召集股东会会议，并向股东会报告工作；（2）执行股东会的决议；（3）决定公司的经营计划和投资方案；（4）制定公司的利润分配方案和弥补亏损方案；（5）制定公司增加或者减少注册资本以及发行公司债券的方案；（6）制定公司合并、分立、解散或者变更公司形式的方案；（7）决定公司内部管理机构的设置；（8）决定聘任或者解聘公司经理及其报酬事项，并根据经理的提名决定聘任或者解聘公司副经理、财务负责人及其报酬事项；（9）制定公司的基本管理制度；（10）公司章程规定或者股东会授予的其他职权。公司章程对董事会职权的限制不得对抗善意相对人。

3. 董事会会议的召开和议事规则。董事会会议由董事长召集和主持；董事长不能履行职务或者不履行职务的，由副董事长召集和主持；副董事长不能履行职务或者不履行职务的，由过半数的董事共同推举一名董事召集和主持。

董事会的议事方式和表决程序，除《公司法》有规定的外，由公司章程规定。董事会会议应当有过半数的董事出席方可举行。董事会作出决议，应当经全体董事的过半数通过。董事会决议的表决，应当一人一票。董事会应当对所议事项的决定作成会议记录，出席会议的董事应当在会议记录上签名。

（三）经理

有限责任公司可以设经理，由董事会决定聘任或者解聘。经理对董事会负责，根据公司章程的规定或者董事会的授权行使职权。经理列席董事会会议。

公司的法定代表人按照公司章程的规定，由代表公司执行公司事务的董事或者经理担任。担任法定代表人的董事或者经理辞任的，视为同时辞去法定代表人。法定代表人辞任的，公司应当在法定代表人辞任之日起30日内确定新的法定代表人。

（四）监事会

1. 监事会的性质和组成。监事会是公司内部的监督机构。

有限责任公司设监事会。《公司法》规定了不设监事会或监事的情形有：（1）有限责任公司可以按照公司章程的规定在董事会中设置由董事组成的审计委员会，行使本法规定的监事会的职权，不设监事会或者监事；（2）规模较小或者股东人数较少的有限责任公司，可以不设监事会，设一名监事，行使本法规定的监事会的职权；经全体股东一致同意，也可以不设监事。

监事会成员为三人以上。监事会成员应当包括股东代表和适当比例的公司职工代表，其中职工代表的比例不得低于三分之一，具体比例由公司章程规定。监事会中的职工代表由公司职工通过职工代表大会、职工大会或者其他形式民主选举产生。

监事会设主席一人，由全体监事过半数选举产生。监事会主席召集和主持监事会会议；监事会主席不能履行职务或者不履行职务的，由过半数的监事共同推举一名监事召集和主持监事会会议。

监事的任期每届为3年。监事任期届满，连选可以连任。监事任期届满未及时改选，或者监事在任期内辞任导致监事会成员低于法定人数的，在改选出的监事就任前，原监事仍应当依照法律、行政法规和公司章程的规定，履行监事职务。

董事、高级管理人员不得兼任监事。高级管理人员，是指公司的经理、副经理、财务负责人，上市公司董事会秘书和公司章程规定的其他人员。

2. 监事会（监事）的职权。监事会、不设监事会的公司的监事行使下列职权：

（1）检查公司财务；

（2）对董事、高级管理人员执行职务的行为进行监督，对违反法律、行政法规、公司章程或者股东会决议的董事、高级管理人员提出解任的建议；

（3）当董事、高级管理人员的行为损害公司的利益时，要求董事、高级管理人员予以纠正；

（4）提议召开临时股东会会议，在董事会不履行本法规定的召集和主持股东会会议职责时召集和主持股东会会议；

（5）向股东会会议提出提案；

（6）依照本法第一百八十九条的规定，对董事、高级管理人员提起诉讼；

（7）公司章程规定的其他职权。

监事可以列席董事会会议，并对董事会决议事项提出质询或者建议。

监事会、不设监事会的公司的监事发现公司经营情况异常，可以进行调查；必要时，可以聘请会计师事务所等协助其工作，费用由公司承担。

监事会可以要求董事、高级管理人员提交执行职务的报告。董事、高级管理人员应当如实向监事会提供有关情况和资料，不得妨碍监事会或者监事行使职权。

3. 监事会会议的召开和议事规则。

监事会每年度至少召开一次会议，监事可以提议召开临时监事会会议。

监事会的议事方式和表决程序，除本法有规定的外，由公司章程规定。

监事会决议应当经全体监事的过半数通过。监事会决议的表决，应当一人一票。

监事会应当对所议事项的决定作成会议记录，出席会议的监事应当在会议记录上签名。

监事会、不设监事会的公司的监事行使职权所必需的费用，由公司承担。

知识点 3　有限责任公司的股权转让

一、内部转让

有限责任公司的股东之间可以相互转让其全部或者部分股权。

二、对外转让

公司章程对股权转让另有规定的，从其规定。章程没有另外约定的则按《公司法》规定，股东向股东以外的人转让股权的，应当将股权转让的数量、价格、支付方式和期限等事项书面通知其他股东，其他股东在同等条件下有优先购买权。股东自接到书面通知之日起30日内未答复的，视为放弃优先购买权。两个以上股东行使优先购买权的，协商确定各自的购买比例；协商不成的，按照转让时各自的出资比例行使优先购买权。

三、法院强制转让

人民法院依照法律规定的强制执行程序转让股东的股权时，应当通知公司及全体股东，其他股东在同等条件下有优先购买权。其他股东自人民法院通知之日起满20日不行使优先购买权的，视为放弃优先购买权。

四、转让股权后应履行的手续

股东转让股权的，应当书面通知公司，请求变更股东名册；需要办理变更登记的，并请求公司向公司登记机关办理变更登记。公司拒绝或者在合理期限内不予答复的，转让人、受让人可以依法向人民法院提起诉讼。股权转让的，受让人自记载于股东名册时起可以向公司主张行使股东权利。依照本法转让股权后，公司应当及时注销原股东的出资证明书，向新股东签发出资证明书，并相应修改公司章程和股东名册中有关股东及其出资额的记载。对公司章程的该项修改不需再由股东会表决。

股东转让已认缴出资但未届出资期限的股权的，由受让人承担缴纳该出资的义务；受让人未按期足额缴纳出资的，转让人对受让人未按期缴纳的出资承担补充责任。未按照公司章程规定的出资日期缴纳出资或者作为出资的非货币财产的实际价额显著低于所认缴的出资额的股东转让股权的，转让人与受让人在出资不足的范围内承担连带责任；受让人不知道且不应当知道存在上述情形的，由转让人承担责任。

五、公司收购本公司股权的情形

有下列情形之一的,对股东会该项决议投反对票的股东可以请求公司按照合理的价格收购其股权:(1)公司连续五年不向股东分配利润,而公司该五年连续盈利,并且符合本法规定的分配利润条件;(2)公司合并、分立、转让主要财产;(3)公司章程规定的营业期限届满或者章程规定的其他解散事由出现,股东会通过决议修改章程使公司存续。

自股东会决议作出之日起60日内,股东与公司不能达成股权收购协议的,股东可以自股东会决议作出之日起90日内向人民法院提起诉讼。

公司的控股股东滥用股东权利,严重损害公司或者其他股东利益的,其他股东有权请求公司按照合理的价格收购其股权。

公司因本条第一款、第三款规定的情形收购的本公司股权,应当在6个月内依法转让或者注销。

六、自然人股东资格的继承

自然人股东死亡后,其合法继承人可以继承股东资格;但是,公司章程另有规定的除外。

知识点4 股份有限公司的设立和组织机构

一、认识股份有限公司

股份有限公司是依照《公司法》设立的,公司将全部资本划分为等额股份,股东以其认购的股份为限对公司承担责任,公司以其全部财产对公司承担责任的企业法人。

二、股份有限公司的设立

(一)设立方式

设立股份有限公司,可以采取发起设立或者募集设立的方式。

发起设立,是指由发起人认购设立公司时应发行的全部股份而设立公司。

募集设立,是指由发起人认购设立公司时应发行股份的一部分,其余股份向特定对象募集或者向社会公开募集而设立公司。

需要注意的是,有限责任公司只可以采用发起设立方式,而股份有限公司既可以采用发起设立方式,也可以采用募集设立方式。

（二）设立条件

设立股份有限公司，应当具备下列条件：

1. 发起人符合法定人数。应当有1人以上200人以下为发起人，其中应当有半数以上的发起人在中华人民共和国境内有住所。股份有限公司发起人承担公司筹办事务。发起人应当签订发起人协议，明确各自在公司设立过程中的权利和义务。

2. 有符合公司章程规定的注册资本。股份有限公司的注册资本为在公司登记机关登记的已发行股份的股本总额。在发起人认购的股份缴足前，不得向他人募集股份。法律、行政法规以及国务院决定对股份有限公司注册资本最低限额另有规定的，从其规定。

3. 股份发行、筹办事项符合法律规定。

4. 发起人共同制订公司章程，采用募集方式设立的经创立大会通过。股份有限公司章程应当载明下列事项：（1）公司名称和住所；（2）公司经营范围；（3）公司设立方式；（4）公司注册资本、已发行的股份数和设立时发行的股份数，面额股的每股金额；（5）发行类别股的，每一类别股的股份数及其权利和义务；（6）发起人的姓名或者名称、认购的股份数、出资方式；（7）董事会的组成、职权和议事规则；（8）公司法定代表人的产生、变更办法；（9）监事会的组成、职权和议事规则；（10）公司利润分配办法；（11）公司的解散事由与清算办法；（12）公司的通知和公告办法；（13）股东会认为需要规定的其他事项。

5. 有公司名称，建立符合股份有限公司要求的组织机构；

6. 有公司住所。

（三）设立程序

1. 发起设立程序。

公司名称预先核准→认购股份→缴清股款→选举董事会、监事会→董事会申请设立登记→公告成立。

以发起设立方式设立股份有限公司的，发起人应当认足公司章程规定的公司设立时应发行的股份，并应当在公司成立前按照其认购的股份全额缴纳股款。以非货币财产出资的，应当依法办理其财产权的转移手续。成立大会的召开和表决程序由公司章程或者发起人协议规定。

发起人认足公司章程规定的出资后，应当选举董事会和监事会，由董事会向公司登记机关报送公司章程以及法律、行政法规规定的其他文件，申请设立登记。

发起人不按照其认购的股份缴纳股款，或者作为出资的非货币财产的实际价额显著低于所认购的股份的，其他发起人与该发起人在出资不足的范围内承担连带责任。

2. 募集设立程序。

（1）发起人认购的股份不得少于公司章程规定的公司设立时应发行股份总数的35%；但是，法律、行政法规另有规定的，从其规定。

（2）向社会公开募集股份，发起人向社会公开募集股份，应当公告招股说明书，并制作认股书。认股书应当载明本法第一百五十四条第二款、第三款所列事项，由认股人填写认购的股份数、金额、住所，并签名或者盖章。认股人应当按照所认购股份足额缴纳股款。

《公司法》第一百五十四条，公司向社会公开募集股份，应当经国务院证券监督管理机构注册，公告招股说明书。招股说明书应当附有公司章程，并载明下列事项：①发行的股份总数；②面额股的票面金额和发行价格或者无面额股的发行价格；③募集资金的用途；④认股人的权利和义务；⑤股份种类及其权利和义务；⑥本次募股的起止日期及逾期未募足时认股人可以撤回所认股份的说明。公司设立时发行股份的，还应当载明发起人认购的股份数。

（3）签订承销协议。发起人向社会公开募集股份，应当由依法设立的证券公司承销，签订承销协议，并且同银行签订代收股款协议。向社会公开募集股份的股款缴足后，应当经依法设立的验资机构验资并出具证明。

（4）股份有限公司应当制作股东名册并置备于公司。股东名册应当记载下列事项：①股东的姓名或者名称及住所；②各股东所认购的股份种类及股份数；③发行纸面形式的股票的，股票的编号；④各股东取得股份的日期。

（5）召开成立大会。募集设立股份有限公司的发起人应当自公司设立时应发行股份的股款缴足之日起30日内召开公司成立大会。发起人应当在成立大会召开15日前将会议日期通知各认股人或者予以公告。成立大会应当有持有表决权过半数的认股人出席，方可举行。以发起设立方式设立股份有限公司成立大会的召开和表决程序由公司章程或者发起人协议规定。

公司设立时应发行的股份未募足，或者发行股份的股款缴足后，发起人在30日内未召开成立大会的，认股人可以按照所缴股款并加算银行同期存款利息，要求发起人返还。发起人、认股人缴纳股款或者交付非货币财产出资后，除未按期募足股份、发起人未按期召开成立大会或者成立大会决议不设立公司的情形外，不得抽回其股本。

成立大会行使下列职权：①审议发起人关于公司筹办情况的报告；②通过公司章程；③选举董事、监事；④对公司的设立费用进行审核；⑤对发起人非货币财产出资的作价进行审核；⑥发生不可抗力或者经营条件发生重大变化直接影响公司设立的，可以作出不设立公司的决议。成立大会对前款所列事项作出决议，应当经出席会议的认股人所持表决权过半数通过。

公司设立时应发行的股份未募足,或者发行股份的股款缴足后,发起人在30日内未召开成立大会的,认股人可以按照所缴股款并加算银行同期存款利息,要求发起人返还。发起人、认股人缴纳股款或者交付非货币财产出资后,除未按期募足股份、发起人未按期召开成立大会或者成立大会决议不设立公司的情形外,不得抽回其股本。

(6)申请设立登记。董事会应当授权代表,于公司成立大会结束后30日内向公司登记机关申请设立登记。

(四)公司设立时的法律责任

1. 公司未成立的,其法律后果由公司设立时的股东承受;设立时的股东为2人以上的,享有连带债权,承担连带债务。

2. 设立时的股东为设立公司以自己的名义从事民事活动产生的民事责任,第三人有权选择请求公司或者公司设立时的股东承担。

3. 设立时的股东因履行公司设立职责造成他人损害的,公司或者无过错的股东承担赔偿责任后,可以向有过错的股东追偿。

4. 股东未按期足额缴纳出资的,除应当向公司足额缴纳外,还应当对给公司造成的损失承担赔偿责任。

5. 股份有限公司成立后,董事会应当对股东的出资情况进行核查,发现股东未按期足额缴纳公司章程规定的出资的,应当由公司向该股东发出书面催缴书,催缴出资。未及时履行前款规定的义务,给公司造成损失的,负有责任的董事应当承担赔偿责任。

6. 股东未按照公司章程规定的出资日期缴纳出资,公司依照法律规定发出书面催缴书催缴出资的,自通知发出之日起,该股东丧失其未缴纳出资的股权。依照前款规定丧失的股权应当依法转让,或者相应减少注册资本并注销该股权;6个月内未转让或者注销的,由公司其他股东按照其出资比例足额缴纳相应出资。

7. 公司成立后,股东不得抽逃出资。违反前款规定的,股东应当返还抽逃的出资;给公司造成损失的,负有责任的董事、监事、高级管理人员应当与该股东承担连带赔偿责任。

三、组织机构

(一)股东会

1. 股东会的性质和组成。股份有限公司股东会由全体股东组成。股东会是公司的权力机构,依照本法行使职权。

2. 股东会的职权。关于有限责任公司股东会职权的规定,适用于股份有限公司股东会。关于只有一个股东的有限责任公司不设股东会的规定，适用于只有一个股东的股份有限公司。

3. 股东会的召开。股东会分为年会和临时会议。股东会应当每年召开一次年会。有下列情形之一的，应当在 2 个月内召开临时股东会会议：（1）董事人数不足本法规定人数或者公司章程所定人数的三分之二时；（2）公司未弥补的亏损达股本总额三分之一时；（3）单独或者合计持有公司 10% 以上股份的股东请求时；（4）董事会认为必要时；（5）监事会提议召开时；（6）公司章程规定的其他情形。

股东会会议由董事会召集，董事长主持；董事长不能履行职务或者不履行职务的，由副董事长主持；副董事长不能履行职务或者不履行职务的，由过半数的董事共同推举一名董事主持。

董事会不能履行或者不履行召集股东会会议职责的，监事会应当及时召集和主持；监事会不召集和主持的，连续 90 日以上单独或者合计持有公司 10% 以上股份的股东可以自行召集和主持。单独或者合计持有公司 10% 以上股份的股东请求召开临时股东会会议的，董事会、监事会应当在收到请求之日起 10 日内作出是否召开临时股东会会议的决定，并书面答复股东。

召开股东会会议，应当将会议召开的时间、地点和审议的事项于会议召开 20 日前通知各股东；临时股东会会议应当于会议召开 15 日前通知各股东。单独或者合计持有公司 1% 以上股份的股东，可以在股东会会议召开 10 日前提出临时提案并书面提交董事会。临时提案应当有明确议题和具体决议事项。董事会应当在收到提案后 2 日内通知其他股东，并将该临时提案提交股东会审议；但临时提案违反法律、行政法规或者公司章程的规定，或者不属于股东会职权范围的除外。公司不得提高提出临时提案股东的持股比例。公开发行股份的公司，应当以公告方式作出前两款规定的通知。股东会不得对通知中未列明的事项作出决议。

4. 股东会的决议。股东出席股东会会议，所持每一股份有一表决权，类别股股东除外。公司持有的本公司股份没有表决权。股东会作出决议，应当经出席会议的股东所持表决权过半数通过。但是，股东会作出修改公司章程、增加或者减少注册资本的决议，以及公司合并、分立、解散或者变更公司形式的决议，应当经出席会议的股东所持表决权的三分之二以上通过。

股东会选举董事、监事，可以按照公司章程的规定或者股东会的决议，实行累积投票制。累积投票制，是指股东会选举董事或者监事时，每一股份拥有与应选董事或者监事人数相同的表决权，股东拥有的表决权可以集中使用。

股东委托代理人出席股东会会议的，应当明确代理人代理的事项、权限和期限；代理人应当向公司提交股东授权委托书，并在授权范围内行使表决权；代理人应当向公司提交股东授权委托书，并在授权范围内行使表决权。

股东会应当对所议事项的决定作成会议记录,主持人、出席会议的董事应当在会议记录上签名。会议记录应当与出席股东的签名册及代理出席的委托书一并保存。

(二)董事会、经理

1. 董事会的性质和组成。董事会负责公司的日常经营和管理,是公司的业务执行机构。股份有限公司设董事会,但规模较小或者股东人数较少的股份有限公司,可以不设董事会,设一名董事,行使本法规定的董事会的职权。有限责任公司董事会职权、董事会成员组成、董事任期、解任董事的规定,适用于股份有限公司。

股份有限公司可以按照公司章程的规定在董事会中设置由董事组成的审计委员会,行使本法规定的监事会的职权,不设监事会或者监事。审计委员会成员为3名以上,过半数成员不得在公司担任除董事以外的其他职务,且不得与公司存在任何可能影响其独立客观判断的关系。公司董事会成员中的职工代表可以成为审计委员会成员。审计委员会作出决议,应当经审计委员会成员的过半数通过。审计委员会决议的表决,应当一人一票。审计委员会的议事方式和表决程序,除本法有规定的外,由公司章程规定。公司可以按照公司章程的规定在董事会中设置其他委员会。

董事会设董事长一人,可以设副董事长。董事长和副董事长由董事会以全体董事的过半数选举产生。董事长召集和主持董事会会议,检查董事会决议的实施情况。副董事长协助董事长工作,董事长不能履行职务或者不履行职务的,由副董事长履行职务;副董事长不能履行职务或者不履行职务的,由过半数的董事共同推举一名董事履行职务。

2. 董事会会议的召开。董事会每年度至少召开两次会议,每次会议应当于会议召开10日前通知全体董事和监事。

代表十分之一以上表决权的股东、三分之一以上董事或者监事会,可以提议召开临时董事会会议。董事长应当自接到提议后10日内,召集和主持董事会会议。

董事会召开临时会议,可以另定召集董事会的通知方式和通知时限。

3. 董事会决议。董事会会议应当有过半数的董事出席方可举行。董事会作出决议,应当经全体董事的过半数通过。

董事会决议的表决,应当一人一票。董事会应当对会议所议事项的决定作成会议记录,出席会议的董事应当在会议记录上签名。

董事会会议,应当由董事本人出席;董事因故不能出席,可以书面委托其他董事代为出席,委托书中应当载明授权范围。

董事应当对董事会的决议承担责任。董事会的决议违反法律、行政法规或者公司章程、股东会决议,给公司造成遭受严重损失的,参与决议的董事对公司负赔偿责任;经证明在表决时曾表明异议并记载于会议记录的,该董事可以免除责任。

4. 经理。股份有限公司设经理,由董事会决定聘任或者解聘。经理对董事会负责，根据公司章程的规定或者董事会的授权行使职权。经理列席董事会会议。董事会可以决定由董事会成员兼任经理。

规模较小或者股东人数较少的股份有限公司，可以不设董事会，设一名董事，行使本法规定的董事会的职权。该董事可以兼任公司经理。

有限责任公司经理职权的规定，适用于股份有限公司经理。

(三) 监事会

1. 监事会的性质及组成。监事会是公司的监督机构，对股东会负责。

股份有限公司设监事会，也可以按照公司章程的规定在董事会中设置由董事组成的审计委员会，行使本法规定的监事会的职权，不设监事会或者监事；规模较小或者股东人数较少的股份有限公司，可以不设监事会，设 1 名监事，行使本法规定的监事会的职权。

监事会成员为 3 人以上。监事会成员应当包括股东代表和适当比例的公司职工代表，其中职工代表的比例不得低于三分之一，具体比例由公司章程规定。监事会中的职工代表由公司职工通过职工代表大会、职工大会或者其他形式民主选举产生。

监事会设主席 1 人，可以设副主席。监事会主席和副主席由全体监事过半数选举产生。监事会主席召集和主持监事会会议；监事会主席不能履行职务或者不履行职务的，由监事会副主席召集和主持监事会会议；监事会副主席不能履行职务或者不履行职务的，由过半数的监事共同推举 1 名监事召集和主持监事会会议。

董事、高级管理人员不得兼任监事。

有限责任公司监事任期、职权的规定，适用于股份有限公司监事。

监事会行使职权所必需的费用，由公司承担。

2. 监事会会议的召开和决议。监事会每 6 个月至少召开一次会议。监事可以提议召开临时监事会会议。

监事会的议事方式和表决程序，除本法有规定的外，由公司章程规定。

监事会决议应当经全体监事的过半数通过。监事会决议的表决，应当一人一票。

监事会应当对所议事项的决定作成会议记录，出席会议的监事应当在会议记录上签名。

知识点 5　上市公司组织机构的特别规定

《公司法》所称上市公司，是指其股票在证券交易所上市交易的股份有限公司。

一、重大事项的表决

上市公司在一年内购买、出售重大资产或者向他人提供担保的金额超过公司资产总额30%的，应当由股东会作出决议，并经出席会议的股东所持表决权的三分之二以上通过。

二、独立董事制度

上市公司设独立董事，具体办法由国务院证券监督管理机构规定。

上市公司的公司章程除载明本法规定的股份有限公司章程应当载明的事项外，还应当依照法律、行政法规的规定载明董事会专门委员会的组成、职权以及董事、监事、高级管理人员薪酬考核机制等事项。

三、审计委员会

上市公司在董事会中设置审计委员会的，董事会对下列事项作出决议前应当经审计委员会全体成员过半数通过：(1) 聘用、解聘承办公司审计业务的会计师事务所；(2) 聘任、解聘财务负责人；(3) 披露财务会计报告；(4) 国务院证券监督管理机构规定的其他事项。

四、董事会秘书

上市公司设董事会秘书，负责公司股东会和董事会会议的筹备、文件保管以及公司股东资料的管理，办理信息披露事务等事宜。

五、关联董事的回避制度

上市公司董事与董事会会议决议事项所涉及的企业或者个人有关联关系的，该董事应当及时向董事会书面报告。有关联关系的董事不得对该项决议行使表决权，也不得代理其他董事行使表决权。该董事会会议由过半数的无关联关系董事出席即可举行，董事会会议所作决议须经无关联关系董事过半数通过。出席董事会会议的无关联关系董事人数不足三人的，应当将该事项提交上市公司股东会审议。

六、依法披露信息

上市公司应当依法披露股东、实际控制人的信息，相关信息应当真实、准确、完整。禁止违反法律、行政法规的规定代持上市公司股票。

七、上市公司控股子公司

上市公司控股子公司不得取得该上市公司的股份。上市公司控股子公司因公司合并、质权行使等原因持有上市公司股份的，不得行使所持股份对应的表决权，并应当及时处分相关上市公司股份。

知识点 6　股份有限公司的股份发行和转让

一、股份发行

股份有限公司的资本划分为股份。公司的全部股份,根据公司章程的规定择一采用面额股或者无面额股。采用面额股的,每一股的金额相等。

公司可以根据公司章程的规定将已发行的面额股全部转换为无面额股或者将无面额股全部转换为面额股。采用无面额股的,应当将发行股份所得股款的二分之一以上计入注册资本。

(一) 股份发行原则

股份的发行,实行公平、公正的原则,同类别的每一股份应当具有同等权利。同次发行的同类别股份,每股的发行条件和价格应当相同;认购人所认购的股份,每股应当支付相同价额。

(二) 股份发行形式

公司的股份采取股票的形式。股票是公司签发的证明股东所持股份的凭证。公司发行的股票,应当为记名股票。

股票采用纸面形式或者国务院证券监督管理机构规定的其他形式。股票采用纸面形式的,应当载明下列主要事项:(1) 公司名称;(2) 公司成立日期或者股票发行的时间;(3) 股票种类、票面金额及代表的股份数,发行无面额股的,股票代表的股份数。股票采用纸面形式的,还应当载明股票的编号,由法定代表人签名,公司盖章。发起人的股票,应当标明发起人股票字样。

(三) 股票发行价格

面额股股票的发行价格可以按票面金额,也可以超过票面金额,但不得低于票面金额。

股份有限公司成立后,即向股东正式交付股票。公司成立前不得向股东交付股票。

(四) 发行新股

公司发行新股,股东会应当对下列事项作出决议:(1) 新股种类及数额;(2) 新股发行价格;(3) 新股发行的起止日期;(4) 向原有股东发行新股的种类及数额;(5) 发行无面额股的,新股发行所得股款计入注册资本的金额。公司发行新股,可以根据公司经营情况和财务状况,确定其作价方案。

公司章程或者股东会可以授权董事会在三年内决定发行不超过已发行股份50%的股份。但以非货币财产作价出资的应当经股东会决议。董事会依照前款规定决定发行股份导致公司注册资本、已发行股份数发生变化的，对公司章程该项记载事项的修改不需再由股东会表决。公司章程或者股东会授权董事会决定发行新股的，董事会决议应当经全体董事三分之二以上通过。

（五）向社会公开募集股份

公司向社会公开募集股份，应当经国务院证券监督管理机构注册，公告招股说明书。

招股说明书应当附有公司章程，并载明下列事项：（1）发行的股份总数；（2）面额股的票面金额和发行价格或者无面额股的发行价格；（3）募集资金的用途；（4）认股人的权利和义务；（5）股份种类及其权利和义务；（6）本次募股的起止日期及逾期未募足时认股人可以撤回所认股份的说明。公司设立时发行股份的，还应当载明发起人认购的股份数。

公司向社会公开募集股份，应当由依法设立的证券公司承销，签订承销协议。

公司向社会公开募集股份，应当同银行签订代收股款协议。

代收股款的银行应当按照协议代收和保存股款，向缴纳股款的认股人出具收款单据，并负有向有关部门出具收款证明的义务。

公司发行股份募足股款后，应予公告。

二、股份转让

股份有限公司的股东持有的股份可以向其他股东转让，也可以向股东以外的人转让；公司章程对股份转让有限制的，其转让按照公司章程的规定进行。

（一）股份转让规则

1. 股东转让其股份，应当在依法设立的证券交易场所进行或者按照国务院规定的其他方式进行。

2. 股票的转让，由股东以背书方式或者法律、行政法规规定的其他方式进行；转让后由公司将受让人的姓名或者名称及住所记载于股东名册。

3. 股东会会议召开前20日内或者公司决定分配股利的基准日前5日内，不得变更股东名册。法律、行政法规或者国务院证券监督管理机构对上市公司股东名册变更另有规定的，从其规定。

（二）特殊主体的限制性规定

1. 公司公开发行股份前已发行的股份，自公司股票在证券交易所上市交易之日起一年内不得转让。法律、行政法规或者国务院证券监督管理机构对上市公司的股东、实际控制人转让其所持有的本公司股份另有规定的，从其规定。

2. 公司董事、监事、高级管理人员应当向公司申报所持有的本公司的股份及其变动情况，在就任时确定的任职期间每年转让的股份不得超过其所持有本公司股份总数的25%；所持本公司股份自公司股票上市交易之日起一年内不得转让；所持本公司股份自公司股票上市交易之日起一年内不得转让。上述人员离职后半年内，不得转让其所持有的本公司股份。公司章程可以对公司董事、监事、高级管理人员转让其所持有的本公司股份作出其他限制性规定。

3. 股份在法律、行政法规规定的限制转让期限内出质的，质权人不得在限制转让期限内行使质权。

4. 有下列情形之一的，对股东会该项决议投反对票的股东可以请求公司按照合理的价格收购其股份，公开发行股份的公司除外：（1）公司连续5年不向股东分配利润，而公司该5年连续盈利，并且符合本法规定的分配利润条件；（2）公司转让主要财产；（3）公司章程规定的营业期限届满或者章程规定的其他解散事由出现，股东会通过决议修改章程使公司存续。

自股东会决议作出之日起60日内，股东与公司不能达成股份收购协议的，股东可以自股东会决议作出之日起90日内向人民法院提起诉讼。公司因本条第一款规定的情形收购的本公司股份，应当在6个月内依法转让或者注销。

5. 公司不得收购本公司股份。但是，有下列情形之一的除外：（1）减少公司注册资本；（2）与持有本公司股份的其他公司合并；（3）将股份用于员工持股计划或者股权激励；（4）股东因对股东会作出的公司合并、分立决议持异议，要求公司收购其股份；（5）将股份用于转换公司发行的可转换为股票的公司债券；（6）上市公司为维护公司价值及股东权益所必需。公司因前款第（1）项、第（2）项规定的情形收购本公司股份的，应当经股东会决议；公司因前款第（3）项、第（5）项、第（6）项规定的情形收购本公司股份的，可以按照公司章程或者股东会的授权，经三分之二以上董事出席的董事会会议决议。

公司依照本条第一款规定收购本公司股份后，属于第（1）项情形的，应当自收购之日起10日内注销；属于第（2）项、第（4）项情形的，应当在6个月内转让或者注销；属于第（3）项、第（5）项、第（6）项情形的，公司合计持有的本公司股份数不得超过本公司已发行股份总数的10%，并应当在3年内转让或者注销。上市公司收购本公司股份的，应当依照《中华人民共和国证券法》的规定履行信息披露义务。上市公司因本条第一款第（3）项、第（5）项、第（6）项规定的情形收购本公司股份的，应当通过公开的集中交易方式进行。

公司不得接受本公司的股份作为质权的标的。

6. 股票被盗、遗失或者灭失，股东可以依照《中华人民共和国民事诉讼法》规定的公示催告程序，请求人民法院宣告该股票失效。人民法院宣告该股票失效后，股东可以向公司申请补发股票。

上市公司的股票，依照有关法律、行政法规及证券交易所交易规则上市交易。

上市公司应当依照法律、行政法规的规定披露相关信息。

知识点7　国家出资公司组织机构的特别规定

《公司法》所称国家出资公司，是指国家出资的国有独资公司、国有资本控股公司，包括国家出资的有限责任公司、股份有限公司。国家出资公司的组织机构，适用本章规定；本章没有规定的，适用本法其他规定。

一、出资人职责

国家出资公司，由国务院或者地方人民政府分别代表国家依法履行出资人职责，享有出资人权益。国务院或者地方人民政府可以授权国有资产监督管理机构或者其他部门、机构代表本级人民政府对国家出资公司履行出资人职责。代表本级人民政府履行出资人职责的机构、部门，以下统称为"履行出资人职责的机构"。

国家出资公司中，中国共产党的组织，按照中国共产党章程的规定发挥领导作用，研究讨论公司重大经营管理事项，支持公司的组织机构依法行使职权。

二、公司章程

国有独资公司章程由履行出资人职责的机构制定。

三、组织机构的特别规定

（1）股东会。国有独资公司不设股东会，由履行出资人职责的机构行使股东会职权。履行出资人职责的机构可以授权公司董事会行使股东会的部分职权，但公司章程的制定和修改，公司的合并、分立、解散、申请破产，增加或者减少注册资本，分配利润，应当由履行出资人职责的机构决定。

（2）董事会。国有独资公司的董事会依照本法规定行使职权。董事会成员中，应当过半数为外部董事，并应当有公司职工代表。

董事会成员由履行出资人职责的机构委派；但是，董事会成员中的职工代表由公司职工代表大会选举产生。董事会设董事长一人，可以设副董事长。董事长、副董事长由履行出资人职责的机构从董事会成员中指定。

（3）经理。国有独资公司的经理由董事会聘任或者解聘。经履行出资人职责的机构同意，董事会成员可以兼任经理。

国有独资公司的董事、高级管理人员，未经履行出资人职责的机构同意，不得在其他有限责任公司、股份有限公司或者其他经济组织兼职。

（4）监事会。国有独资公司在董事会中设置由董事组成的审计委员会行使本法规定的监事会职权的，不设监事会或者监事。

国家出资公司应当依法建立健全内部监督管理和风险控制制度，加强内部合规管理。

知识点 8　公司董事、监事、高级管理人员的资格和义务

一、公司董事、监事、高级管理人员的资格

有下列情形之一的，不得担任公司的董事、监事、高级管理人员：（1）无民事行为能力或者限制民事行为能力；（2）因贪污、贿赂、侵占财产、挪用财产或者破坏社会主义市场经济秩序，被判处刑罚，或者因犯罪被剥夺政治权利，执行期满未逾 5 年，被宣告缓刑的，自缓刑考验期满之日起未逾 2 年；（3）担任破产清算的公司、企业的董事或者厂长、经理，对该公司、企业的破产负有个人责任的，自该公司、企业破产清算完结之日起未逾 3 年；（4）担任因违法被吊销营业执照、责令关闭的公司、企业的法定代表人，并负有个人责任的，自该公司、企业被吊销营业执照、责令关闭之日起未逾 3 年；（5）个人因所负数额较大的债务到期未清偿被人民法院列为失信被执行人。

违反前款规定选举、委派董事、监事或者聘任高级管理人员的，该选举、委派或者聘任无效。董事、监事、高级管理人员在任职期间出现上述所列情形的，公司应当解除其职务。

二、公司董事、监事、高级管理人员的义务

董事、监事、高级管理人员应当遵守法律、行政法规和公司章程，对公司负有忠实义务，应当采取措施避免自身利益与公司利益冲突，不得利用职权牟取不正当利益。董事、监事、高级管理人员对公司负有勤勉义务，执行职务应当为公司的最大利益尽到管理者通常应有的合理注意。

董事、监事、高级管理人员不得有下列行为：（1）侵占公司财产、挪用公司资金；（2）将公司资金以其个人名义或者以其他个人名义开立账户存储；（3）利用职权贿赂或者收受其他非法收入；（4）接受他人与公司交易的佣金归为己有；（5）擅自披露公司秘密；（6）违反对公司忠实义务的其他行为。

董事、监事、高级管理人员，直接或者间接与本公司订立合同或者进行交易，应当就与订立合同或者进行交易有关的事项向董事会或者股东会报告，并按照公司章程的规定经董事会或者股东会决议通过。

董事、监事、高级管理人员，不得利用职务便利为自己或者他人谋取属于公司的商业机会。

董事、监事、高级管理人员未向董事会或者股东会报告，并按照公司章程的规定经董事会或者股东会决议通过，不得自营或者为他人经营与其任职公司同类的业务。

董事、监事、高级管理人员违反上述规定所得的收入应当归公司所有。

董事、监事、高级管理人员执行职务违反法律、行政法规或者公司章程的规定，给公司造成损失的，应当承担赔偿责任。

股东会要求董事、监事、高级管理人员列席会议的，董事、监事、高级管理人员应当列席并接受股东的质询。

三、股东诉讼

董事、高级管理人员有违反法律、行政法规或者公司章程规定的情形的，有限责任公司的股东、股份有限公司连续180日以上单独或者合计持有公司1%以上股份的股东，可以书面请求监事会向人民法院提起诉讼；监事有违反法律、行政法规或者公司章程规定的情形的，前述股东可以书面请求董事会向人民法院提起诉讼。

监事会或者董事会收到前款规定的股东书面请求后拒绝提起诉讼，或者自收到请求之日起30日内未提起诉讼，或者情况紧急、不立即提起诉讼将会使公司利益受到难以弥补的损害的，前款规定的股东有权为了公司利益以自己的名义直接向人民法院提起诉讼。

他人侵犯公司合法权益，给公司造成损失的，本条第一款规定的股东可以依照前两款的规定向人民法院提起诉讼。

董事、高级管理人员违反法律、行政法规或者公司章程的规定，损害股东利益的，股东可以向人民法院提起诉讼。

知识点9 公司债券

一、公司债券含义

《公司法》所称公司债券，是指公司发行的约定按期还本付息的有价证券。

二、公司债券发行

公司债券可以公开发行，也可以非公开发行。公司债券的发行和交易应当符合《中华人民共和国证券法》等法律、行政法规的规定。

公开发行公司债券，应当经国务院证券监督管理机构注册，公告公司债券募集办法。公司债券募集办法应当载明下列主要事项：（1）公司名称；（2）债券募集资金的用途；（3）债券总额和债券的票面金额；（4）债券利率的确定方式；（5）还本付息的期限和方式；（6）债券担保情况；（7）债券的发行价格、发行的起止日期；（8）公司净资产额；（9）已发行的尚未到期的公司债券总额；（10）公司债券的承销机构。

公司以纸面形式发行公司债券的，应当在债券上载明公司名称、债券票面金额、利率、偿还期限等事项，并由法定代表人签名，公司盖章。

三、公司债券的种类

公司债券应当为记名债券。

公司发行公司债券应当置备公司债券持有人名册。发行公司债券的，应当在公司债券持有人名册上载明下列事项：（1）债券持有人的姓名或者名称及住所；（2）债券持有人取得债券的日期及债券的编号；（3）债券总额，债券的票面金额、利率、还本付息的期限和方式；（4）债券的发行日期。

四、公司债券的转让及转换

公司债券的登记结算机构应当建立债券登记、存管、付息、兑付等相关制度。

（一）转让

公司债券可以转让，转让价格由转让人与受让人约定。公司债券的转让应当符合法律、行政法规的规定。

公司债券由债券持有人以背书方式或者法律、行政法规规定的其他方式转让；转让后由公司将受让人的姓名或者名称及住所记载于公司债券持有人名册。

（二）转换

股份有限公司经股东会决议，或者经公司章程、股东会授权由董事会决议，可以发行可转换为股票的公司债券，并规定具体的转换办法。上市公司发行可转换为股票的公司债券，应当经国务院证券监督管理机构注册。

发行可转换为股票的公司债券，应当在债券上标明可转换公司债券字样，并在公司债券持有人名册上载明可转换公司债券的数额。发行可转换为股票的公司债券的，公司应当按照其转换办法向债券持有人换发股票，但债券持有人对转换股票或者不转换股票有选择权。法律、行政法规另有规定的除外。

知识点 10　公司财务、会计

公司应当依照法律、行政法规和国务院财政部门的规定建立本公司的财务、会计制度。

一、编制财务会计报告

公司应当在每一会计年度终了时编制财务会计报告，并依法经会计师事务所审计。财务会计报告应当依照法律、行政法规和国务院财政部门的规定制作。

有限责任公司应当依照公司章程规定的期限将财务会计报告送交各股东。

股份有限公司的财务会计报告应当在召开股东会年会的 20 日前置备于本公司，供股东查阅；公开发行股票的股份有限公司应当公告其财务会计报告。

二、公积金制度

公司分配当年税后利润时，应当提取利润的 10% 列入公司法定公积金。公司法定公积金累计额为公司注册资本的 50% 以上的，可以不再提取。

公司的法定公积金不足以弥补以前年度亏损的，在依照前款规定提取法定公积金之前，应当先用当年利润弥补亏损。

公司从税后利润中提取法定公积金后，经股东会决议，还可以从税后利润中提取任意公积金。

公司以超过股票票面金额的发行价格发行股份所得的溢价款、发行无面额股所得股款未计入注册资本的金额以及国务院财政部门规定列入资本公积金的其他项目，应当列为公司资本公积金。

公司的公积金用于弥补公司的亏损、扩大公司生产经营或者转为增加公司注册资本。公积金弥补公司亏损，应当先使用任意公积金和法定公积金；仍不能弥补的，可以按照规定使用资本公积金。

法定公积金转为增加注册资本时，所留存的该项公积金不得少于转增前公司注册资本的 25%。

三、利润分配

公司弥补亏损和提取公积金后所余税后利润，有限责任公司按照股东实缴的出资比例分配利润，全体股东约定不按照出资比例分配利润的除外；股份有限公司按照股东所持有的股份比例分配利润，公司章程另有规定的除外。公司持有的本公司股份不得分配利润。

公司违反本法规定向股东分配利润的，股东应当将违反规定分配的利润退还公司；给公司造成损失的，股东及负有责任的董事、监事、高级管理人员应当承担赔偿责任。

股东会作出分配利润的决议的，董事会应当在股东会决议作出之日起6个月内进行分配。

公司除法定的会计账簿外，不得另立会计账簿。对公司资金，不得以任何个人名义开立账户存储。

知识点 11　公司合并、分立、增资、减资

一、公司合并、分立

（一）公司合并

公司合并可以采取吸收合并或者新设合并。一家公司吸收其他公司为吸收合并，被吸收的公司解散。两家以上公司合并设立一个新的公司为新设合并，合并各方解散。

公司与其持股90%以上的公司合并，被合并的公司不需经股东会决议，但应当通知其他股东，其他股东有权请求公司按照合理的价格收购其股权或者股份。公司合并支付的价款不超过本公司净资产10%的，可以不经股东会决议；但是，公司章程另有规定的除外。公司依照前两款规定合并不经股东会决议的，应当经董事会决议。

公司合并，应当由合并各方签订合并协议，并编制资产负债表及财产清单。公司应当自作出合并决议之日起10日内通知债权人，并于30日内在报纸上或者国家企业信用信息公示系统公告。债权人自接到通知书之日起30日内，未接到通知的自公告之日起45日内，可以要求公司清偿债务或者提供相应的担保。

公司合并时，合并各方的债权、债务，应当由合并后存续的公司或者新设的公司承继。

（二）公司分立

公司分立，其财产作相应的分割。

公司分立，应当编制资产负债表及财产清单。公司应当自作出分立决议之日起10日内通知债权人，并于30日内在报纸上或者国家企业信用信息公示系统公告。

公司分立前的债务由分立后的公司承担连带责任。但是，公司在分立前与债权人就债务清偿达成的书面协议另有约定的除外。

公司合并或者分立，登记事项发生变更的，应当依法向公司登记机关办理变更

登记；公司解散的，应当依法法向公司登记机关申请注销登记，公司登记机关公告公司终止；设立新公司的，应当依法办理公司设立登记。

二、公司减资、增资

（一）减资

公司减少注册资本，应当编制资产负债表及财产清单。

公司应当自股东会作出减少注册资本决议之日起10日内通知债权人，并于30日内在报纸上或者国家企业信用信息公示系统公告。债权人自接到通知书之日起30日内，未接到通知书的自公告之日起45日内，有权要求公司清偿债务或者提供相应的担保。

公司依照本法第二百一十四条第二款的规定弥补亏损后，仍有亏损的，可以减少注册资本弥补亏损。减少注册资本弥补亏损的，公司不得向股东分配，也不得免除股东缴纳出资或者股款的义务。依照前款规定减少注册资本的，不适用前条第二款的规定，但应当自股东会作出减少注册资本决议之日起30日内在报纸上或者国家企业信用信息公示系统公告。公司依照前两款的规定减少注册资本后，在法定公积金和任意公积金累计额达到公司注册资本50%前，不得分配利润。

违反本法规定减少注册资本的，股东应当退还其收到的资金，减免股东出资的应当恢复原状；给公司造成损失的，股东及负有责任的董事、监事、高级管理人员应当承担赔偿责任。

（二）增资

有限责任公司增加注册资本时，股东在同等条件下有权优先按照实缴的出资比例认缴出资。但是，全体股东约定不按照出资比例优先认缴出资的除外。股份有限公司为增加注册资本发行新股时，股东不享有优先认购权，公司章程另有规定或者股东会决议决定股东享有优先认购权的除外。

有限责任公司增加注册资本时，股东认缴新增资本的出资，依照本法设立有限责任公司缴纳出资的有关规定执行。股份有限公司为增加注册资本发行新股时，股东认购新股，依照本法设立股份有限公司缴纳股款的有关规定执行。

公司减少或者增加注册资本，应当依法向公司登记机关办理变更登记。

知识点 12　公司解散和清算

一、公司解散

公司因下列原因解散：（1）公司章程规定的营业期限届满或者公司章程规定的

其他解散事由出现；（2）股东会决议解散；（3）因公司合并或者分立需要解散；（4）依法被吊销营业执照、责令关闭或者被撤销；（5）公司经营管理发生严重困难，继续存续会使股东利益受到重大损失，通过其他途径不能解决的，持有公司全部股东表决权10%以上的股东，可以请求人民法院解散公司。公司出现前款规定的解散事由，应当在10日内将解散事由通过国家企业信用信息公示系统予以公示。

公司有上述第一项、第二项情形，且尚未向股东分配财产的，可以通过修改公司章程或者经股东会决议而存续。依照前款规定修改公司章程或者经股东会决议，有限责任公司须经持有三分之二以上表决权的股东通过，股份有限公司须经出席股东会会议的股东所持表决权的三分之二以上通过。

二、公司清算

（一）成立清算组

公司解散的，应当清算，因合并或分立需要解散的除外。董事为公司清算义务人，应当在解散事由出现之日起15日内组成清算组进行清算。清算组由董事组成，但是公司章程另有规定或者股东会决议另选他人的除外。清算义务人未及时履行清算义务，给公司或者债权人造成损失的，应当承担赔偿责任。

公司依照上述的规定应当清算，逾期不成立清算组进行清算或者成立清算组后不清算的，利害关系人可以申请人民法院指定有关人员组成清算组进行清算。人民法院应当受理该申请，并及时组织清算组进行清算。公司因依法被吊销营业执照、责令关闭或者被撤销而解散的，作出吊销营业执照、责令关闭或者撤销决定的部门或者公司登记机关，可以申请人民法院指定有关人员组成清算组进行清算。

（二）清算组的职权

清算组在清算期间行使下列职权：（1）清理公司财产，分别编制资产负债表和财产清单；（2）通知、公告债权人；（3）处理与清算有关的公司未了结的业务；（4）清缴所欠税款以及清算过程中产生的税款；（5）清理债权、债务；（6）分配公司清偿债务后的剩余财产；（7）代表公司参与民事诉讼活动。

（三）清算程序

1. 登记债权。清算组应当自成立之日起10日内通知债权人，并于60日内在报纸上或者国家企业信用信息公示系统公告。债权人应当自接到通知书之日起30日内，未接到通知书的自公告之日起45日内，向清算组申报其债权。

债权人申报债权，应当说明债权的有关事项，并提供证明材料。清算组应当对债权进行登记。在申报债权期间，清算组不得对债权人进行清偿。

2. 清理公司财产、编制资产负债表和财产清单。清算组在清理公司财产、编制资产负债表和财产清单后，应当制定清算方案，并报股东会或者人民法院确认。

3. 清偿债务。公司财产在分别支付清算费用、职工的工资、社会保险费用和法定补偿金，缴纳所欠税款，清偿公司债务后的剩余财产，有限责任公司按照股东的出资比例分配，股份有限公司按照股东持有的股份比例分配。

清算期间，公司存续，但不得开展与清算无关的经营活动。公司财产在未依照前款规定清偿前，不得分配给股东。

清算组在清理公司财产、编制资产负债表和财产清单后，发现公司财产不足清偿债务的，应当依法向人民法院申请破产清算。人民法院受理破产申请后，清算组应当将清算事务移交给人民法院指定的破产管理人。

4. 申请注销登记。公司清算结束后，清算组应当制作清算报告，报股东会或者人民法院确认，并报送公司登记机关，申请注销公司登记。

清算组成员履行清算职责，负有忠实义务和勤勉义务。清算组成员怠于履行清算职责，给公司造成损失的，应当承担赔偿责任；因故意或者重大过失给债权人造成损失的，应当承担赔偿责任。

项目检测二

一、单项选择题

1. 下列第（   ）项经济法主体具有法人资格。
   A. 个人独资企业   B. 公司
   C. 农村承包经营户   D. 合伙企业

2. 甲、乙、丙、丁打算设立一家普通合伙企业。对此，下列哪一表述是正确的？（   ）
   A. 各合伙人不得以劳务作为出资
   B. 如乙仅以其房屋使用权作为出资，则不必办理房屋产权过户登记
   C. 该合伙企业名称中不得以任何一个合伙人的名字作为商号或字号
   D. 合伙协议经全体合伙人签名、盖章并经登记后生效

3. 关于合伙企业的利润分配，如合伙协议未作约定且合伙人协商不成，下列哪一选项是正确的？（   ）
   A. 应当由全体合伙人平均分配
   B. 应当由全体合伙人按实缴出资比例分配
   C. 应当由全体合伙人按合伙协议约定的出资比例分配
   D. 应当按合伙人的贡献决定如何分配

4. 赵、钱、孙、李设立一家普通合伙企业。经全体合伙人会议决定，委托赵与

钱执行合伙事务，对外代表合伙企业。对此，下列哪一表述是错误的？（　　）

A. 孙、李仍享有执行合伙事务的权限

B. 孙、李有权监督赵、钱执行合伙事务的情况

C. 如赵单独执行某一合伙事务，钱可以对赵执行的事务提出异议

D. 如赵执行事务违反合伙协议，孙、李有权决定撤销对赵的委托

5. 甲是某有限合伙企业的有限合伙人，持有该企业 15% 的份额。在合伙协议无特别约定的情况下，甲在合伙期间未经其他合伙人同意实施了下列行为，其中哪一项违反《合伙企业法》规定？（　　）

A. 将自购的机器设备出租给合伙企业使用

B. 以合伙企业的名义购买汽车一辆归合伙企业使用

C. 以自己在合伙企业中的财产份额向银行提供质押担保

D. 提前一个月通知其他合伙人将其部分合伙份额转让给合伙人以外的人

6. 关于合伙企业与个人独资企业的表述，下列哪一选项是正确的？（　　）

A. 二者的投资人都只能是自然人

B. 二者的投资人都一律承担无限责任

C. 个人独资企业可申请变更登记为普通合伙企业

D. 合伙企业不能申请变更登记为个人独资企业

7. 甲公司欠乙公司 300 万元货款。后甲公司将部分优良资产分享出去另成立丙公司，甲、丙公司在分立协议中约定，该笔债务由甲、丙公司按 3∶7 比例分担，但甲、丙公司未与乙公司达成债务清偿协议。债务到期后，乙公司要求甲公司清偿 300 万元，遭到拒绝。根据合同法律制度的规定，下列关于该笔债务清偿的表述中，正确的是（　　）。

A. 乙公司只能向甲公司主张清偿

B. 乙公司只能向丙公司主张清偿

C. 应当由甲、丙公司按连带责任方式向乙公司清偿

D. 应当由甲、丙公司按分立协议约定的比例向乙公司清偿

8. 下列关于有限责任公司股东出资方式的表述中，符合公司法律制度规定的是（　　）。

A. 以商誉作价出资　　　　　　B. 以劳务作价出资

C. 以特许经营权作价出资　　　D. 以土地使用权作价出资

9. 根据公司法律制度的规定，有限责任公司的成立日期为（　　）。

A. 公司登记机关受理设立申请之日　　B. 公司企业法人营业执照签发之日

C. 公司企业法人营业执照领取之日　　D. 公司股东缴足出资之日

10. 某有限责任公司的股东甲拟向公司股东以外的人 W 转让其出资。下列关于

甲转让出资的表述中，符合公司法律制度规定的是（   ）。

  A. 甲可以将其出资转让给 W，无须经其他股东同意

  B. 甲可以将其出资转让给 W，但须通知他股东同意

  C. 甲可以将其出资转让给 W，但须经全体股东的过半数同意

  D. 甲可以将其出资转让给 W，但须经全体股东的 2/3 以上同意

二、多项选择题

1. 根据个人独资企业法的有关规定，下列说法错误的有（   ）。

  A. 个人独资企业的出资人须具有中国国籍，但合伙企业的出资人不一定具有中国国籍

  B. 投资人违反规定应当承担民事赔偿责任和缴纳罚款、罚金，其财产不足以支付的，应当先承担民事赔偿责任

  C. 个人独资企业聘用王某管理企业事务，聘用合同中规定王某进行 3 万元以上的交易时，必须经投资人同意。王某违反了此规定，以企业的名义与不知情的 A 公司签订了 5 万元交易合同，则此合同属于超越权限的无效合同，由王某承担越权部分的责任

  D. 个人独资企业解散后，其财产不足以清偿债务的，投资人应当以其个人的其他财产予以清偿，仍不足清偿的，投资人应当以其家庭共有财产予以清偿

2. 甲、乙、丙 3 人设立了一普通合伙企业，合伙协议中约定由甲一人负责合伙事务的执行，对外代表合伙企业，下列说法正确的有（   ）。

  A. 乙、丙不再执行合伙事务

  B. 乙、丙有权监督甲执行合伙事务的情况

  C. 甲应当定期向乙、丙报告合伙事务的执行情况

  D. 甲有权拒绝乙、丙查阅合伙企业的会计账簿

3. 下列哪些选项的内容属于合伙企业应当解散的情形？（   ）

  A. 被依法吊销营业执照

  B. 合伙人已不具备法定人数

  C. 全体合伙人决定解散

  D. 合伙协议约定的经营期限届满，合伙人不愿继续经营的

4. 下列各项中，可以依法成为有限责任公司股东的有（   ）。

  A. 自然人　　　　　　　　　　　　B. 企业法人

  C. 具有法人资格的事业单位　　　　D. 有权代表国家投资的机构

5. 根据《公司法》的规定，以募集方式设立股份有限公司，发行股份的股款缴足之日起 30 日内主持召开成立大会。成立大会行使下列职权（   ）。

  A. 通过公司章程　　　　　　　　　B. 选举董事、监事

C. 作出不设立公司的决议 D. 对公司的设立费用进行审核

三、判断题

1. 国有独资公司、国有企业、上市公司以及公益性的事业单位、社会团体可以成为普通合伙人。（　）
2. 在我国，股份有限公司可以折价发行股份。（　）
3. 甲公司的董事侵占公司财产，不违反公司法的规定。（　）
4. 个人独资企业投资人可以用劳务出资。（　）
5. 有限合伙企业中的有限合伙人可以是限制民事行为能力人。（　）

四、实战模拟

2020年10月，甲、乙、丙、丁四位自然人按照《中华人民共和国合伙企业法》的规定，共同投资设立一从事餐饮的有限合伙企业。合伙协议约定了以下事项：

（1）甲以现金5万元出资，乙以房屋作价8万元出资，丙以劳务作价4万元出资，另外以商标权作价5万元出资，丁以现金10万元出资。

（2）丁为普通合伙人，甲、乙、丙均为有限合伙人。合伙企业的事务由丙和丁执行，对外代表合伙企业，甲和乙不执行合伙企业事务，也不对外代表合伙企业。

合伙协议经过相关部门纠正后，合伙企业得以成立，在当年的生产经营活动中发生了以下的事项：

（1）2020年11月，甲未经其他合伙人同意向该有限合伙企业销售了一批食品原料，经查，该事项在合伙协议中并未约定。

（2）2020年12月，丁未经其他合伙人同意购买了该有限合伙企业销售的食品，经查，该事项在合伙协议中并未约定。

（3）某日，丙因受精神刺激，突发精神分裂症，被确认丧失民事行为能力，甲、乙、丁一致要求丙退伙。

要求：根据以上事实，回答下列问题。

（1）合伙协议约定丙以劳务作价出资是否符合法律规定？并说明理由。

（2）商标权能否作为合伙人的出资？并说明理由。

（3）合伙协议约定合伙企业的事务由丙和丁执行是否符合法律规定？并说明理由。

（4）甲向合伙企业销售食品原料的行为是否合法？并说明理由。

（5）丁从合伙企业处购买食品的行为是否合法？并说明理由。

项目三　合同法律制度

【思维导图】

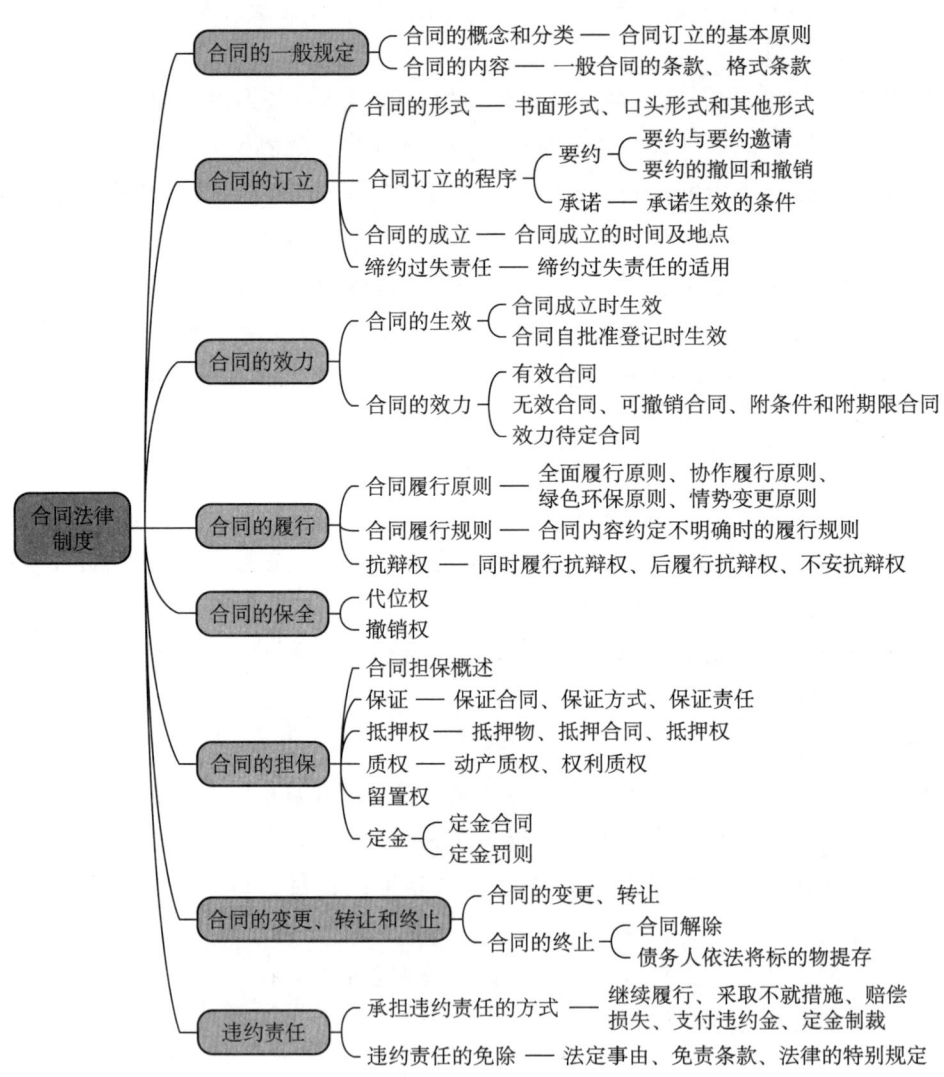

任务一　合同的一般规定

Ⅰ．任务提要

（1）合同的概念和分类；
（2）合同编的调整范围和基本原则；
（3）合同的主要内容；
（4）合同格式条款。

Ⅱ．能力提升

（1）知识目标：熟悉合同的概念和分类，合同编的调整范围和基本原则；掌握合同的主要内容和格式条款。

（2）技能目标：能准确区分 19 类典型合同、判断合同编的调整范围；会写合同；能准确判断格式条款的效力。

Ⅲ．思政融入与成效

（1）融入社会主义核心价值观：自由、平等、诚信、公平，讲解维护社会公共利益的重要性。

（2）引导认知：树立意思自治、诚实信用、公平正义理念，积极培育和践行社会主义核心价值观，具备契约精神。

Ⅳ．岗位实训

2023 年 3 月，李某委托 H 公司销售其名下的一间门面房。孙某有意购买该门面房，双方见面一番讨价还价后，在 H 公司签订房地产买卖居间合同。合同约定李某向 H 公司支付 18600 元作为居间服务佣金。李某要求 H 公司在协助办理过户手续时支付服务费。为尽快拿到佣金，H 公司承诺 60 日内办妥。然而，在办理手续的过程中却出现了变故。原来，李某认为 H 公司测算税费多，要求减少服务佣金，H 公司不同意，双方就此展开拉锯战。超过约定的过户手续办理时间后，李某委托另一家中介公司办理了房屋过户等手续。同时，李某拒绝向 H 公司支付居间服务佣金。H 公司将李某起诉至法院，要求李某支付佣金。试问：假如你是法官，将如何处理该纠纷？（本案例涉及合同订立的诚信原则等相关知识点。）

3.1 案例解析

V．知识储备

知识点 1　合同的概念和分类

一、合同及其分类

（一）合同的概念

合同是民事主体之间设立、变更、终止民事法律关系的协议。

此处的民事法律关系是指财产关系。一般情况下，涉及婚姻、收养、监护等有关身份关系的协议，不属于调整范围。《民法典》（合同编）第四百六十四条第二款规定：婚姻、收养、监护等有关身份关系的协议，适用有关该身份关系的法律规定；没有规定的，可以根据其性质参照适用本编规定。劳动关系也因涉及其自身的特殊性而由劳动法调整。

（二）合同的分类

合同可以按照不同的标准进行分类。

1. 以法律、法规是否对其名称作出明确规定为标准，可以分为有名合同和无名合同。

2. 按照除双方意思表示一致外，是否尚需交付标的物才能成立为标准，可以分为诺成合同与实践合同。

3. 按照法律、法规是否特别要求具备特定形式和手续为标准，可以分为要式合同和不要式合同。

4. 按照双方是否互负义务，可以分为双务合同和单务合同。

5. 按照当事人权利的获得是否支付代价为标准，可以分为有偿合同与无偿合同。

《民法典》（合同编）按照合同业务性质和权利义务内容的不同，将合同分为买卖合同，供用电、水、气、热力合同，赠与合同，借款合同，保证合同，租赁合同，融资租赁合同，保理合同，承揽合同，建设工程合同，运输合同，技术合同，保管合同，仓储合同，委托合同，物业服务合同，行纪合同，中介合同，合伙合同19类。

二、《民法典》（合同编）的基本原则

（一）平等原则

在法律上，合同当事人是平等主体，没有强弱、贵贱之分，彼此法律地位一律

平等。因此，根据《民法典》（合同编）的规定，合同当事人的法律地位平等，一方不得将自己的意志强加给另一方。

（二）自愿原则

自愿原则体现了民事活动的基本特征，贯穿合同活动全过程，即当事人依法享有自愿订立合同的权利，任何单位和个人不得非法干预。当然，自愿不等同于完全的自由，应当是建立在守法基础上的自由。

（三）公平原则

公平原则体现了社会公德、商业道德和合同当事人的行为准则，它要求当事人之间的权利义务公平合理，利益和风险均等平衡。

（四）诚实信用原则

要求当事人从事民事活动时，以诚实的标准要求自己，以善意的方式履行其义务，而不得滥用权利或是规避法律。

（五）遵守法律，不得损害社会公共利益原则

当事人订立履行合同，应当遵守法律、行政法规，尊重社会公德，不得扰乱社会经济秩序，损害社会公共利益。即订约双方应遵守公序良俗，在法律允许的范围内表示意思、在法律允许的范围内履行合同，而不得从事有损社会经济秩序、有害社会公共利益的活动。

（六）严守合同原则

依法成立的合同，对当事人具有法律约束力，各方应当按约履行自己的义务，不得擅自变更或解除合同。

知识点 2　合同的内容

一份完整的合同通常由三部分内容构成：开头、正文与结尾。开头通常写明合同的名称、合同号、签约地点、时间及订约目的等事项；正文属于一份合同的核心部分，即通常所提的合同主要条款，一般以条文式、表格式或是条文表格结合式来表现合同主要条款；结尾通常包括合同各方签章、单位地址、法定代表人或委托人签名、联系电话、开户银行及账户、邮政编码等内容。

一、一般合同的条款

按照订约自愿原则的要求，当事人依法可以自由约定合同的内容。因此，不同性质的合同，其内容也各不相同。通常地，一般的合同应包括下列条款：

（一）当事人的名称或者姓名和住所

当事人是合同法律关系的主体，这是每一个合同必须具备的条款。再者，事先了解当事人的住所，可以为防范欺骗提供线索。

（二）标的

标的，即合同法律关系三要素中的客体。合同标的多种多样，归纳起来共有四类：（1）有形财产，包括货币与有价证券，例如，住房买卖合同的标的是房屋；借款合同的标的是货币。（2）无形财产，例如，国有土地出让中的土地使用权；商标使用许可合同中的商标使用权。（3）劳务，是指不以有形财产体现其成果的劳动和服务，如运输合同中的运输行为。（4）工作成果，是指在合同履行过程中产生的、体现履约行为的有效物或者无形物。例如，加工承揽合同中承揽人完成的工作成果。

对合同标的的规定应当具体、明确肯定，包括名称、型号、规格、款式、品种、等级、花色、原产地、品牌等都应规定得细致、准确、清楚。

（三）数量

数量由数字和计量单位构成。提倡采用法定计量单位；否则，也应选择使用双方当事人都能共同接受的计量单位、计量方法和计量工具。

（四）质量

质量，是标的的内在素质和外观形态的综合。合同中必须对质量明确加以规定，就内在质量，国家有强制性标准规定的，必须按照规定的标准执行；如有多种质量标准的，应尽可能约定其适用的标准。当事人可以约定质量检验的方法、质量责任的期限和条件、对质量提出异议的条件与期限等。当事人还可以就实物包装及其材料进行约定。

（五）价款或者报酬

价款，一般指对提供财产的当事人支付的货币，如买卖合同的货款、借款合同中借款人向贷款人支付的利息等。报酬，一般指对提供劳务或者工作成果的当事人支付的货币，如保管合同中的保管费、技术服务中的服务费等。在签约时，应当明确规定其数额、计算方法、结算方式和程序。

（六）履行期限、地点和方式

1. 履行期限，是指当事人履行合同义务的时间界限，也就是一方当事人向对方当事人交付标的和另一方支付价金的时间界限。履行期限直接关系到合同义务完成的时间，是确定合同能否按时履行的依据。

2. 履行地点，是指当事人履行合同义务和对方当事人接受履行的地点。如采取买方提货的，履行地为提货地；卖方送货的，履行地为买方收货地。履行地点关系到标的所有权是否转移、何时转移、发生纠纷后应由何地人民法院管辖的依据问题。

3. 履行方式,是指当事人履行合同义务的具体方式和要求。例如,对于合同标的的交付方式,一般应在合同中明确规定是一次履行,还是分期分批履行;如果是分批履行,要分几批履行,每一批履行多少;是供方送货,还是需方提货,运输费用如何负担等。履行方式关系到履行合同的费用、风险由谁承担问题。

(七) 违约责任

违约责任,是指合同当事人不履行或者不完全履行合同时,依照法律或者合同的规定所应承担的法律责任。违约责任是合同具有法律约束力的重要体现,也是保证合同履行的主要条款。

(八) 解决争议的方法

解决合同争议的方法可供选择的有协商、调解、协议仲裁和诉讼四种,合同当事人对此可以自行选择。但是,仲裁与诉讼两种方法只能选择适用,不可并用。

二、格式条款

为了简化合同订立的程序,合同一方往往事先拟定了条款,以便重复使用,节省时间,于是便出现了格式条款。

(一) 格式条款的概念

格式条款,是当事人为了重复使用而预先拟定,并在订立合同时未与对方协商的条款。

(二) 格式条款使用限制的规定

当事人采用格式条款订立合同时,提供格式条款的一方,应当遵循公平原则确定当事人之间的权利和义务。为此,《民法典》(合同编)从三方面对格式条款的使用作出了限制:

1. 提供格式条款一方有提示说明的义务。提供格式条款的一方应当采取合理的方式提请对方注意免除或者限制其责任的条款,按照对方的要求,对该条款予以说明。

2. 某些格式条款的无效。格式条款有下列情形之一的,可以认定该条款无效:(1) 格式条款具有《民法典》(合同编) 的规定的无效合同的情形的。(2) 格式条款具有《民法典》(合同编) 的规定的无效免责条款情形的。(3) 提供格式条款一方免除其责任、加重对方责任、排除对方主要权利的。

3. 格式条款争议的处理。(1) 对格式条款的理解发生争议的,应当按照通常理解予以解释。(2) 对格式条款有两种以上解释的,应当作出不利于提供格式条款一方的解释。(3) 格式条款和非格式条款不一致的,应当采用非格式条款。法律之所以作出这样的规定,是因为在大多数情况下,格式条款的提供方往往处于优势地位,其总是从自身利益出发制定条款,而接受方则常常处于劣势地位。因此,为了维护公平、保护弱者,《民法典》(合同编)作出了限制格式条款制定者的解释权。

任务二　合同的订立

Ⅰ．任务提要

（1）合同订立的方式（要约、承诺）；

（2）要约的撤销；

（3）承诺生效的条件。

Ⅱ．能力提升

（1）知识目标：掌握合同的订立方式：要约、承诺；熟悉合同订立的形式、合同成立的时间和地点；了解缔约过失责任的规定；

（2）技能目标：会依法订立合同；能准确判断缔约过失责任。

Ⅲ．思政融入与成效

（1）说出去的话还能反悔吗？借条和欠条你会写吗？通过身边的小情境将契约、诚信、公平融入合同的订立中。

（2）引领认知：充分感受社会交往中平等、诚信的重要性,自觉遵守法律,实现个人理想的过程,也是助力国家富强的过程。

Ⅳ．岗位实训

3.2 案例解析

李某将装有面值80万元的汽车提货单的公文包遗忘在电影院,被王某拾得。李某在当地晨报官方微信公众号上发布"寻包启事",声明"一周内有知情送还者酬谢15000元"。王某于次日与李某取得联系,并在约定地点和时间交接钱物,但李某拒绝支付报酬,王某诉至法院。试问法院是否支持王某的诉讼请求？（本案例涉及合同订立程序中关于要约、承诺等相关知识点。）

Ⅴ．知识储备

知识点1　合同的形式

当事人订立合同,有书面形式、口头形式和其他形式。法律、行政法规规定采用书面形式的,应当采用书面形式;当事人约定采用书面形式的,也应当采用书面形式。

一、书面形式

书面形式,是指合同书、信件和数据电文(包括电报电传传真、电子数据交换和电子邮件)等可以有形地表现所载内容的形式。书面形式有据可查,对于防止争议和解决纠纷具有积极意义,它是当事人最为普遍采用的一种合同形式。

二、口头形式

口头形式,是指当事人双方就合同内容面对面或以通信设备交谈达成协议的形式。口头形式虽然直接、简便、迅速,但发生纠纷时难以举证不易分清责任。因此,对于不能即时清结的和重要的合同不宜采用口头形式。

三、其他形式

除了书面形式和口头形式外,还可以根据当事人的行为或者特定情形推定合同成立,即当事人未用语言、文字表示主张,而是根据当事人的行为表明其已经接受或在特定的情形下推定合同成立。

知识点 2　合同订立的程序

根据《民法典》(合同编)的规定,当事人订立合同,采取要约、承诺方式。这表明合同订立的程序包括要约和承诺两个阶段。

一、要约

(一)要约与要约邀请的区别

要约,是指希望和他人订立合同的意思表示。发出要约的一方称为要约人,接受要约的另一方称为受要约人。要约邀请,是指希望他人向自己发出要约的意思表示。寄送的价目表公告、招标公告、招股说明书和商业广告等都为要约邀请。商业广告的内容符合要约规定的,视为要约。

1. 要约的内容应当具体明确,具有足以使合同成立的主要条款;如果缺少某一主要条款(如数量、价款),则属于要约邀请。

2. 要约是一种法律行为,具有法律约束力,受要约人一旦作出承诺,要约人即受该意思表示的约束;而要约邀请则没有法律约束力。

(二)要约的生效、撤回、撤销和失效

1. 要约的生效时间。要约到达受要约人时生效。采用数据电文形式发出要约,

收件人指定特定系统接收数据电文的，该数据电文进入该特定系统的时间，视为要约到达时间；未指定特定系统的，该数据电文进入收件人的任何系统的首次时间，视为要约到达时间。需要注意的是，要约到达受要约人处，并不是指要约一定实际到达受要约人手中，要约只要送达到受要约人通常的地址、住所或者能够控制的地方（如信箱）即为送达；反之，即使在要约送达受要约人之前受要约人已经知道其内容，要约也不生效。

2. 要约的撤回和撤销。（1）要约在发出后、生效前，要约人可以撤回要约。撤回要约，是指要约在发出后、生效前，要约人使要约不发生法律效力的意思表示。法律之所以允许要约撤回，原因在于此时要约尚未发生法律效力，不会对受要约人产生任何影响，也不会对交易程序产生不良影响。但是由于要约到达受要约人时即生效，因此，撤回要约的通知应当在要约到达受要约人之前或者与要约同时到达受要约人。（2）在要约生效后、受要约人承诺前，要约人可以撤销要约。撤销要约，是指要约人在要约生效后、受要约人承诺前，使要约丧失法律效力的意思表示。撤销要约的通知应当在受要约人发出承诺通知之前到达受要约人。由于撤销要约可能会给受要约人带来不利的影响，损害受要约人的利益，因此，《民法典》（合同编）的规定了两种不得撤销要约的情形：一是要约人确定了承诺期限或者以其他形式明示要约不可撤销；二是受要约人有理由认为要约是不可撤销的，并已经为履行合同作了准备工作。

上述规定既有利于要约人根据市场等因素的变化灵活从事交易活动，又有利于保障受要约人的利益不受损害，同时也维护了要约的效力。

3. 要约的失效。要约的失效，是指要约失去法律效力，对要约人和受要约人均不再具有法律约束力。《民法典》（合同编）的规定了要约失效的情形：（1）拒绝要约的通知到达要约人；（2）要约人依法撤销要约；（3）承诺期限届满，受要约人未作出承诺。有时要约中没有规定承诺期限，通常情况下要约发出后，受要约人在合理期限内未作出承诺的，则要约失效。合理期限，是指依通常性可期待承诺到达的期间；（4）受要约人对要约的内容作出实质性变更。这是指有关合同标的、数量、质量、价款或者报酬、履行期限、履行地点和方式、违约责任和解决争议方法等的变更。该行为属于反要约，是对原要约的拒绝，从而使原要约失去法律效力，因此，原要约人不再受该要约的约束。

【真题演练3-1 单项选择题】根据合同法律制度的规定，下列关于要约的表述中，正确的是（　　）。

A. 要约只能向特定人发出，不得向非特定人发出

B. 要约与撤回要约的通知同时到达受要约人的，不影响要约生效

C. 要约不得撤销

D. 要约因遭到拒绝而失效

【答案】D

【解析】本题考核要约。要约可以向特定人发出，也可以向非特定人发出，选项 A 错误。撤回要约的通知应当在要约到达受要约人之前或者与要约同时到达受要约人，撤回要约导致要约不生效，选项 B 错误。要约可以依法撤销，选项 C 错误。要约失效的情形包括：（1）要约被拒绝；（2）要约被依法撤销；（3）承诺期限届满，受要约人未作出承诺；（4）受要约人对要约的内容作出实质性变更，选项 D 正确。

【试题来源】2022 年注册会计师全国统一考试专业阶段考试《经济法》真题

二、承诺

（一）承诺及其方式

承诺，是受要约人同意要约的意思表示。承诺到达要约人时生效；承诺生效时，合同成立。

《民法典》（合同编）的规定，承诺应当以通知的方式作出，但根据交易习惯或者要约表明可以通过行为作出承诺的除外。不过，通常对沉默或不作为不能视为承诺。

（二）承诺生效的条件

一项有效的承诺应当具备的条件：

1. 承诺必须由受要约人（或其代理人）向要约人作出。受要约人是要约人选定的交易相对方，只有受要约人（或其代理人）才有权作出承诺；再说承诺是受要约人对要约同意的答复，当然是向要约人作出。

2. 承诺的内容应当与要约的内容相一致。《民法典》（合同编）的规定，承诺对要约的内容作出非实质性变更的，除要约人及时表示反对或者要约表明承诺不得对要约的内容作出任何变更的以外，该承诺有效，合同的内容以承诺的内容为准。

3. 承诺应当在法律或者要约确定的期限内到达要约人。超过规定的期限，会导致要约的失效，对失效的要约作出承诺，不具有承诺的效力，只能视为受要约人发出新要约。要约以信件或电报作出的，承诺期限自信件载明的日期或者电报交发之日开始计算，信件未载明日期的，自投寄该信件的邮戳日期开始计算；要约以电话、传真等快速通信方式作出的，承诺期限自要约到达受要约人时开始计算。《民法典》（合同编）并就下列两种特殊情形作出了规定：一是受要约人在承诺期限内发出承诺，按照通常情形能够及时到达要约人，但因其他原因承诺到达要约人时超过承诺期限的，除要约人及时通知受要约人因承诺超过期限不接受该承诺的以外，该承诺有效;二是受要约人超过承诺期限发出承诺的,除要约人及时通知受要约人该承诺有效的以外,为新要约。

(三)承诺的撤回

承诺也是可以撤回的。承诺的撤回,是指受要约人阻止承诺发生法律效力的意思表示。由于承诺一经送达要约人即发生法律效力,合同即告成立,所以,撤回承诺的通知应当在承诺通知到达要约人之前或者与承诺通知同时到达要约人。

知识点3 合同的成立

一、合同成立的时间

一般情况下,承诺生效时合同即告成立。至于合同成立的具体时间依不同情况而定:

1. 当事人采用合同书形式订立合同的,自双方当事人签字或者盖章时起合同成立。在签字或者盖章之前,当事人一方已经履行主要义务并且对方接受的,该合同成立。

2. 当事人采用信件、数据电文等形式订立合同的,可以在合同成立之前要求签订确认书,签订确认书时合同成立。

3. 法律、行政法规规定或者当事人约定采用书面形式订立合同,当事人未采用书面形式,但一方已经履行主要义务并且对方接受的,该合同成立。

4. 当事人签订要式合同的,以法律、法规规定的特殊形式(如公证)要求完成的时间为合同成立时间。

5. 当事人对合同是否成立存在争议,人民法院能够确定当事人名称或者姓名、标的和数量的,一般应当认定合同成立。但法律另有规定或者当事人另有约定的除外。

二、合同成立的地点

合同成立的地点关系到合同的管辖权,直接影响到当事人的权利义务。一般来说,承诺生效的地点为合同的成立地点,具体有以下几种情况:

1. 采用数据电文形式订立合同的,收件人的主营业地为合同成立的地点;没有主营业地的,其经常居住地为合同成立的地点。

2. 当事人采用合同书、确认书形式订立合同的,双方当事人签字或者盖章的地点为合同成立的地点。

根据《民法典》(合同编)的规定:(1)采用书面形式订立合同,合同约定的签订地与实际签字或者盖章地点不符的,人民法院应当认定约定的签订地为合同签订地；合同没有约定签订地，双方当事人签字或者盖章不在同一地点的，人民法院应当认定最后签字或者盖章的地点为合同签订地。（2）当事人采用合同书形式订立合同的，应当签字或者盖章；当事人在合同书上摁手印的，人民法院应当认定其具有与签字或者盖章同等的法律效力。

3. 合同需要完成特殊的约定或法律形式才能成立的，以完成合同的特殊约定或法定形式的地点为合同的成立地点。

4. 当事人对合同的成立地点另有约定的，按照其约定。

知识点 4　缔约过失责任

一、缔约过失责任的概念

缔约过失责任，是指当事人在订立合同的过程中，因违背诚实信用原则给对方造成损失时所应承担的损害赔偿责任。缔约过失责任不同于违约责任，缔约过失责任发生于合同订立阶段，承担违约责任的前提是合同已成立并生效。

二、缔约过失责任的适用

根据《民法典》（合同编）的规定，当事人在订立合同过程中有下列情形之一，给对方造成损失的，应当承担损害赔偿责任。赔偿额以受害人的损失为限，包括直接利益的减少和间接利益的损害。

1. 假借订立合同，恶意进行磋商。
2. 故意隐瞒与订立合同有关的重要事实或者提供虚假情况。
3. 当事人在订立合同过程中知悉的商业秘密，无论合同是否成立，泄露或者不正当使用的。
4. 有其他违背诚实信用原则的行为。

任务三　合同的效力

Ⅰ. 任务提要

（1）合同生效的规定；
（2）无效合同；
（3）可撤销合同；
（4）效力待定合同。

Ⅱ. 能力提升

（1）知识目标：掌握合同生效的规定、效力待定合同；熟悉无效合同、可撤销合同。

（2）技能目标：能准确判断合同的效力。

Ⅲ. 思政融入与成效

（1）融入社会主义核心价值观：诚信、友善，选取生活中案例辨析合同的效力。

（2）引领认知：社会的文明发展离不开每个人的诚信守法，树立正确劳动观，以不劳而获为耻。

Ⅳ. 岗位实训

农民赵某家中有一花瓶，系赵某的祖父留下。李某通过他人得知赵某家有一清朝花瓶，遂上门索购。赵某不知该花瓶真实价值，李某用15000元买下。随后，李某将该花瓶送至某拍卖行进行拍卖，卖得价款110000元。赵某在一个月后得知此事，认为李某欺骗了自己，通过许多渠道找到李某，要求李某退回花瓶。李某以买卖花瓶是双方自愿的，不存在欺骗，拒绝赵某的请求。经人指点，赵某到李某所在地人民法院提起诉讼，请求撤销合同，并请求李某返还该花瓶。试分析：赵某的诉讼请求有无法律依据？法院应如何处理？（本案例涉及合同效力及其后果处理等相关知识点。）

3.3 案例解析

Ⅴ. 知识储备

知识点1　合同的生效

一、合同成立时生效

根据《民法典》（合同编）的规定，依法成立的合同，自成立时生效，但是法律另有规定或者当事人另有约定的除外。

二、合同自批准登记时生效

法律、行政法规规定应当办理批准等手续的，依照其规定。未办理批准等手续影响合同生效的，不影响合同中履行报批等义务条款以及相关条款的效力。应当办理申请批准等手续的当事人未履行义务的，对方可以请求其承担违反该义务的责任。

依照法律、行政法规的规定，合同的变更、转让、解除等情形应当办理批准等手续的，适用上述规定。

知识点 2　合同的效力

订立合同属于民事法律行为，《民法典》（合同编）对合同的效力没有规定的，适用本书"项目一任务三知识点 1 民事法律行为"的有关规定。即合同的效力：有效合同、无效合同、可撤销合同、附条件和附期限合同，适用前面的有关规定。下面仅补充前面没有的规定。

一、效力待定合同

（一）效力待定合同的概念

效力待定合同，是指已经成立但效力尚未确定需由第三人来确定的合同。如果第三人追认，该合同自始有效，如果第三人不予追认，该合同自始无效。这里的第三人追认，是指第三人对无权实施民事行为的当事人所为的民事行为的一种事后承认。

（二）效力待定合同的类型

1. 限制民事行为能力人订立的合同。

限制民事行为能力人订立的纯获利益的合同或者与其年龄、智力、精神健康状况相适应的合同有效；订立的其他合同经法定代理人同意或者追认后有效。

相对人可以催告法定代理人自收到通知之日起 30 日内予以追认。法定代理人未作表示的，视为拒绝追认。民事法律行为被追认前，善意相对人有撤销的权利。撤销应当以通知的方式作出。

2. 无权代理人以他人名义签订的合同。

无权代理人实施的民事行为，如行为人没有代理权、超越代理权或者代理权终止后，仍然实施代理行为，未经被代理人追认的，对被代理人不发生效力。

相对人可以催告被代理人自收到通知之日起 30 日内予以追认。被代理人未作表示的，视为拒绝追认。行为人实施的行为被追认前，善意相对人有撤销的权利。撤销应当以通知的方式作出。

无权代理人以被代理人的名义订立合同，被代理人已经开始履行合同义务或者接受相对人履行的，视为对合同的追认。

二、法定代表人、负责人超越权限订立的合同

法人的法定代表人或者非法人组织的负责人超越权限订立的合同，除相对人知道或者应当知道其超越权限外，该代表行为有效，订立的合同对法人或者非法人组织发生效力。

三、当事人超越经营范围订立的合同

当事人超越经营范围订立的合同的效力，应当依照《民法典》民事法律行为的效力和合同编的有关规定确定，不得仅以超越经营范围确认合同无效。

四、免责条款无效的认定

《民法典》（合同编）的规定，合同中的下列免责条款无效：（1）造成对方人身损害的；（2）因故意或者重大过失造成对方财产损失的。

五、合同不生效、无效、被撤销或者终止的法律后果

合同不生效、无效、被撤销或者终止的，不影响合同中有关解决争议方法的条款的效力。

【真题演练3-2多项选择题】下列各项中，属于可撤销合同的有（　　）。

A. 因受欺诈订立的合同　　　　　　B. 因受胁迫订立的合同
C. 因重大误解订立的合同　　　　　D. 以虚假表示订立的合同

【答案】ABC

【解析】本题考核可撤销的民事法律行为。可撤销的民事法律行为包括因重大误解而为的民事法律行为、受欺诈而为的民事法律行为、受胁迫而为的民事法律行为、显失公平的民事法律行为。选项D属于无效的民事法律行为。

【试题来源】2021年注册会计师全国统一考试专业阶段考试《经济法》真题

任务四　合同的履行

Ⅰ．任务提要

（1）合同履行原则及规则；

（2）抗辩权的行使（同时履行抗辩权、后履行抗辩权、不安抗辩权）。

Ⅱ．能力提升

（1）知识目标：掌握合同履行的规则、抗辩权的行使；熟悉合同履行的原则。

（2）技能目标：能够依法履行合同；正确行使合同抗辩权。

Ⅲ．思政融入与成效

（1）从防范合同诈骗讲解合同履行中注意事项，强调诚信守约是最佳履行合同方式。

（2）引领认知：诚信是立人之本，不诚信的行为不仅是不道德的，甚至会被追究法律责任。

Ⅳ. 岗位实训

甲为一著名表演艺术家，乙为一家演出公司。甲、乙之间签订了一份演出合同，约定甲在乙主办的一场演出中出演一个节目，由乙预先支付给甲演出劳务费 5 万元。后来，在合同约定支付劳务费的期限到来之前，甲因一场车祸而受伤住院。乙通过向医生询问甲的伤情得知，在演出日之前，甲的身体有康复的可能，但也不排除甲的伤情会恶化，以至于不能参加原定的演出。基于上述情况，乙向甲发出通知，主张暂不予支付合同中所约定的 5 万元劳务费。试问：乙公司的做法是否合法？（本案例涉及不安抗辩权的行使等相关知识点。）

3.4 案例解析

Ⅴ. 知识储备

知识点 1　合同履行原则

一、全面履行原则

全面履行原则是指合同的当事人在适当的时间、适当的地点，以适当的方式按照合同中约定的标的及其数量、质量，由适当的主体，全面完成合同义务的履行原则。因此，当事人应当按照约定全面履行自己的义务。

二、协作履行原则

协作履行原则是诚实信用原则在合同履行中的要求，是指当事人应当遵循诚信原则，根据合同的性质、目的和交易习惯履行通知、协助、保密等义务。

三、绿色环保原则

绿色环保原则是指当事人在履行合同过程中，应当避免浪费资源、污染环境和破坏生态。

四、情势变更原则

合同成立后，合同的基础条件发生了当事人在订立合同时无法预见的、不属于商业风险的重大变化，继续履行合同对于当事人一方明显不公平的，受不利影响的当事人可以与对方重新协商；在合理期限内协商不成的，当事人可以请求人民法院或者仲裁机构变更或者解除合同。人民法院或者仲裁机构应当结合案件的实际情况，根据公平原则变更或者解除合同。

知识点 2　合同履行规则

一、合同内容约定不明确时的履行规则

（一）合同内容约定不明确时履行的总规则

合同生效后，当事人就质量、价款或者报酬、履行地点等内容没有约定或者约定不明确的，可以协议补充；不能达成补充协议的，按照合同相关条款或者交易习惯确定。

（二）合同内容约定不明确时履行的具体规则

1. 质量要求不明确的，按照强制性国家标准履行；没有强制性国家标准的，按照推荐性国家标准履行；没有推荐性国家标准的，按照行业标准履行；没有国家标准、行业标准的，按照通常标准或者符合合同目的的特定标准履行。

2. 价款或者报酬不明确的，按照订立合同时履行地的市场价格履行；依法应当执行政府定价或者政府指导价的，依照规定履行。

3. 履行地点不明确，给付货币的，在接受货币一方所在地履行；交付不动产的，在不动产所在地履行；其他标的，在履行义务一方所在地履行。

4. 履行期限不明确的，债务人可以随时履行，债权人也可以随时请求履行，但是应当给对方必要的准备时间。

5. 履行方式不明确的，按照有利于实现合同目的的方式履行。

6. 履行费用的负担不明确的，由履行义务一方负担；因债权人原因增加的履行费用，由债权人负担。

二、执行政府定价或者政府指导价的合同的履行规则

执行政府定价或者政府指导价的，在合同约定的交付期限内政府价格调整时，按照交付时的价格计价。逾期交付标的物的，遇价格上涨时，按照原价格执行；价格下降时，逾期提取标的物或者逾期付款的，遇价格上涨时，按照新价格执行；价格下降时，按照原价格执行（见表 3-1）。

表 3-1　执行政府定价或者政府指导价的合同的履行规则

履约情况	遇价格上涨时	遇价格下降时
按期交付标的物	按照交付时的价格计价	按照交付时的价格计价
逾期交付标的物	按照原价格执行	按照新价格执行
逾期提取标的物	按照新价格执行	按照原价格执行
逾期付款	按照新价格执行	按照原价格执行

三、涉及第三人的合同履行规则

不管是"向第三人履行"的合同还是"由第三人履行"的合同,"第三人"都不是合同的当事人,应当"由债务人向债权人"承担违约责任,而与第三人无关。

(一)向第三人履行的合同

当事人约定由债务人向第三人履行债务,债务人未向第三人履行债务或者履行债务不符合约定的,应当向债权人承担违约责任。

法律规定或者当事人约定第三人可以直接请求债务人向其履行债务,第三人未在合理期限内明确拒绝,债务人未向第三人履行债务或者履行债务不符合约定的,第三人可以请求债务人承担违约责任;债务人对债权人的抗辩,可以向第三人主张。

(二)由第三人履行的合同

当事人约定由第三人向债权人履行债务,第三人不履行债务或者履行债务不符合约定的,债务人应当向债权人承担违约责任。

四、提前履行和部分履行的规则

(一)债务人提前履行债务

债务人提前履行债务的,债权人可以拒绝债务人提前履行债务,但是提前履行不损害债权人利益的除外。因债务人提前履行债务给债权人增加的费用,由债务人负担。

(二)债务人部分履行债务

债务人部分履行债务的,债权人可以拒绝债务人部分履行债务,但是部分履行不损害债权人利益的除外。因债务人部分履行债务给债权人增加的费用,由债务人负担。

五、合同履行的其他规定

合同生效后,当事人不得因姓名、名称的变更或者法定代表人、负责人、承办人的变动而不履行合同义务。

知识点 3　抗辩权

一、同时履行抗辩权

当事人互负债务,没有先后履行顺序的,应当同时履行。一方在对方履行之前有权拒绝其履行请求。一方在对方履行债务不符合约定时，有权拒绝其相应的履行请求。

二、后履行抗辩权

当事人互负债务，有先后履行顺序，应当先履行债务一方未履行的，后履行一方有权拒绝其履行请求。先履行一方履行债务不符合约定的，后履行一方有权拒绝其相应的履行请求。

三、不安抗辩权（又称先履行抗辩权）

（一）中止履行

当事人互负债务，有先后履行顺序，应当先履行债务的当事人，有确切证据证明对方有下列情形之一的，可以中止履行：(1) 经营状况严重恶化；(2) 转移财产、抽逃资金，以逃避债务；(3) 丧失商业信誉；(4) 有丧失或者可能丧失履行债务能力的其他情形。如债权人分立、合并或者变更住所没有通知债务人，致使履行债务发生困难的，债务人可以中止履行或者将标的物提存。

当事人没有确切证据中止履行的，应当承担违约责任。

（二）解除合同

当事人依法中止履行的，应当及时通知对方。对方提供适当担保的，应当恢复履行。中止履行后，对方在合理期限内未恢复履行能力且未提供适当担保的，视为以自己的行为表明不履行主要债务，中止履行的一方可以解除合同并可以请求对方承担违约责任。

【真题演练3-3 单项选择题】合同中约定：甲先付款，乙再发货。后甲未付款却要求乙发货，乙予以拒绝。依照合同法律制度的规定，乙能够行使（　　）。

A. 同时履行抗辩权　　　　　　　B. 后履行抗辩权
C. 先诉抗辩权　　　　　　　　　D. 不安抗辩权

【答案】B

【解析】本题涉及双务合同履行中的后履行抗辩权问题

【试题来源】2021年注册会计师全国统一考试专业阶段考试《经济法》真题

任务五　合同的保全

Ⅰ. 任务提要

(1) 合同保全；

（2）代位权；
（3）撤销权。

Ⅱ．能力提升

（1）知识目标：掌握合同保全的概念、代位权和撤销权的规定。
（2）技能目标：能够正确行使代位权、撤销权。

Ⅲ．思政融入与成效

（1）融入公平、正义价值观，明确债权人合法行使代位权和撤销权的条件。
（2）引领认知：法律的精神——公平、正义。

Ⅳ．岗位实训

被告某房地产开发公司长期拖欠原告某建筑公司工程款 2500 万元，原告多次催要，被告均提出因资金周转困难暂时无力支付。2020 年 10 月，原告再次向被告催要工程款。此时被告提出，某贸易集团公司向其购买了 10 套总价值 800 万元的商品房，2021 年 3 月，被告将收到这笔货款，同时还清欠款。至于不足部分，被告还表示准备将其一栋办公楼卖给他人。按当时市价，该办公楼估计为 1600 万元。在原告催款后不久，即 2021 年 5 月，被告将其办公楼以低于估价 1600 万元的价款卖给第三人，得价款 1000 万元。第三人在与被告商谈办公楼买卖时也知道被告负债累累，其以较低的价款出售办公楼无非是受债权人所迫。2021 年 6 月，原告得知办公楼被卖，同时还了解到贸易集团公司已向被告支付了 500 万元房款，另 300 万元因被告提出将与贸易集团公司联营成立一家新公司，因此，延迟支付。此后，原告在与被告多次协商催付欠款未果的情况下，向法院提起诉讼，要求被告和贸易集团公司支付工程款，并请求法院撤销被告低价出售办公楼的行为。试问：原告的诉讼请求能否得到法院的支持？（本案例涉及合同保全、代位权和撤销权等相关知识点。）

3.5 案例解析

Ⅴ．知识储备

为防止因债务人财产的不当减少而给债权人的债权带来损失，法律允许债权人享有保全措施，包括代位权的行使和撤销权的行使。

知识点 1　代位权

一、代位权的概念

代位权，是指债务人怠于行使权利，债权人为保全债权，以自己的名义向第三人（即债务人的债务人，又称次债务人）行使债务人现有债权的权利。

债权人行使代位权且通知债务人后。债务人的权利并未丧失，只是债务人处分权的行使应受到限制，债务人只能在不损害债权人利益的情况下可以行使其权利。

二、代位权的发生应当具备的条件

1. 存在两个合法的债权。即债权人对债务人享有债权，债务人对第三人享有债权。

2. 债务人怠于行使其债权，对债权人造成损害。所谓怠于行使债权，即债务人对应当行使的权利，能够行使而不行使。

3. 债权人的债权已到期，债务人对第三人享有的债权也已到期。

4. 债务人的债权不是专属于债务人自身的债权。所谓专属于债务人自身的债权是指基于抚养关系、扶养关系、赡养关系、继承关系产生的给予请求权和劳动报酬、退休金、养老金、抚恤金、安置金、人寿保险、人身伤害赔偿请求权等权利。

三、代位权诉讼

1. 债权人是原告，次债务人是被告。

2. 如果债权人胜诉的，由次债务人承担诉讼费用，其他必要费用则由债务人承担。

3. 代位权诉讼由被告住所地人民法院管辖。

四、代位权行使的法律效果

1. 经人民法院审理后认定代位权成立的，由次债务人向债权人履行清偿义务，债权人与债务人、债务人与次债务人之间相应的债权债务关系即予消灭。

2. 债权人的债权就代位权行使的结果有优先受偿权利。但是，当债权人有数人时，一人行使代位权能够保全其他债权人的债权的，其他债权人不能再就同一债权重复行使代位权。且行使代位权的债权人不能因此获得优先受偿权，应与其他债权人处于同等地位受偿。

3. 在代位权诉讼中，次债务人对债务人的抗辩，可以向债权人主张。

4. 代位权的行使范围以债权人的债权为限。

知识点 2　撤销权

一、撤销权的概念

债权人行使的撤销权，是指债权人对于债务人危害债权实现的行为，有请求人民法院撤销该行为的权利。根据《民法典》（合同编）的规定，因债务人放弃其到期债权、无偿转让财产或者以明显不合理的低价转让财产，并且受让人知道该情形的，或者债务人以明显不合理的高价收购他人财产对债权人造成损害的，债权人可以请求人民法院撤销债务人该行为。

行使撤销权是针对债务人的积极行为行使的权利，必须由债权人向法院起诉，由法院作出撤销债务人行为的判决才能发生撤销的效果。

二、引起撤销权发生的要件

（一）客观要件

1. 须有债务人的行为，即有债务人减少其财产或增加财产负担的行为。前者如赠与、放弃债权、低价销售等行为，后者如为第三人提供担保、高价收购他人财产等行为。

2. 须有债务人的行为危害到债权，即债务人的上述行为导致财产的减少将会使债权得不到清偿。

3. 债务人的行为须在债权成立后所为。

（二）主观要件

这是指债务人与第三人所作行为具有恶意，即明知行为有害于债权而仍为之。

1. 对无偿行为，仅以债务人恶意为满足条件。即债务人放弃到期债权或无偿转让财产，对债权人造成损害的，此时无论第三人善意还是恶意取得，均可撤销。

2. 对债务人的有偿行为，以债务人恶意和第三人恶意为满足条件。即债务人以明显不合理的低价转让财产对债权人造成损害的，如果第三人是恶意取得的可以撤销；如果第三人是善意取得的则不能撤销。同理，债务人以明显不合理的高价收购他人财产，人民法院可以根据债权人的申请，依法予以撤销。

根据相关法律条文的规定，转让价格达不到交易时交易地的指导价或者市场交易价70%的，一般可以视为明显不合理的低价；对转让价格高于当地指导价或者市场交易价30%的，一般可以视为明显不合理的高价。

三、撤销权的时效

根据《民法典》（合同编）的规定，撤销权自债权人知道或者应当知道撤销事由之日起一年内行使。自债务人的行为发生之日起5年内没有行使撤销权的，该撤销权消灭。这实际上规定了两类期限：一是关于一年的规定，属于诉讼时效的规定，可以适用时效的中止、中断、延长的规定；二是关于5年的规定，属于除斥期间的规定，不适用时效的中止、中断、延长的规定。

四、撤销权诉讼

1. 债权人为原告,债务人为被告,受益人或受让人为诉讼中的第三人。
2. 债权人行使撤销权所支付的律师代理费、差旅费等必要费用由债务人负担;第三人有过错的,应当适当分担。
3. 撤销权诉讼由被告住所地人民法院管辖。

五、行使撤销权的法律效果

1. 一旦人民法院确认债权人的撤销权成立,债务人的处分行为即自始无效。
2. 撤销权的行使范围以债权人的债权为限。
3. 撤销权行使的目的是恢复债务人的财产,而不是直接对债权人清偿。因此,债权人就撤销权行使的结果并无优先受偿权利,债权仍然要通过债务人的债务履行得以实现。

任务六 合同的担保

Ⅰ.任务提要

（1）无效担保合同的责任界定；
（2）合同担保的5种方式（保证、抵押权、质权、留置权、定金）。

Ⅱ.能力提升

（1）知识目标：掌握保证合同、定金罚则；熟悉抵押权、质权、留置权的规定。
（2）技能目标：能依法签订保证合同；正确行使抵押权、质权、留置权,交付定金。

Ⅲ.思政融入与成效

（1）引入婚姻家庭中的"海誓山盟",强调和谐、公平价值观,明确五种担保方式,学会如何防范校园贷。
（2）引领认知：学生树立风险防范意识,诚信做人,友善待人,勇于承担风险和责任。

Ⅳ.岗位实训

2020年4月1日,A公司与甲银行签订一份贷款合同,约定贷款金额为人民币1000万元,借款期限为1年。当天,A公司将其价值800万元的一宗土地的建设用地使用权抵押给甲银行,签订了抵押合同并办理了抵押登记。同时,B公司担任此笔债务的保证人，与甲银行签订了保证合同，但没有约定保证方式、保证期间以及人的担保和物的担保的先后顺序。抵押合同签订后，A 公司依法办理了规划、施工许可等手续，在设定抵押权的土地上开工建设厂房。试问：若 B 公司按合同承担保证责任，其保证方式是什么？保证期间为多长？（本案例涉及保证合同等相关知识点。）

3.6 案例解析

Ⅴ．知识储备

知识点 1　合同担保概述

一、合同担保的概念

合同担保是指依照法律规定，或由当事人双方协商约定的，为保障合同债权实现的法律措施。设定合同担保的根本目的，是保证合同的切实履行，既保障合同债权人实现其债权，也促使合同债务人履行其债务。担保有保证、抵押权、质权、留置权和定金 5 种方式。

担保活动应当遵循平等、自愿、公平、诚信的原则。担保合同通常在订立合同的同时成立，它是主合同的从合同，担保合同既可以是主合同中的担保条款，也可以是单独订立的书面合同。

二、无效担保合同

担保合同是主债权债务合同的从合同。主债权债务合同无效的，担保合同无效，但是法律另有规定的除外。

担保合同被确认无效后，债务人、担保人、债权人有过错的，应当根据其过错各自承担相应的民事责任。

三、保证、抵押并存时的规定

被担保的债权既有物的担保又有人的担保的，债务人不履行到期债务或者发生当事人约定的实现担保物权的情形，债权人应当按照约定实现债权；没有约定或者约定不明确，债务人自己提供物的担保的，债权人应当先就该物的担保实现债权；第三人提供物的担保的，债权人可以就物的担保实现债权，也可以请求保证人承担保证责任。提供担保的第三人承担担保责任后，有权向债务人追偿。

四、担保物权的消灭

有下列情形之一的，担保物权消灭：（1）主债权消灭；（2）担保物权实现；

(3)债权人放弃担保物权;(4)法律规定担保物权消灭的其他情形。

知识点2 保证

一、保证的概念

保证,是指由保证人和债权人约定,当债务人不履行债务时,保证人按照约定履行债务或者承担责任的行为。在保证法律关系中,提供保证的第三人为保证人。保证人必须是债权人和债务人以外的第三人为他人的债务担保,债务人不得为自己的债务作保证。

二、保证人的资格

根据《民法典》(合同编)的规定,具有代为清偿债务能力的自然人、法人或者其他组织,可以作保证人。为此,《民法典》(合同编)对保证人的资格作了限制:机关法人不得为保证人,但是经国务院批准为使用外国政府或者国际经济组织贷款进行转贷的除外。以公益为目的的非营利法人、非法人组织不得为保证人。

同一债务有两个以上保证人的,保证人应当按照保证合同约定的保证份额,承担保证责任;没有约定保证份额的,债权人可以请求任何一个保证人在其保证范围内承担保证责任。

三、保证合同和保证方式

(一)保证合同

保证合同是为保障债权的实现,保证人和债权人约定,当债务人不履行到期债务或者发生当事人约定的情形时,保证人履行债务或者承担责任的合同。

保证合同是主债权债务合同的从合同。主债权债务合同无效的,保证合同无效,但是法律另有规定的除外。保证合同被确认无效后,债务人、保证人、债权人有过错的,应当根据其过错各自承担相应的民事责任。

保证合同的内容一般包括被保证的主债权的种类、数额,债务人履行债务的期限,保证的方式、范围和期间等条款。

【真题演练3-4多项选择题】根据合同法律制度的规定,下列关于保证合同属性的表述中,正确的有( )。

A. 保证合同属于单务合同 B. 保证合同属于无偿合同
C. 保证合同属于诺成合同 D. 保证合同属于从合同

【答案】ABCD

【解析】本题考核保证合同。保证合同中,只有保证人承担债务,债权人不负对待给付义务,故为单务合同。保证合同中,保证人对债权人承担保证债务,债权人对此不提供相应对价,故为无偿合同。保证合同因保证人和债权人协商一致而成立,不需另行交付标的物,故为诺成合同。主民事法律行为是指不需要有其他民事法律行为的存在就可独立成立的民事法律行为,从民事法律行为是指从属于其他民事法律行为而存在的民事法律行为;如当事人之间订立一项借贷合同,为保证该合同的履行,又订立一项担保合同,其中,借贷合同是主合同,担保合同为从合同;因此保证合同是从合同。

【试题来源】2022 年注册会计师全国统一考试专业阶段考试《经济法》真题

(二) 保证方式

保证的方式包括一般保证和连带责任保证。当事人在保证合同中对保证方式没有约定或者约定不明确的,按照一般保证承担保证责任。

1. 一般保证。当事人在保证合同中约定,债务人不能履行债务时,由保证人承担保证责任的,为一般保证。

一般保证的保证人在主合同纠纷未经审判或者仲裁,并就债务人财产依法强制执行仍不能履行债务前,有权拒绝向债权人承担保证责任。这是因为一般保证的保证人,享有先诉抗辩权,即债务人不能履行到期债务时,债权人应当首先对债务人提起诉讼。在保证期间内,如果债权人未对债务人提起诉讼,保证人可以免除保证责任。

但是有下列情形之一,保证人不得行使先诉抗辩权:(1) 债务人下落不明,且无财产可供执行;(2) 人民法院已经受理债务人破产案件;(3) 债权人有证据证明债务人的财产不足以履行全部债务或者丧失履行债务能力;(4) 保证人书面表示放弃本款规定的权利。

2. 连带责任保证。当事人在保证合同中约定保证人和债务人对债务承担连带责任的,为连带责任保证。连带责任保证的债务人不履行到期债务或者发生当事人约定的情形时,债权人可以请求债务人履行债务,也可以请求保证人在其保证范围内承担保证责任。

四、保证责任

根据《民法典》(合同编)的规定,保证的范围包括主债权及其利息、违约金、损害赔偿金和实现债权的费用。当事人另有约定的,按照其约定。

(一) 保证期间保证责任的规定

1. 债权人转让债权时的保证责任。保证期间,债权人转让全部或者部分债权,未通知保证人的,该转让对保证人不发生效力。保证人与债权人约定禁止债权转让,债权人未经保证人书面同意转让债权的,保证人对受让人不再承担保证责任。

2. 债务人转让债务时的保证责任。保证期间,债权人未经保证人书面同意,允许债务人转移全部或者部分债务,保证人对未经其同意转移的债务不再承担保证责任,但是债权人和保证人另有约定的除外。第三人加入债务的,保证人的保证责任不受影响。

3. 债权人放弃债权时的保证责任。一般保证的保证人在主债务履行期限届满后,向债权人提供债务人可供执行财产的真实情况,债权人放弃或者怠于行使权利致使该财产不能被执行的,保证人在其提供可供执行财产的价值范围内不再承担保证责任。

(二)保证期间与保证诉讼时效的规定

1. 保证期间。保证期间是确定保证人承担保证责任的期间,不发生中止、中断和延长。

债权人与保证人可以约定保证期间,但是约定的保证期间早于主债务履行期限或者与主债务履行期限同时届满的,视为没有约定;没有约定或者约定不明确的,保证期间为主债务履行期限届满之日起6个月。

债权人与债务人对主债务履行期限没有约定或者约定不明确的,保证期间自债权人请求债务人履行债务的宽限期届满之日起计算。

2. 保证的诉讼时效。一般保证的债权人未在保证期间对债务人提起诉讼或者申请仲裁的,保证人不再承担保证责任。一般保证的债权人在保证期间届满前对债务人提起诉讼或者申请仲裁的,从保证人拒绝承担保证责任的权利消灭之日起,开始计算保证债务的诉讼时效。

连带责任保证的债权人未在保证期间请求保证人承担保证责任的,保证人不再承担保证责任。连带责任保证的债权人在保证期间届满前请求保证人承担保证责任的,从债权人请求保证人承担保证责任之日起,开始计算保证债务的诉讼时效。

(三)特殊情形下的保证责任

1. 保证人可以要求债务人提供反担保。

2. 保证人与债权人可以协商订立最高额保证的合同,约定在最高债权额限度内就一定期间连续发生的债权提供保证。

3. 保证人可以主张债务人对债权人的抗辩。债务人放弃抗辩的,保证人仍有权向债权人主张抗辩。

4. 债务人对债权人享有抵销权或者撤销权的,保证人可以在相应范围内拒绝承担保证责任。

五、保证人的追偿权

保证人承担保证责任后，除当事人另有约定外，有权在其承担保证责任的范围内向债务人追偿，享有债权人对债务人的权利，但是不得损害债权人的利益。

知识点 3　抵押权

一、抵押与抵押物

（一）抵押

抵押，是指为担保债务的履行，债务人或者第三人不转移财产的占有，将该财产抵押给债权人的，债务人不履行到期债务或者发生当事人约定的实现抵押权的情形，债权人有权就该财产优先受偿。在抵押法律关系中，债务人或者第三人为抵押人，债权人为抵押权人，提供担保的财产为抵押财产。

（二）抵押物

抵押物，又称为抵押财产，是指抵押人用以设定抵押权的财产。

1. 可以抵押的财产。按照《民法典》（物权编）的规定，债务人或者第三人有权处分的下列财产可以抵押：（1）建筑物和其他土地附着物；（2）建设用地使用权；（3）海域使用权；（4）生产设备、原材料、半成品、产品；（5）正在建造的建筑物、船舶、航空器；（6）交通运输工具；（7）法律、行政法规未禁止抵押的其他财产。

抵押人可以将上述所列财产一并抵押。

2. 不得抵押的财产。根据《民法典》（物权编）的规定，下列财产不得抵押：（1）土地所有权；（2）宅基地、自留地、自留山等集体所有的土地的使用权，但是法律规定可以抵押的除外；（3）学校、幼儿园、医疗机构等为公益目的成立的非营利法人的教育设施、医疗卫生设施和其他公益设施；（4）所有权、使用权不明或者有争议的财产；（5）依法被查封、扣押、监管的财产；（6）法律、行政法规规定不得抵押的其他财产。

3. 其他可抵押财产。企业、个体工商户、农业生产经营者可以将现有的以及将有的生产设备、原材料、半成品、产品抵押，债务人不履行到期债务或者发生当事人约定的实现抵押权的情形，债权人有权就抵押财产确定时的动产优先受偿。债务人不履行到期债务或者发生当事人约定的实现抵押权的情形，抵押权人可以与抵押人协议以抵押财产折价或者以拍卖、变卖该抵押财产所得的价款优先受偿，但不得对抗正常经营活动中已经支付合理价款并取得抵押财产的买受人。

4. 抵押财产担保价值。抵押人的行为足以使抵押财产价值减少的，抵押权人有权请求抵押人停止其行为；抵押财产价值减少的，抵押权人有权请求恢复抵押财产的价值，或者提供与减少的价值相应的担保。抵押人不恢复抵押财产的价值，也不提供担保的，抵押权人有权请求债务人提前清偿债务。

抵押人所担保的债权不得超出其抵押物的价值，超出的部分不具有优先受偿的效力。动产抵押后，该财产的价值大于所担保债权的余额部分，可以再次抵押，但不得超出其余额部分。

【真题演练3-5 单项选择题】根据法律制度规定，下列选项中属于禁止抵押的财产的是（　　）。

A. 土地所有权
B. 正在建造的建筑物
C. 海域使用权
D. 生产设备

【答案】A

【解析】本题考核抵押财产。

【试题来源】2021年注册会计师全国统一考试专业阶段考试《经济法》真题、2023年全国职业院校技能大赛（GZ062法律实务）赛项模块一《法律基础知识》竞赛试题

（三）土地的抵押

1. 以建筑物抵押的，该建筑物占用范围内的建设用地使用权一并抵押。以建设用地使用权抵押的，该土地上的建筑物一并抵押。抵押人未依据前款规定一并抵押的，未抵押的财产视为一并抵押。

2. 乡镇、村企业的建设用地使用权不得单独抵押。以乡镇、村企业的厂房等建筑物抵押的，其占用范围内的建设用地使用权一并抵押。

3. 建设用地使用权抵押后，该土地上新增的建筑物不属于抵押财产。该建设用地使用权实现抵押权时，应当将该土地上新增的建筑物与建设用地使用权一并处分。但是，新增建筑物所得的价款，抵押权人无权优先受偿。

4. 以集体所有土地的使用权依法抵押的，实现抵押权后，未经法定程序，不得改变土地所有权的性质和土地用途。

二、抵押合同与抵押权的设定

（一）抵押合同

抵押合同应当采取书面形式，一般包括下列条款：（1）被担保债权的种类和数额；（2）债务人履行债务的期限；（3）抵押财产的名称、数量等情况；（4）担保的范围。抵押权人在债务履行期限届满前，与抵押人约定债务人不履行到期债务时

抵押财产归债权人所有的,只能依法就抵押财产优先受偿。

(二)抵押权的设定

1. 必须登记,登记时设立。《民法典》(物权编)规定,当事人以建筑物和其他土地附着物、建设用地使用权、海域使用权、正在建造的建筑物抵押的,应当办理抵押登记。抵押权自登记时设立。如果当事人未办理登记,只是抵押权未设立,但不影响抵押合同的生效。抵押合同自签订之日起成立并生效,是否登记不影响抵押合同的生效,只影响抵押权的设立。

2. 可以不登记,但登记了可以对抗第三人。《民法典》(物权编)规定,当事人以生产设备、原材料、半成品、产品,正在建造的船舶、航空器,交通运输工具以及法律、行政法规未禁止的动产抵押的,抵押权自抵押合同生效时设立;未经登记,不得对抗善意第三人。但未登记,不得对抗善意第三人。

3. 抵押物登记记载的内容与抵押合同约定的内容不一致的,以登记记载的内容为准。

三、抵押权的效力

(一)抵押权人的权利

1. 抵押权人的优先受偿权。它是指债务履行期届满,抵押权人未受清偿的,可以与抵押人协议以抵押物折价或者以拍卖变卖该抵押物所得的价款优先受偿的权利。优先受偿权具体表现为:(1)抵押权人的债权优先于一般债权人受偿。(2)破产宣告前成立的有财产担保的债权,债权人享有就该担保物优先受偿的权利。(3)顺序在先的抵押权人优先于顺序在后的抵押权人受偿;顺序相同的,按照债权比例清偿。

2. 抵押权人收取孳息的收益权。债务履行期届满,债务人不履行债务,人民法院经抵押权人的申请,对抵押物进行扣押,自扣押之日起抵押权人享有收取由抵押物分离的天然孳息以及抵押人就抵押物可以收取的法定孳息的权利。但是,抵押权人在收取法定孳息时,必须将抵押物被扣押的事实,通知应当清偿法定孳息的义务人;否则,抵押权人不得收取该孳息。抵押权人收取的法定孳息应当先充抵收取孳息的费用,并按下列顺序清偿:(1)收取孳息的费用。(2)主债权的利息。(3)主债权。需要注意的是,收取该财产的孳息并非取得该孳息的所有权,而是将孳息一并计入抵押财产。

3. 停止侵害、恢复原状请求权。它是指抵押权存续期间,抵押人的行为足以使抵押物价值减少的,抵押权人有权要求抵押人停止其行为。抵押物价值减少时,抵押权人有权要求抵押人恢复抵押物的价值,或者提供与减少的价值相当的担保。抵押权人遭到拒绝时,可以请求债务人履行债务,也可以请求提前行使抵押权。

4. 损害赔偿请求权。它是指抵押权存续期间，抵押人或第三人的行为造成抵押物的价值减少，抵押权人有权请求损害赔偿。但抵押人对抵押物价值减少无过错的，抵押权人只能在抵押人因损害而得到的赔偿范围内要求提供担保。抵押物价值未减少的部分，仍作为债权的担保。

5. 放弃抵押权。主债务人以自己的财产设定抵押，抵押权人放弃该抵押权的，其他担保人在抵押权人丧失优先受偿权益的范围内免除担保责任，但其他担保人承诺仍然提供担保的除外。

6. 变更抵押权的顺位。抵押权人与抵押人可以协议变更抵押权顺位以及被担保的债权数额等内容，但抵押权的变更，未经其他抵押权人书面同意，不得对其他抵押权人产生不利影响。

（二）抵押人的权利

抵押合同成立后抵押物的所有权不发生转移，抵押人仍然占有抵押物。抵押期间，虽然抵押人对抵押物的使用、收益、处分受到一定的限制，但是抵押人对抵押物仍享有许多权利。

1. 抵押人对抵押物的占有权。抵押设定后除法律和合同另有约定以外，抵押人有权继续占有抵押物，并有权取得抵押物的孳息。但是，债务人不履行到期债务，致使抵押财产被人民法院依法扣押的，自扣押之日起抵押权人有权收取该抵押财产的天然孳息或者法定孳息。但是，抵押权人如果未将抵押物被扣押的事实，通知应当清偿法定孳息的义务人的，则无权收取法定孳息，而天然孳息仍然可以收取；此时抵押人有权收取该法定孳息，但无权收取抵押物分离的天然孳息。

2. 抵押人对抵押物的处分权。这是一种受限制的、有条件的处分权。抵押期间，抵押人经抵押权人同意转让抵押财产的：应当将转让所得的价款向抵押权人提前清偿债务或者提存。转让的价款超过债权数额的部分归抵押人所有，不足部分由债务人清偿。抵押期间，抵押人未经抵押权人同意，不得转让抵押财产，但受让人代为清偿债务消灭抵押权的除外。因此，转让抵押财产是以抵押权人的同意为条件的。

3. 抵押人对抵押物的出租权。《民法典》（物权编）规定，订立抵押合同前抵押财产已出租的，原租赁关系不受该抵押权的影响；抵押权设立后抵押财产出租的，该租赁关系不得对抗已登记的抵押权。即先出租后抵押的，租赁合同优先；先抵押后出租的。抵押权优先。抵押人将已抵押的财产出租时，如果抵押人未书面告知承租人该财产已抵押的，抵押人对出租抵押物造成承租人的损失承担赔偿责任；如果抵押人已书面告知承租人该财产已抵押的，抵押权实现造成承租人的损失，由承租租人自己承担。

4. 抵押物的出抵权。这是一种受限制的出抵权。财产抵押后，该财产的价值大于所担保的债权的余额部分,可以再次抵押,但不得超出其余额部分。

5. 追偿权。债务清偿期届满,债务人不清偿债务,以自己的财产为债务人抵押担保的第三人,在抵押权人实现抵押权后,有权向债务人追偿。

四、抵押权的实现

1. 担保物权的担保范围,包括主债权及利息、违约金、损害赔偿金、保管担保财产和实现抵押物权的费用。当然,当事人另有约定的,按照约定。

2. 债务人不履行到期债务时,抵押权人可以与抵押人协议,以抵押财产折价或者以拍卖变卖该抵押财产所得的价款优先受偿。变卖是指抵押权人和抵押人通过协商,参照市场价格,以一般的买卖方式出售抵押财产的行为。协议不成的,抵押权人可以向人民法院提起诉讼。如果协议损害其他债权人利益的,其他债权人可以在知道或者应当知道撤销事由之日起 1 年内请求人民法院撤销该协议。

3. 抵押物折价或者拍卖、变卖后,其价款超过债权数额的部分归抵押人所有;抵押物折价或者拍卖、变卖该抵押物的价款低于抵押权设定时约定价值的,应当按照抵押物实现的价值进行清偿,不足清偿的剩余部分,由债务人清偿;抵押物折价或者拍卖变卖所得的价款,当事人没有约定的,依次按下列顺序清偿:(1) 实现抵押权的费用。(2) 主债权的利息。(3) 主债权。

4. 抵押权因抵押物灭失而消灭。因灭失所得的赔偿金,应当作为抵押财产,在抵押物灭失、毁损或者被征用的情况下,抵押权人可以就该抵押物的内保险金、赔偿金或者补偿金优先受偿。如抵押权所担保的债权未届清偿期的,抵押人可以请求人民法院对保险金赔偿金或补偿金等采取保全措施。

五、物权重合时的清偿顺序

1. 同一财产向两个以上债权人抵押的,拍卖、变卖抵押财产所得的价款依照下列规定清偿:(1) 抵押权已经登记的,按照登记的时间先后确定清偿顺序;(2) 抵押权已经登记的先于未登记的受偿;(3) 抵押权未登记的,按照债权比例清偿。其他可以登记的担保物权,清偿顺序参照适用前款规定。

2. 同一财产既设立抵押权又设立质权的,拍卖、变卖该财产所得的价款按照登记、交付的时间先后确定清偿顺序。动产抵押担保的主债权是抵押物的价款,标的物交付后 10 日内办理抵押登记的,该抵押权人优先于抵押物买受人的其他担保物权人受偿,但是留置权人除外。

六、最高额抵押

最高额抵押,是指为担保债务的履行,债务人或者第三人对一定期间内将要连续发生的债权提供担保财产的，债务人不履行到期债务或者发生当事人约定的实现抵押权的情形，抵押权人有权在最高债权额限度内就该担保财产优先受偿。

最高额抵押权设立前已经存在的债权，经当事人同意，可以转入最高额抵押担保的债权范围。最高额抵押担保的债权确定前，抵押权人与抵押人可以通过协议变更债权确定的期间、债权范围以及最高债权额。但是，变更的内容不得对其他抵押权人产生不利影响。

【真题演练3-6案例分析题】甲是乙公司的业务领导，后自乙公司辞职，并带走了一份乙公司已盖章的空白合同书。甲为获取更多的折扣，持盖章的乙公司空白合同书与丙公司签订了一批购买地板的合同。合同约定于×年×月交货，货到后3日内查验，验收合格后，乙公司支付全数价款。

丙公司对甲辞职并非知情，如约履行了合同。丙公司按约定日期将地板交付乙公司，乙公司对该合同予以认可，并同意将该地板以本钱价转售给甲，但要求甲提供担保。甲找来丁和戊，丁以自己的一辆小汽车作为抵押为甲担保，但没有办理抵押记录；戊以保证形式为甲提供担保，但未约定是连带保证责任还是一般保证责任。

乙公司在未查验的情形下直接向丙公司结清了全数价款。但甲一直未向乙公司支付价款，乙公司向丁追偿，丁让乙公司找戊，理由是戊提供了保证担保；乙公司向戊主张权利，戊以自己承担的是一般保证责任，应先实现丁的抵押担保为由拒绝。

试问：

（1）丁以汽车设定的抵押担保是不是有效，并说明理由。

（2）戊以自己是一般保证责任享有先诉抗辩权的理由是不是成立，并说明理由。

【答案】

（1）丁以汽车设定的抵押担保有效。根据《民法典》第三百九十五条第一款第六项规定，债务人或者第三人可以有权处分的交通运输工具抵押。第四百零三条规定，以动产抵押的，抵押权自抵押合同生效时设立；未经登记，不得对抗善意第三人。此题中，丁设定的抵押担保尽管没有记录，但该抵押是有效的。

（2）戊以自己是一般保证责任享有先诉抗辩权的理由成立。根据《民法典》第六百八十六条第二款规定，当事人在保证合同中对保证方式没有约定或者约定不明确的，按照一般保证承担保证责任，同时符合第六百八十七条第二款规定，享有先诉抗辩权。此题中，戊承担的是一般保证责任，享有先诉抗辩权。

【解析】本题涉及抵押权、保证合同问题。

【试题来源】改编自2021年注册会计师全国统一考试专业阶段考试《经济法》真题

知识点4 质权

一、质权概述

质权,是指债务人或者第三人将其动产或权利移交债权人占有,将该财产作为债的担保,当债务人不履行债务或者发生当事人约定的实现抵押权的情形时,债权人有权依法以该财产变价所得优先受偿。

质权也是一种担保物权,但与抵押权相比,存在一定的区别:

1. 担保的标的物不同。质押的标的物可以是动产或权利,但不能是不动产;抵押的标的物既可以是动产也可以是不动产。

2. 对担保物的占有方式不同。质权的设定必须移转质物的占有;抵押权的设定不要求移转抵押物的占有。

3. 对担保物拥有的权利不同。由于质押移转标的物的占有,因此质押人虽然享有对标的物的所有权,但是不能直接对质押物进行占有、使用并获取收益;由于抵押权设定不移转标的物的占有,因此抵押人可以继续对抵押物进行占有、使用并获取收益。

二、动产质权

动产质权,是指为担保债务的履行,债务人或者第三人将其动产出质给债权人占有的,债务人不履行到期债务或者发生当事人约定的实现质权的情形,债权人有权就该动产优先受偿。前款规定的债务人或者第三人为出质人,债权人为质权人,交付的动产为质押财产。法律、行政法规禁止转让的动产不得出质。

（一）动产质权的设立

1. 设立质权,当事人应当采用书面形式订立质押合同。质押合同一般包括下列条款:(1) 被担保债权的种类和数额;(2) 债务人履行债务的期限;(3) 质押财产的名称、数量等情况;(4) 担保的范围;(5) 质押财产交付的时间、方式。质权自出质人交付质押财产时设立。

2. 质权人在债务履行期限届满前,与出质人约定债务人不履行到期债务时质押财产归债权人所有的,只能依法就质押财产优先受偿。

（二）动产质权的效力

1. 动产质权设立后,在主债务清偿以前,质权人有权占有质物,并有权收取质押财产的孳息,但是合同另有约定的除外。此孳息应当先充抵收取孳息的费用。

2. 质权人在质权存续期间,未经出质人同意,擅自使用、处分质押财产,造成出质人损害的，应当承担赔偿责任。

3. 质权人负有妥善保管质押财产的义务；因保管不善致使质押财产毁损、灭失的，应当承担赔偿责任。质权人的行为可能使质押财产毁损、灭失的，出质人可以请求质权人将质押财产提存，或者请求提前清偿债务并返还质押财产。

4. 因不可归责于质权人的事由可能使质押财产毁损或者价值明显减少，足以危害质权人权利的，质权人有权请求出质人提供相应的担保；出质人不提供的，质权人可以拍卖、变卖质押财产，并与出质人协议将拍卖、变卖所得的价款提前清偿债务或者提存。

5. 质权人在质权存续期间，未经出质人同意转质，造成质押财产毁损、灭失的，应当承担赔偿责任。

（三）动产质权的实现

1. 质权人可以放弃质权。债务人以自己的财产出质，质权人放弃该质权的，其他担保人在质权人丧失优先受偿权益的范围内免除担保责任，但是其他担保人承诺仍然提供担保的除外。

2. 债务人履行债务或者出质人提前清偿所担保的债权的，质权人应当返还质押财产。债务人不履行到期债务或者发生当事人约定的实现质权的情形，质权人可以与出质人协议以质押财产折价，也可以就拍卖、变卖质押财产所得的价款优先受偿。质押财产折价或者变卖的，应当参照市场价格。

3. 出质人可以请求质权人在债务履行期限届满后及时行使质权；质权人不行使的，出质人可以请求人民法院拍卖、变卖质押财产。出质人请求质权人及时行使质权，因质权人怠于行使权利造成出质人损害的，由质权人承担赔偿责任。

4. 质押财产折价或者拍卖、变卖后，其价款超过债权数额的部分归出质人所有，不足部分由债务人清偿。

三、权利质权

（一）权利质权与出质范围

权利质权，是指以可转让的权利为标的物的质权。权利质权除法律有特别规定的外，适用动产质权的相关规定。

根据《民法典》（物权编）的规定，债务人或者第三人有权处分的下列权利可以出质：（1）汇票、本票、支票；（2）债券、存款单；（3）仓单、提单；（4）可以转让的基金份额、股权；（5）可以转让的注册商标专用权、专利权、著作权等知识产权中的财产权；（6）现有的以及将有的应收账款；（7）法律、行政法规规定可以出质的其他财产权利。

（二）权利质权的设立

1. 有价证券的质权，交付时设立。（1）以汇票、本票、支票、债券、存款单、仓单、提单出质的，质权自权利凭证交付质权人时设立；没有权利凭证的，质权自办理出质登记时设立。法律另有规定的，依照其规定；（2）汇票、本票、支票、债券、存款单、仓单、提单的兑现日期或者提货日期先于主债权到期的，质权人可以兑现或者提货，并与出质人协议将兑现的价款或者提取的货物提前清偿债务或者提存。

2. 基金份额、股权的质权，登记时设立。以基金份额、股权出质的，质权自办理出质登记时设立。基金份额、股权出质后，不得转让，但是出质人与质权人协商同意的除外。出质人转让基金份额、股权所得的价款，应当向质权人提前清偿债务或者提存。

3. 知识产权的质权，登记时设立。以注册商标专用权、专利权、著作权等知识产权中的财产权出质的，质权自办理出质登记时设立。知识产权中的财产权出质后，出质人不得转让或者许可他人使用，但是出质人与质权人协商同意的除外。出质人转让或者许可他人使用出质的知识产权中的财产权所得的价款，应当向质权人提前清偿债务或者提存。

4. 应收账款的质权，登记时设立。以应收账款出质的，质权自办理出质登记时设立。应收账款出质后，不得转让，但是出质人与质权人协商同意的除外。出质人转让应收账款所得的价款，应当向质权人提前清偿债务或者提存。

【真题演练3-7 单项选择题】 吴某拟将其对赵某的应收账款出质给林某，吴某于2022年1月10日将拟出质事项以电子邮件方式通知赵某，赵某于1月11日表示无异议。吴某与林某于1月16日签订质押合同，于1月18日办理了出质登记，该项质权生效的时间（　　）。

A. 2022年1月10日　　　　　　B. 2022年1月11日
C. 2022年1月16日　　　　　　D. 2022年1月18日

【答案】 D

【解析】 应收账款的质权自办理登记时设立，吴某与林某于1月18日办理了出质登记。选项D当选。

【试题来源】 2022年中级会计专业技术资格考试《经济法》真题

知识点5　留置权

一、留置权概述

（一）留置权的概念

留置权，是指债务人不履行到期债务，债权人可以留置已经合法占有的债务人的动产,并有权就该动产优先受偿。前款规定的债权人为留置权人,占有的动产为留置财产。法律规定或者当事人约定不得留置的动产,不得留置。

(二)留置权的成立条件

1. 债权人合法占有债务人的动产。即债权人的占有必须合法,如果是因侵权行为而占有的,不能产生留置权。
2. 债权人留置的动产,应当与债权属于同一法律关系,但企业之间留置的除外。
3. 债务已届清偿期且债务人未按规定期限履行义务。

二、留置财产

1. 留置财产为可分物的,留置财产的价值应当相当于债务的金额。留置权人有权收取留置财产的孳息。前款规定的孳息应当先充抵收取孳息的费用。
2. 留置权人负有妥善保管留置财产的义务;因保管不善致使留置财产毁损、灭失的,应当承担赔偿责任。

三、留置权的行使

1. 留置标的物。留置权人与债务人应当约定留置财产后的债务履行期限;没有约定或者约定不明确的,留置权人应当给债务人60日以上履行债务的期限,但是鲜活易腐等不易保管的动产除外。债务人逾期未履行的,留置权人可以与债务人协议以留置财产折价,也可以就拍卖、变卖留置财产所得的价款优先受偿。留置财产折价或者变卖的,应当参照市场价格。
2. 债务人可以请求留置权人在债务履行期限届满后行使留置权;留置权人不行使的,债务人可以请求人民法院拍卖、变卖留置财产。留置财产折价或者拍卖、变卖后,其价款超过债权数额的部分归债务人所有,不足部分由债务人清偿。
3. 同一动产上已设立抵押权或者质权,该动产又被留置的,留置权人优先受偿。

知识点 6 定金

一、定金的概念

定金,是当事人一方为了确保合同的履行,在合同订立时或合同订立后履行之前,预先支付给对方一定数额的金钱或者其他代替物的法律制度。

定金不同于预付款。定金是在合同履行前交付的,虽然也有预先给付的性质,但是它不同于预付款。预付款不是合同的担保形式,它是合同履行时支付价款的方式。预付款交付后,当事人违约的,并不承担失去预付款或双倍返还的责任。

二、定金的生效与法律效力

（一）定金合同自实际交付定金时成立

定金应当以书面形式约定。当事人在定金合同中应当约定交付定金的期限，定金合同自实际交付定金时成立。可见，定金合同属于实践性合同。

（二）定金的效力

1. 债务人履行债务的，定金应当抵作价款或者收回。

2. 定金的数额由当事人约定，但是，不得超过主合同标的额的20%，超过部分不产生定金的效力。实际交付的定金数额多于或者少于约定数额的，视为变更约定的定金数额。

（三）定金罚则及适用

1. 定金罚则，是指定金制度中规定的对违约行为的处罚规则。《民法典》（物权编）规定，给付定金的一方不履行债务或者履行债务不符合约定，致使不能实现合同目的的，无权请求返还定金；收受定金的一方不履行债务或者履行债务不符合约定，致使不能实现合同目的的，应当双倍返还定金。但是，需要注意的是，当事人交付留置金、担保金、保证金、订约金、押金或订金等，而没有约定定金性质的，当事人主张定金权利的，人民法院不予支持。

2. 定金罚则的适用应注意以下几个问题：

（1）定金罚则的适用以违反有效合同为前提。

（2）因当事人一方迟延履行或者其他违约行为，致使合同目的不能实现，可以适用定金罚则；但法律另有规定或者当事人另有约定的除外。

（3）因不可抗力、意外事件致使主合同不能履行的，不适用定金罚则。

（4）当事人一方不完全履行合同的，应当按照未履行部分所占合同约定内容的比例，适用定金罚则。

（5）因合同关系以外第三人的过错，致使主合同不能履行的，适用定金罚则；受定金处罚的一方当事人，可以依法向第三人追偿。

（6）如果在同一合同中，当事人既约定违约金，又约定定金的，在一方违约时，当事人只能选择适用违约金条款或者定金条款。

任务七　合同的变更、转让和终止

Ⅰ. 任务提要

（1）合同的变更；

（2）合同的转让；

（3）合同的终止（清偿、抵销、提存、免除、混同、合同解除）。

Ⅱ．能力提升

（1）知识目标：掌握合同的变更及转让的规定；掌握清偿、抵销、提存、免除、混同合同解除的规定；熟悉合同终止后产生的法律效力。

（2）技能目标：会依法变更、转让合同；能够依法终止合同并采取法律措施。

Ⅲ．思政融入与成效

（1）从思考怎样合法变更、转让和终止一个正在履行的合同，强调尊重合同主体的意愿。

（2）引领认知：自由和法治相辅相成，当情势发生变更时要积极应对，灵活处置。

Ⅳ．岗位实训

甲公司与乙公司签订一份买卖合同。合同约定：若发生合同纠纷，须提交 A 市仲裁委员会仲裁。后因乙公司违约，甲公司依法解除合同，并要求乙公司赔偿损失。双方对赔偿金额发生争议，甲公司就该有争议向 A 市仲裁委员会申请仲裁。乙公司认为，因合同被解除，合同中的仲裁条款已失效，故甲公司不能向 A 市仲裁委员会申请仲裁。

试问：乙公司的观点是否正确？（本案例涉及合同解除等相关知识点。）

3.7 案例解析

Ⅴ．知识储备

知识点 1　合同的变更

一、合同变更的概念

合同变更，是指在合同主体不变的前提下，对原合同内容所作的修改或补充，即仅指对合同内容的变更。

当事人经协商一致，可以订立合同；当事人经协商一致，也可以变更合同。法律、行政法规规定变更合同应当办理批准、登记等手续的，依照其规定。为减少合同变更时可能发生的纠纷，当事人对合同的变更内容应明确约定；当事人对合同变更的内容约定不明确的，推定为未变更。

二、合同变更的法律效力

合同变更后，当事人应当按照变更后的内容履行合同。合同变更的法律效力仅对没有履行的部分有效,但法律规定或当事人另有约定的除外。

因合同变更使一方当事人遭受损失的,受损方可以要求赔偿损失。

知识点 2　合同的转让

合同的转让,即合同主体的变更,是指合同当事人一方依法将其合同的权利和义务全部或部分转让给第三人的行为。具体包括合同权利的转让、合同义务的转移、合同权利义务的一并转让。合同转让后,转移合同义务的一方当事人不再对合同义务承担责任。

一、合同权利的转让

合同权利的转让,又称债权转让,是指债权人通过协议将合同权利的全部或部分转让给第三人的行为。

（一）合同权利转让的条件

《民法典》（合同编）的规定,债权人转让权利的,应当通知债务人。未经通知,该转让对债务发生效力。债权人转让权利的通知不得撤销,但经受让人同意的除外。

为维护交易秩序,兼顾当事人各方利益,《民法典》（合同编）规定,下列合同权利不得转让：（1）根据合同性质不得转让的债权,主要指涉及特定当事人身份关系的合同,如委托合同、赠与合同等；（2）按照当事人约定不得转让的；（3）依照法律规定不得转让的。

（二）合同权利转让的效力

1. 对受让人的效力。（1）债权人转让权利的,受让人同时取得与债权有关的从权利,但该从权利专属于债权人自身的除外；（2）债权人转让全部权利的,受让人取代原债权人而成为合同的权利主体,原合同关系消灭,从而产生一个新的合同关系；债权人转让部分权利的,受让人加入原合同关系之中,与原债权人共同作为债权人。

2. 对债务人的效力。（1）债务人接到债权转让通知后,债务人应当向受让人履行债务；（2）债务人对让与人的抗辩,可以向受让人主张；（3）债务人对让与人的抵销权可以向受让人行使,但条件是债务人对让与人享有债权,并且债务人的债权先于转让的债权到期或同时到期。

二、合同义务的转移

合同义务的转移,是指在不改变合同义务的前提下,经债权人同意,债务人将合同的义务全部或者部分转移给第三人。

（一）合同义务转移的条件

合同义务的转移，使债务的承担者发生变化，将直接影响到债权人债权的实现。因此，根据《民法典》（合同编）的规定，债务人将合同的义务全部或者部分转移给第三人，应当经债权人同意。

（二）合同义务的转移对受让人的效力

1. 债务人转移全部义务的，受让人完全取代了原债务人而成为合同的义务承担者；债务人转移部分合同义务的，受让人加入原合同关系之中，与原债务人共同作为债务人。

2. 新债务人享有原债务人所应享有的抗辩权，可以主张原债务人对债权人的抗辩。

3. 新债务人应当承担与主债务有关的从债务，但从债务专属于原债务人自身的除外。

三、合同权利义务的一并转让

合同权利义务的一并转让，是指当事人一方经对方同意，将自己在合同中的权利和义务一并转让给第三人。合同关系的一方当事人将权利和义务一并转让时，除了应当征得另一方当事人的同意外，还应当遵守《民法典》（合同编）有关转让权利和义务转移的其他规定。

四、法人或者其他组织合并或分立后债权债务关系的处理

《民法典》（合同编）规定，当事人订立合同后合并的，由合并后的法人或者其他组织行使合同权利，履行合同义务。当事人订立合同后分立的，除债权人和债务人另有约定的以外，由分立的法人或者其他组织对合同的权利和义务享有连带债权，承担连带债务。

知识点 3　合同的终止

一、合同终止的概念

合同的终止，又称合同权利义务终止，是指依法生效的合同，因出现法定情形或当事人约定的情况，而使合同当事人双方终止合同关系，合同的效力随之消灭。

二、合同终止的具体情形

有下列情形之一的，合同的权利义务终止：

（一）债务已经履行

合同已经按照约定和法律规定完全履行，当事人的订约目的已经实现，合同即行终止。这是合同的正常终止，也是合同终止的最主要、最常见、最理想的情形。

（二）合同解除

合同解除，是指合同有效成立后，在未履行或未完全履行之前，当具备法律规定的合同解除条件时，因当事人一方或双方的意思表示而使合同关系归于消灭的行为。合同解除有约定解除和法定解除两种情况。

1. 约定解除。合同有效成立后，未履行或未完全履行之前，合同当事人根据订立合同时事先约定的情况解除合同；或者事后经过协商一致而解除合同。

根据合同自愿原则，当事人在法律规定范围内享有自愿解除合同的权利。当事人约定解除合同包括两种情况：（1）约定解除权。即当事人双方在订立合同时，约定了合同当事人一方解除合同的条件，一旦该条件成就，解除权人就可以通过行使解除权而终止合同；（2）协商解除。即合同订立后，经当事人双方协商一致而解除合同。

2. 法定解除。法定解除，是指在合同成立后，没有履行或没有完全履行之前，当事人在法律规定的解除条件出现时，行使解除权而使合同关系消灭。

（1）法定解除的条件。有下列情形之一的，当事人可以单方解除合同：①因不可抗力致使不能实现合同目的。所谓不可抗力，是指不能预见、不能避免且不能克服的客观情况，如自然灾害、战争、社会异常事件等。只有在合同履行期内发生不可抗力，致使合同目的不能实现时当事人才可以解除合同；②在履行期限届满之前，当事人一方明确表示或者以自己的行为表明不履行主要债务。这是因预期违约而导致的合同解除；③当事人一方迟延履行主要债务，经催告后在合理期限内仍未履行；④当事人一方迟延履行债务或者有其他违约行为致使不能实现合同目的。这里所讲的其他违约行为，主要包括完全不履行合同、不完全履行合同、履行合同不符合约定等情形；⑤法律规定的其他情形。例如，因行使不安抗辩权而中止履行合同后，如果对方在合理期限内未恢复履行能力，也未提供适当担保的，中止履行的一方可以单方解除合同。

以持续履行的债务为内容的不定期合同，当事人可以随时解除合同，但是应当在合理期限之前通知对方。

（2）行使解除权的程序。法律规定或者当事人约定解除权行使期限，期限届满当事人不行使的，该权利消灭。法律没有规定或者当事人没有约定解除权行使期限，自解除权人知道或者应当知道解除事由之日起一年内不行使，或者经对方催告后在合理期限内不行使的，该权利消灭。

当事人一方依法主张解除合同的，应当通知对方。合同自通知到达对方时解除；通知载明债务人在一定期限内不履行债务则合同自动解除，债务人在该期限内未履行债务的，合同自通知载明的期限届满时解除。对方对解除合同有异议的，任何一方当事人均可以请求人民法院或者仲裁机构确认解除行为的效力。当事人一方未通知对方，直接以提起诉讼或者申请仲裁的方式依法主张解除合同，人民法院或者仲裁机构确认该主张的，合同自起诉状副本或者仲裁申请书副本送达对方时解除。

（3）合同解除后的效力。①尚未履行的，终止履行；②已经履行的，根据履行情况和合同性质，当事人可以要求恢复原状或者采取其他补救措施，并有权要求赔偿损失。

（三）债务相互抵销

债务相互抵销，是指合同当事人互负债务时，各自用自己的债权充抵债务作为清偿，使自己的债务与对方的债务在等额内消灭。抵销权的使用会使合同终止。抵销可以分为法定抵销和合意抵销两种。

1. 法定抵销。即依照法律规定的抵销条件进行的抵销。《民法典》（合同编）规定，当事人互负到期债务，该债务的标的物种类、品质相同的，任何一方可以将自己的债务与对方的债务抵销，但依照法律规定或者按照合同性质不得抵销的除外。当事人主张债务抵销的，应当通知对方，通知自到达对方时生效，而不以对方同意为要件。抵销不得附条件或者附期限。另据《民法典》（合同编）的规定，对于依法可以抵销的到期债权，当事人约定不得抵销的，人民法院可以认定该约定有效。

2. 合意抵销。是指互负债务的当事人双方协商达成一致意见，互相消灭对方债权。《民法典》（合同编）规定，当事人互负债务，标的物种类品质不相同的，经双方协商一致，也可以抵销。合意抵销只需双方互负债务即可，至于双方债务是否种类、品质相同，是否均届期满，是否过了诉讼时效等，在所不论。合意抵销不要求标的物的种类、品质相同，也不必履行通知义务，只要当事人协商一致，就可发生抵销的法律效力。合意抵销比法定抵销更灵活，充分体现了合同的自由。

（四）债务人依法将标的物提存

提存，是指由于债权人的原因，债务人无法向其交付标的物时，而将标的物交付给有关部门保存以消灭合同关系的一项制度。确立提存制度，目的在于保护债务人，同时也兼顾债权人的利益。

债务的履行往往需要债权人的协助，如果债权人无正当理由拒绝受领或者不能受领，债权人虽然负担受领迟延的责任，但债务人的债务却不能消灭，债务人仍需随时准备履行。因此，法律规定在一定情形下，债务人可以通过提存标的物终止合同。

有下列情形之一，难以履行债务的，债务人可以将标的物提存：(1) 债权人无正当理由拒绝受领；(2) 债权人下落不明；(3) 债权人死亡未确定继承人、遗产管理人，或者丧失民事行为能力未确定监护人；(4) 法律规定的其他情形。

标的物不适于提存或者提存费用过高的，债务人依法可以拍卖或者变卖标的物，提存所得的价款。标的物提存后，合同虽然已经终止，但债务人还有一定的义务，除债权人下落不明的以外，债务人应当及时通知债权人或者债权人的继承人、监护人。

提存的法律效力：(1) 标的物提存后，毁损、灭失的风险由债权人承担；(2) 提存期间，标的物的孳息归债权人所有；(3) 提存费用由债权人负担。

债权人可以随时领取提存物，但债权人对债务人负有到期债务的，在债权人未履行债务或者提供担保之前，提存部门根据债务人的要求应当拒绝其领取提存物。

债权人领取提存物的权利，自提存之日起 5 年内不行使而消灭，提存物扣除提存物费用后归国家所有。

（五）债权人依法免除债务

免除债务，是指在合同没有履行或未完全履行时，债权人放弃自己全部或部分债权，从而使合同义务减轻或使合同终止的行为。债务免除分为单方免除和协议免除两种，协议免除允许附条件和期限。

债权人免除债务人部分或者全部债务的，合同的权利义务部分或者全部终止。免除债务，债权的从权利如从属于债权的担保权利也随之消灭。

（六）混同

混同，即债权债务同归于一人。在合同关系中，如果双方当事人发生了人格上的同一化，合同的履行就失去了实际意义，合同的权利义务即告终止。例如，由于甲、乙两企业的合并，甲乙企业之间原先订立的合同中的权利义务同归于合并后的企业，债权债务关系自然终止。

但是，《合同法》规定，债权和债务同归于一人的，合同的权利义务终止，但涉及第三人利益的除外。例如，债权人的债权已充当质物出质，为了保护质权人的利益，不得使债权因混同而消灭。

（七）法律规定或者当事人约定终止的其他情形

除了上述合同的权利义务终止的情形，出现了法律规定的终止的其他情形的，合同的权利义务也可以终止,《民法典》规定,代理人死亡、丧失民事行为能力,作为被代理人或代理人的法人终止,委托代理终止。

三、合同终止后的有关规定

1. 债权债务终止后,当事人应当遵循诚信等原则,根据交易习惯履行通知、协助、保密、旧物回收等义务;否则,给对方当事人造成损失,对方当事人请求赔偿实际损失的,人民法院应当予以支持。

2. 合同的权利义务关系终止,不影响合同中结算和清理条款的效力,也不影响合同中独立存在的有关解决争议方法的条款的效力。

任务八 违约责任

Ⅰ．任务提要

（1）承担违约责任的方式;
（2）违约责任的免除。

Ⅱ．能力提升

（1）知识目标：掌握违约责任的承担方式;熟悉违约责任的概念与基本构成;了解免除违约责任的情形。

（2）技能目标：能够依法要求违约方承担责任,并能够采取最佳救济方法。

Ⅲ．思政融入与成效

（1）从思考合同解除就不用承担违约责任的问题着手,懂得违约责任具有惩罚性和补偿性。

（2）引领认知：自觉遵守法律,诚信经营。对不可抗力情况下出现的违约行为,要给予理解,友善待人。

Ⅳ．岗位实训

甲公司法定代表人以书面形式授权其营销部主任王某与乙公司签订购入 A 商品的合同。合同内容如下：（1）甲公司于 4 月 5 日向乙预付定金 8 万元,预付货款 10 万元,余款在收货后一次付清;（2）任何一方违约均承担标的额 10% 的违约金。4 月 15 日乙公司发来全部货物,甲公司发现货物质量不符合合同要求,拒绝收货并拒绝支付余款,要求乙公司同时返还预付货款 10 万元,定金 16 万元并支付 10% 的违约金。乙公司认为货物质量不存在任何问题,并要求甲公司支付余款,由此引起纠纷。经查证,甲公司收取的货物质量不符合工艺要求,无法满足甲公司生产的需要,乙公司并无短期内生产能力，为了做该笔业务，只有委托丙公司加工生产，造成质量问题。试问：甲公司要求乙公司同时返还预付货款 10 万元，定金 16 万元并支付 10% 的违约金的请求是否符合规定？（本案例涉及承担违约责任的方式、定金等相关知识点。）

3.8 案例解析

Ⅴ．知识储备

知识点 1　承担违约责任的方式

一、违约责任概述

违约责任，又称违反合同的民事责任，是指合同当事人一方或双方不履行合同义务或者履行合同义务不符合约定时，依照法律规定或者合同的约定所应承担的法律责任。违约责任的承担以有效合同的存在为前提。无效合同，不存在履行的问题，自然也不存在违约责任的承担。

违约行为有预期违约和实际违约之分。预期违约又称先期违约，是指在合同履行期限届满之前，一方当事人无正当理由明确肯定地向另一方当事人表示将不履行合同，或者以自己的行为或客观事实表明不履行合同的行为；实际违约表现为不履行、迟延履行、不适当履行和其他违约行为等。

如果当事人双方都违反合同的，应当各自承担相应的责任，即各方应当根据责任大小承担相应的责任。如果当事人一方因第三人原因造成违约的，根据合同相对性原则，一方当事人应当向对方承担违约责任；事后，一方当事人可以追究第三人的法律责任。

当违约责任与侵权责任竞合时，《民法典》（总则编）规定，因当事人一方的违约行为，侵害对方人身、财产权益的，受损害方有权选择，依照本法要求其承担违约责任，或者依照其他法律要求其承担侵权责任。可见，在违约行为与侵权行为发生竞合时，当事人可选择违约责任请求权或侵权责任请求权。

二、承担违约责任的方式

《民法典》（合同编）规定，当事人一方不履行合同义务或者履行合同义务不符合约定的，应当承担继续履行、采取补救措施或者赔偿损失等违约责任。这规定，除了明确承担违约责任的方式外，还表明了承担违约责任的原则。一般认为，该条关于违约责任的规定，采用了无过错责任原则（即严格责任原则），即只要当事人实施了违约行为，并且给守约方造成了损失，当事人就应当承担责任，而不需考虑违约方当事人主观上是否具有过错。可见，我国《民法典》（合同编）确认承担违约责任的原则为无过错责任原则。

根据《民法典》（合同编）的规定，违约责任的承担方式主要有以下几种：

（一）继续履行

继续履行，它是法律规定的对违约当事人的一种强制措施，无论责任人是否愿意，只要具备履行条件，就要继续履行。因为订立合同的目的是实现合同的约定，只有继续履行，才能实现订约目的，这也是支付违约金、赔偿金所无法替代的。

当然，就继续履行的实际情况，《民法典》（合同编）也作出了具体规定：当事人一方未支付价款或者报酬的，对方可以要求其支付价款或者报酬。当事人一方不履行非金钱债务或者履行非金钱债务不符合约定的，对方可以要求履行，但有下列情形之一的除外：(1) 法律上或者事实上不能履行。(2) 债务的标的不适于强制履行或者履行费用过高。(3) 债权人在合理期限内未要求履行。

（二）采取补救措施

采取补救措施的责任形式主要是针对质量不符合约定的情形。对此，《民法典》（合同编）规定，质量不符合约定的，应当按照当事人的约定承担违约责任。对违约责任没有约定或者约定不明确的，可以协议补充；不能达成补充协议的，按照合同有关条款或者交易习惯确定。仍不能确定的，受损害方根据标的的性质以及损失的大小，可以合理选择要求对方承担修理更换、重作、退货、减少价款或者报酬等违约责任。

（三）赔偿损失

赔偿损失是最能充分保护受害人利益的一种违约补救措施。《民法典》（合同编）规定，当事人一方不履行合同义务或者履行合同义务不符合约定的，在履行义务或者采取补救措施后，对方还有其他损失的应当赔偿损失。损失赔偿的金额应当相当于因违约所造成的损失，包括合同履行后可以获得的利益，但不得超过违反合同一方订立合同时预见到或者应当预见到的明违反可能造成的损失。如果经营者对消费者提供商品或者服务有欺诈行为的，可以按消费者购买商品的价款款或接受服务的费用的3倍予以赔偿。

当事人一方违约后，对方应当采取适当措施防止损失的扩大；没有采取适当措施致使损失扩大的，不得就扩大的损失要求赔偿。当事人因防止损失扩大而支出的合理费用由违约方承担。

（四）支付违约金

违约金是违约责任中常见的一种责任方式。违约金，是指合同当事人一方由于履行合同不符合约定时，按照合同的约定，向对方支付的一定数额的货币。

违约金通常有法定违约金和约定违约金之分。《民法典》（合同编）规定，当事人可以约定一方违约时应当根据违约情况向对方支付一定数额的违约金，也可以约定因违约产生的损失的计算方法。约定的违约金低于造成的损失的，当事人可以请求人民法院或者仲裁机构予以增加；约定的违约金过分高于造成的损失的，当事人可以请求人民法院或者仲裁机构予以适当减少。根据《民法典》（合同编）的规定，当事人的违约金超过造成损失的30%，一般可以认定为"过分高于造成的损失"。由此可见，我国《民法典》（合同编）中的违约金，以约定违约金为主，且偏重于补偿性质。换言之，如果没有法律规定，当事人又没有关于违约金的约定，此时出现一方违约时，则另一方不能主张违约金，而应当采用其他的违约责任承担方式；如果一方获得约定违约金，足以补偿损失的，则不得请求赔偿损失；如果约定的违约金低于或者高于实际损失的，可请求人民法院或仲裁机构予以适当调整。换言之，违约金与赔偿金无例外规定的话，事实上不可并用。

另外，当事人就迟延履行，约定违约金的，违约方支付违约金后，还应当履行债务。也即只有在违约金单纯为迟延履行而设定时，违约金与继续履行才可以并存，此时的违约金才具有惩罚性。

（五）定金制裁

1. 当事人约定以交付定金作为主合同成立或者生效要件的，给付定金的一方未支付定金，但主合同已经履行或者已经履行主要部分的，不影响主合同的成立或者生效。

2. 定金交付后，交付定金的一方可以按照合同的约定以丧失定金为代价而解除主合同，收受定金的一方可以双倍返还定金为代价而解除主合同。对解除主合同后责任的处理，适用《民法典》（合同编）的规定。

3. 定金与违约金选择适用的规定。由于定金与违约金二者在目的、性质、功能等方面具有双方的公平性，因此，当事人既约定违约金，又约定定金的，一方违约时，对方可以选择适用违约金或者定金条款。定金不足以弥补一方违约造成的损失的，对方可以请求赔偿超过定金数额的损失。

知识点2　违约责任的免除

《民法典》（合同编）的规定了三种免责事由：法定事由、免责条款、法律特别规定。

一、法定事由

《民法典》（合同编）规定，因不可抗力不能履行合同的，根据不可抗力的影响，部分或者全部免除责任。因发生不可抗力造成合同不能履行，为减轻可能给对方造成的损失，为此，遭受不可抗力的一方当事人，应当及时采取一切可能采取的措施，尽量避免或减少损失，同时应当及时通知对方，并在合理期限内提供证明，证明不可抗力及其影响当事人履行合同的具体情况。但是，当事人迟延履行后发生不可抗力的，不能免除责任。

二、免责条款

免责条款，是指合同双方当事人在合同中约定，当出现一定的事由或条件时，可免除违约方的违约责任的规定。

三、法律的特别规定

在法律有特别规定的情况下，可以免除当事人的违约责任。如《民法典》（合同编）规定承运人对运输过程中货物的毁损、灭失承担损害赔偿责任，但承运人证明货物的毁损、灭失是因不可抗力、货物本身的自然性质或者合理损耗以及托运人、收货人的过错造成的，不承担损害赔偿责任。

【真题演练3-8 案例分析题】甲是乙公司的业务领导，后自乙公司辞职，并带走了一份乙公司已盖章的空白合同书。甲为获取更多的折扣，持盖章的乙公司空白合同书与丙公司签订了一批购买地板的合同。合同约定于×年×月交货，货到后3日内查验，验收合格后，乙公司支付全数价款。

丙公司对甲辞职并非知情，如约履行了合同。丙公司按约定日期将地板交付乙公司，乙公司对该合同予以认可，并同意将该地板以本钱价转售给甲，但要求甲提供担保。甲找来丁和戊，丁以自己的一辆小汽车作为抵押为甲担保，但没有办理抵押记录；戊以保证形式为甲提供担保，但未约定是连带保证责任还是一般保证责任。

乙公司在未查验的情形下直接向丙公司结清了全数价款。但甲一直未向乙公司支付价款，乙公司向丁追偿，丁让乙公司找戊，理由是戊提供了保证担保；乙公司向戊主张权利，戊以自己承担的是一般保证责任，应先实现丁的抵押担保为由拒绝。

乙公司多次向甲催要货款，甲仍不支付，乙公司遂解除与甲的合同，将地板拉回。第二天，乙公司发觉有1/3的地板质量不符合合同约定，故向丙要求退货。

试问：

（1）乙公司是不是有权解除与甲的合同，并说明理由。

（2）乙公司是不是有权向丙要求退货，并说明理由。

【答案】

（1）乙公司有权解除与甲的合同。根据《民法典》第五百六十三条第三项的规定，当事人一方（违约方）迟延履行主要债务，经催告后在合理期限内仍未履行，另一方（守约方）当事人可以解除合同。此题中，甲不支付货款，乙公司催告后仍未支付,故乙公司能够解除与甲的合同。

(2) 乙公司不能向丙公司要求退货。根据《民法典》第六百二十一条的规定,当事人约定检验期限的,买受人应当在检验期限内将标的物的数量或者质量不符合约定的情形通知出卖人。买受人怠于通知的,视为标的物的数量或者质量符合约定。此题中,乙公司在未查验的情形下直接向丙公司结清了全数价款,属于怠于通知,视为质量符合约定,无权要求丙公司退货。

【解析】本题涉及合同的解除、买卖合同问题。

【试题来源】改编自2021年注册会计师全国统一考试专业阶段考试《经济法》真题

项目检测三

一、单项选择题

1. 吴某与考上重点中学的12岁外甥孙某约定,将其收藏的一幅名画赠与孙某,下列关于吴某与孙某之间赠与合同效力的表述中,符合合同法律制度规定的是( )。

A. 合同效力待定,因为吴某可以随时撤销赠与

B. 合同无效,因为孙某为限制民事行为能力人

C. 合同有效,因为限制民事行为能力人孙某可以签订纯获利益的合同

D. 合同效力待定,孙某的法定代理人有权在一个月内追认

2. 甲商场向乙企业发出采购100台电冰箱的要约,乙企业于5月1日寄出承诺信件,5月8日信件寄至商场,适逢其总经理外出,5月9日总经理知悉了该信内容,遂于5月10日电话告知乙收到承诺信。根据《民法典》(合同编)的规定,该承诺的生效时间是( )。

A. 5月1日   B. 5月8日   C. 5月9日   D. 5月10日

3. 根据《民法典》(合同编)的规定,当事人对合同价款约定不明确,又没有政府定价或指导价可供参照时,合同价款的确定规则为( )。

A. 按照订立合同时履行地的市场价履行

B. 按照履行合同时履行地的市场价履行

C. 按照纠纷发生时履行地的市场价履行

D. 按照订立合同时订立地的市场价履行

4. 甲乙订立买卖合同约定:甲向乙交付200吨铜材,货款为200万元;乙向甲支付定金20万元;如任何一方不履行合同应支付违约金30万元。甲因将铜材卖给丙而无法向乙交货。在乙向法院起诉时,既能最大限度保护自己的利益,又能获得

法院支持的诉讼请求是（　　）。

A. 请求甲双倍返还定金 40 万元

B. 请求甲支付违约金 30 万元

C. 请求甲支付违约金 30 万元，同时请求甲双倍返还定金 40 万元

D. 请求甲支付违约金 30 万元，同时请求返还定金 20 万元

5. 2023 年 6 月 1 日，甲公司与乙公司签订一份买卖合同，约定甲公司购买乙公司 1000 套印有甲公司标志的运动服，6 月 24 日由甲公司上门提货，合同对货物毁损风险承担未作特别约定，6 月 24 日，甲公司因没安排好车辆未能及时提货，6 月 25 日，乙公司的仓库遭雷击毁损，导致该批运动服全部毁损，下列关于该批运动服毁损风险承担的表述中，正确的是（　　）。

A. 乙公司承担，因货物是在其控制之下

B. 甲公司承担，因其没有按时上门提货

C. 甲公司和乙公司共同承担，因不可抗力造成货物毁损

D. 乙公司承担，因货物所有权没有转移

二、多项选择题

1. 下列各项中，属于不得撤销要约的情形有（　　）。

A. 要约已经到达受要约人　　B. 要约人确定了承诺期限

C. 要约人明示要约不可撤销　　D. 受要约人已对要约作出承诺

2. 下列各项中，属于可撤销合同的有（　　）。

A. 因受欺诈订立的合同　　B. 因受胁迫订立的合同

C. 因重大误解订立的合同　　D. 以虚假表示订立的合同

3. 2021 年 7 月 5 日，甲授权乙以甲的名义将甲的一台笔记本电脑出售，价格不得低于 7000 元。乙的好友丙欲以 5500 元的价格购买。乙遂对丙说："大家都是好朋友，甲说最低 7000 元，但我想 5500 元卖给你，他肯定也会同意。"乙遂以甲的名义以 5500 元将笔记本电脑卖给丙。下列说法中，正确的是（　　）。

A. 该买卖行为无效　　B. 乙是无权代理行为

C. 乙可以撤销该行为　　D. 甲可以追认该行为

4. 下列关于代位权与撤销权的说法中，正确的有（　　）。

A. 代位权的行使是为了使债务人的财产在应当增加而未增加的情况下予以增加

B. 撤销权的行使主要是为了避免债务人的财产不应减少而减少

C. 代位权与撤销权均是合同相对性的例外

D. 享有担保物权保障债权实现的债权人不享有代位权

5. 当事人一方因不可抗力的原因不能履行合同规定的义务时，只有在（　　）情况下，才可以部分或全部免除违约责任。

A. 及时向对方通报不能履行或需要延期履行，部分履行的理由
B. 经对方当事人同意
C. 经上级主管机关批准
D. 在合理期限内提供证明

三、判断题

1. 提供格式条款的一方免除其责任，加大对方责任，排除对方主要权利的格式条款无效。（   ）

2. 某厂采购员负责向华东地区开拓市场，后因工作调动离开该厂。因故，该采购员利用手中尚存的该厂盖有公章的空白合同书又与他的老客户华东某制药厂签订了买卖合同。事发后，某厂长认为该采购员已不是该厂人员，他所签订的合同无效，该厂不承担任何责任。（   ）

3. 当债权人有数人时，一债权人行使代位权且通知债务人后，该债权人并不能因此获得优先受偿债权，而应与其他债权人处于同等地位受偿。（   ）

4. 在保证合同保证期间，债权人与债务人，未经保证人同意对主合同价款进行变更。如果这种变更减轻了债务人的债务，则保证人仍应对变更后的合同承担保证责任；如果这种变更，加重了债务人的债务，则保证人对加重的部分不承担保证责任。（   ）

5. 我国民法典原则上采用无过错责任原则，在一些特定情况下采用过错责任原则。（   ）

四、实战模拟

甲公司向乙宾馆发出一封电报称：现有一批电器，其中 X 型号电视机 80 台，每台售价 3400 元；Y 型号电冰箱 100 台，每台售价 2800 元，总销售优惠价 52 万元。如有意购买，请告知。

乙宾馆接到该电报后，遂向甲公司回复称：只欲购买甲公司 50 台电视机，每台电视机付款 3200 元；60 台电冰箱，每台电冰箱付款 2500 元，共计支付总货款 31 万元，货到付款。

甲公司接到乙宾馆的电报后，决定接受乙宾馆的要求。甲乙签订了买卖合同，约定交货地点为乙宾馆，如双方发生纠纷，选择 A 仲裁机构仲裁解决。

甲公司同时与丙运输公司签订了合同，约定由丙公司将货物运至乙宾馆。丙公司在运输货物途中遭遇洪水，致使部分货物毁损。丙公司将剩余的未遭损失的货物运至乙宾馆，乙宾馆要求甲公司将货物补齐后一并付款。

甲公司迅速补齐了货物，但乙宾馆以资金周转困难为由，表示不能立即支付货款，甲公司同意乙宾馆推迟 1 个月付款。1 个月后经甲公司催告，乙宾馆仍未付款。于是，甲公司通知乙宾馆解除合同，乙宾馆不同意解除合同。甲公司拟向法院起诉，

要求解除合同，并要求乙宾馆赔偿损失。

要求：根据上述情况并结合法律规定，回答下列问题。

（1）甲公司向乙宾馆发出的电报是要约还是要约邀请？说明理由。

（2）乙宾馆的回复是承诺还是新要约？说明理由。

（3）甲公司将货物交给丙公司运输之后，货物毁损灭失的风险由谁承担？说明理由。

（4）丙公司是否应对运货途中的货物毁损承担损害赔偿责任？说明理由。

（5）甲公司能否解除与乙宾馆的买卖合同？说明理由。

项目四　市场秩序法律制度

【思维导图】

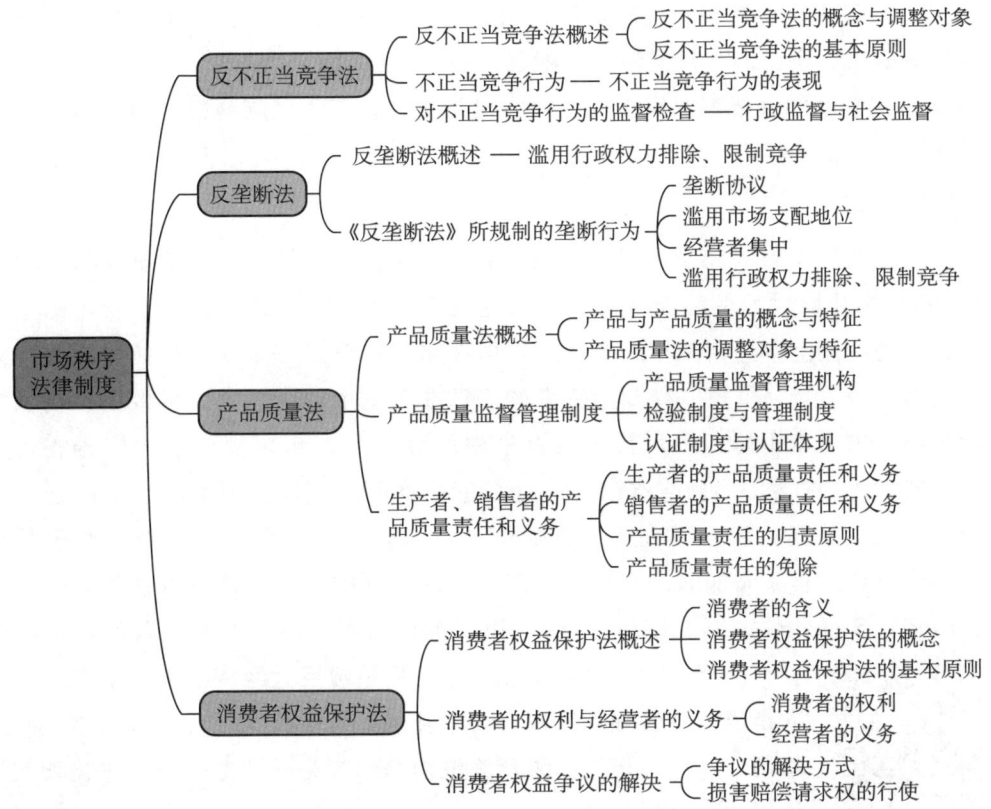

任务一　反不正当竞争法

I．任务提要

（1）反不正当竞争法的调整对象；

（2）不正当竞争行为的定义；

（3）不正当竞争行为的监督和法律责任。

Ⅱ. 能力提升

（1）知识目标：反不正当竞争法的概念；反不正当竞争法的基本原则；不正当竞争行为的定义和表现；对不正当竞争行为的行政监督与社会监督；违反《反不正当竞争行为法》的法律责任。

（2）技能目标：充分认识我国反不正当竞争法的意义和作用，提高运用该法分析判断不正当竞争行为的能力，构建和谐、正义的市场秩序。

Ⅲ. 思政融入与成效

（1）通过深耕、挖掘与民族精神、国家利益等思政元素相匹配的结合点，将国家的发展战略、全民族利益保障，清晰展现在学生面前。

（2）引领认知：成就国家信仰，树立民族精神，引入民族精神、国家情怀等思政元素。

Ⅳ. 岗位实训

甲、乙两厂均为 A 市生产果汁饮料的企业，甲厂果汁饮料上的注册商标为"畅饮"、乙厂果汁饮料上的注册商标为"美滋滋"，其中甲厂是具有三十余年的老企业，乙厂是刚刚上市经营两年的新企业。但在市场经营过程中，乙厂的美滋滋牌果汁饮料口感好、价格低廉，得到消费者的好评在市场上较为畅销，导致甲厂畅饮牌果汁的市场占有率下降。甲厂为了在竞争中取胜，在 A 市电视台加大广告宣传力度，同时广告中宣称："目前本市有一些厂家生产同类产品，与本厂生产的饮料在质量上有根本差别，系本厂产品的仿制品，唯有本厂生产的 A 牌饮料是纯天然果汁，不含有任何食品添加剂，是唯一正宗产品。特别提请广大消费者注意，购买该类饮料请认准畅饮牌商标，谨防上当。"甲厂的广告播出后，许多经营乙厂饮料的客户退货，称其是仿制品，给乙厂造成巨大经济损失。于是，乙厂向市场监督管理局反映，要求依法处理甲厂该行为。后经相关部门检测，甲厂的畅饮牌果汁为浓缩果汁勾兑，且含有一定的国家允许使用的食品添加剂。

4.1 案例解析

问：请结合以上内容请谈谈你的认识。

Ⅴ. 知识储备

知识点 1 反不正当竞争法概述

一、反不正当竞争法的概念

反不正当竞争法是调整为维护公平竞争、制止生产经营活动中产生的不正当竞争的法律规范的总称。

为了适应社会主义市场经济体制下社会经济健康发展的客观需要，保护公平竞争，制止不正当竞争行为，维护经营者与消费者的合法权益。

二、反不正当竞争法的调整对象

反不正当竞争法所规范的各种竞争行为，大体可以分为以下三种类型：垄断行为、限制竞争行为、不正当竞争行为。

三、反不正当竞争法的基本原则

我国的《反不正当竞争法》遵循了以下几项基本原则：

（一）自愿、平等、公平竞争的原则

参与市场经济的一切经营者，无论其所有制形式如何、营销方式如何，都应当遵循自愿、平等、公平的原则，合法地进行竞争。

（二）诚实信用的原则

经营者在市场交易中应当严格依据法律规定和合同约定行事，尊重实际情况，请求商业信誉，应以善意的方式进行交易，不得采取虚假欺诈手段。竞争必须遵守公认的商业道德。不正当竞争行为的本质特征就是违背了诚实信用的商业竞争规则。

（三）参照国际条约、国际惯例的原则

随着我国对外开放的扩大，不正当竞争也越来越多地涉及国际经济贸易关系。《反不正当竞争法》体现了国际惯例、国际条约的有关规定，特别是我国已经参加的国际条约，如《保护工业产权巴黎公约》等，以适应处理不正当竞争案件的实际需要。

知识点 2　不正当竞争行为

一、不正当竞争行为的定义

《反不正当竞争法》规定，不正当竞争是指经营者违反本法规定，损害其他经营者的合法权益，扰乱社会经济秩序的行为。

经营者的行为构成不正当竞争，必须具备以下特征：违法性、侵权性、社会危害性。

根据我国有关反不正当竞争法律法规的规定，可以对我国的"不正当竞争行为"定义为：经营者在市场交易中，违反自愿、平等、公平、诚实信用和公认的商业道德，违反《反不正当竞争法》及有关法律法规的规定，损害其他经营者的合法权益，扰乱社会经济秩序的行为。

二、不正当竞争行为的表现

根据《反不正当竞争法》的规定，不正当竞争行为有如下表现：

（一）混淆行为

主要包括：

1. 擅自使用与他人有一定影响的商品名称、包装、装潢等相同或者近似的标识；

2. 擅自使用他人有一定影响的企业名称（包括简称、字号等）、社会组织名称（包括简称等）、姓名（包括笔名、艺名、译名等）；

3. 擅自使用他人有一定影响的域名主体部分、网站名称、网页等；

4. 其他足以引人误认为是他人商品或者与他人存在特定联系的混淆行为。

（二）商业贿赂

主要包括：

1. 交易相对方的工作人员；

2. 受交易相对方委托办理相关事务的单位或者个人；

3. 利用职权或者影响力影响交易的单位或者个人。

经营者在交易活动中，可以以明示方式向交易相对方支付折扣，或者向中间人支付佣金。经营者向交易相对方支付折扣、向中间人支付佣金的，应当如实入账。接受折扣、佣金的经营者也应当如实入账。

经营者的工作人员进行贿赂的，应当认定为经营者的行为；但是，经营者有证据证明该工作人员的行为与为经营者谋取交易机会或者竞争优势无关的除外。

（三）虚假宣传

经营者不得对其商品的性能、功能、质量、销售状况、用户评价、曾获荣誉等作虚假或者引人误解的商业宣传，欺骗、误导消费者。

经营者不得通过组织虚假交易等方式，帮助其他经营者进行虚假或者引人误解的商业宣传。

（四）侵犯商业秘密

主要包括：

1. 以盗窃、贿赂、欺诈、胁迫、电子侵入或者其他不正当手段获取权利人的商业秘密；

2. 披露、使用或者允许他人使用以前项手段获取的权利人的商业秘密；

3. 违反保密义务或者违反权利人有关保守商业秘密的要求，披露、使用或者允许他人使用其所掌握的商业秘密；

4. 教唆、引诱、帮助他人违反保密义务或者违反权利人有关保守商业秘密的要求，获取、披露、使用或者允许他人使用权利人的商业秘密。

经营者以外的其他自然人、法人和非法人组织实施前款所列违法行为的，视为侵犯商业秘密。

第三人明知或者应知商业秘密权利人的员工、前员工或者其他单位、个人实施本条第一款所列违法行为，仍获取、披露、使用或者允许他人使用该商业秘密的，视为侵犯商业秘密。

所谓的商业秘密，是指不为公众所知悉、具有商业价值并经权利人采取相应保密措施的技术信息、经营信息等商业信息。

（五）不正当有奖销售

主要包括：

1. 所设奖的种类、兑奖条件、奖金金额或者奖品等有奖销售信息不明确，影响兑奖；

2. 采用谎称有奖或者故意让内定人员中奖的欺骗方式进行有奖销售；

3. 抽奖式的有奖销售，最高奖的金额超过 5 万元。

（六）商业诋毁

编造、传播虚假信息或者误导性信息，损害竞争对手的商业信誉、商品声誉。

（七）网络领域不正当竞争行为

经营者不得利用技术手段，通过影响用户选择或者其他方式，实施下列妨碍、破坏其他经营者合法提供的网络产品或者服务正常运行的行为：

1. 未经其他经营者同意，在其合法提供的网络产品或者服务中，插入链接、强制进行目标跳转；

2. 误导、欺骗、强迫用户修改、关闭、卸载其他经营者合法提供的网络产品或者服务；

3. 恶意对其他经营者合法提供的网络产品或者服务实施不兼容；

4. 其他妨碍、破坏其他经营者合法提供的网络产品或者服务正常运行的行为。

【真题演练 4-1 单项选择题】根据《反不正当竞争法》的规定，下列行为中属于不正当竞争行为中的混淆行为的是（　　）。

A. 甲厂商独立设计商标进行注册，但未获得商标注册权便开始使用该商标

B. 乙厂生产的卫生纸使用"舒洁"商标，而"舒洁造纸厂"是本地一家知名

的卫生纸生产企业

C. 丙商家为促销商品进行有奖销售，但其实没有任何奖项

D. 丁酒厂将其在省级酒品评奖会上的获奖证书复印在所有商品的包装上

【答案】B

【解析】混淆行为，是指经营者通过恶意将其产品或服务与其他经营者的同类产品或服务混同，使消费者误解而谋取不当利益的行为。A、C、D 选项均无被混淆的对象，而 B 选项符合混淆行为的特征，应选。

知识点3 对不正当竞争行为的监督检查

对不正当竞争行为的监督检查，一般有以下几种方式：行政机关监督、司法部门监督和社会监督等。他们分别从不同的角度，采取不同的形式和方法，对不正当竞争行为实施有效的监督检查。

一、行政监督

对不正当竞争行为的行政监督，是指各级政府及其管理机构为了保障社会主义市场经济健康发展，鼓励和保护经营者和消费者的合法权益，依法对市场竞争行为特别是不正当竞争行为进行的监督检查。

二、社会监督

社会监督是指由社会组织和社会成员依法对不正当竞争行为实施的监督。由于不正当竞争行为在各个调动社会各方面的力量，通过各种途径和方式，发现各种不正当竞争行为，使之置于全社会的监督之下。所以一切社会组织和个人都有权利检举、揭发不正当竞争行为，有关部门应该鼓励、支持和保护对不正当竞争行为的社会监督。

社会监督的主要方式有：

1. **披露**。通过电台、电视台、报刊等新闻媒介公开揭露不正当竞争行为，让它们在社会曝光，以唤起社会舆论对不正当竞争行为的谴责。

2. **检举**。与不正当竞争行为没有利害关系的消费者、经营者，知悉不正当行为主体及其不正当竞争行为事实并向行政机关和司法机关揭发。

3. **控告**。不正当竞争行为的被害人可以向行政执法机关或者司法机关揭发、控诉不正当竞争行为人及其不正当竞争违法事实并要求依法惩处。

4. **起诉**。经营者和消费者依法直接提请管辖权的人民法院对不正当竞争行为实施者追究法律责任。

任务二 反垄断法

Ⅰ．任务提要

（1）垄断的概念与反垄断法概述；
（2）滥用行政权力排除、限制竞争。

Ⅱ．能力提升

（1）知识目标：垄断协议；滥用市场支配地位；滥用行政权力排除；限制竞争。

（2）技能目标：学会保证市场公平竞争，经济秩序自由，建立公平、公正的竞争意识和竞争态度。

Ⅲ．思政融入与成效

（1）反垄断法关系到国家发展的宏观重要调控领域本身蕴含着适宜的思政元素，深耕、挖掘与民族精神、国家利益等思政元素相匹配的结合点。

（2）引领认知：民族精神、国家利益不仅仅停留在政治思想领域，在多重领域中均有所运用，打破思维定式，扩宽思考空间，将民族精神、国家情怀渗透到方方面面。

Ⅳ．岗位实训

A 市政府召集养乐乳制品集团的一名销售代表和青山乳制品有限责任公司的 4 名经销商，对该市辖区内所有的高校食堂、超市的牛奶供货权进行招标，最后养乐乳制品集团以 300 万元竞价成交。随后，该市政府与养乐乳制品集团签订了《养乐乳牌牛奶经销合同》，双方约定养乐乳制品集团为该市高校的唯一经销商，该市政府全权负责及保护养乐乳制品集团产品的展示与经销。另外，合同中还明确了养乐乳制品集团以外的任何牛奶产品不得进入高校食堂、超市，其他牛奶厂家以及经销商不得以任何形式进入高校进行销售。合同签订后，市政府即通知本市所有中小学高校，只能使用养乐乳制品集团的牛奶，不得使用其他品牌的牛奶，否则将采取相应措施。

请问：该市政府的行为是否触犯了《中华人民共和国反垄断法》？其行为如何定性？

4.2 案例解析

Ⅴ. 知识储备

知识点 1　反垄断法概述

一、垄断的概念

垄断，是指垄断主体在市场经济运行过程中所进行的排他性控制或对市场竞争进行实质性限制、妨碍公平竞争秩序的行为或状态。法律意义上的垄断具有两个特征：违法性和危害性。垄断行为是违反法律禁止性规定，并对市场竞争过程产生实质危害的行为或状态。

二、垄断的分类

（一）根据垄断者市场占有的情况，垄断分为独占垄断、寡头垄断和联合垄断。

独占垄断也称为完全垄断，是指一家企业对整个行业的生产、销售和价格有完全的排他性的控制能力，在该行业内不存在任何竞争。

寡头垄断，是指市场上只有为数不多的企业生产、销售某种特定的产品或者服务，每个企业都占有一定的市场份额，对价格实施了排他性的控制，但它们相互之间又存在一定的竞争。

联合垄断，是指多个相互间有竞争关系并有相当经济实力的企业，通过限制竞争协议等形式，联合控制某一行业市场的状态。

（二）根据产生的原因，垄断分为经济性垄断、国家垄断、行政垄断和自然垄断。

经济性垄断又称市场垄断，是指市场主体通过自身的力量设置市场障碍而形成的垄断，这是一般的垄断。

国家垄断，是指国家出于保护目的，对某一行业市场的生产、销售等进行直接控制，不允许其他市场主体进入该市场领域的垄断。

行政垄断，是指由政府行政机构违法设置市场障碍而形成的垄断，如在计划经济向市场经济转轨时期，一些地方和部门的保护主义就是典型的行政垄断。

自然垄断，是指由于市场的自然条件原因而产生独占经营的垄断，即某些行业不适合竞争经营，否则将导致社会资源的浪费或市场秩序的混乱，如公用事业。

三、反垄断法概述

反垄断法是调整国家在制止市场主体以控制市场为目的的反竞争行为过程中所发生的社会关系的法律规范的总称。《中华人民共和国反垄断法》（以下简称《反垄断法》），调整的主要是具有竞争关系的经营者之间的法律关系，它是保障市场竞争公平、自由和秩序的重要部门法，被称为"经济宪法"。

《反垄断法》所禁止的并不是所有的垄断行为，而是法律规定的垄断行为。只有当企业从获取超额垄断利润或者排挤竞争对手等目的出发，占有较大的市场份额，并滥用这种市场优势实施反竞争的行为时，才被视为垄断，相关部门才须依《反垄断法》加以制止。对于农业生产者及农村经济组织在农产品生产、加工、销售、运输、储存等经营活动中实施的联合或者协同行为给予特别保护，免于《反垄断法》的规制。此外，有些垄断，如知识产权垄断，其市场进入障碍既非垄断者自身力量形成的，也不是行政力量制造的，而是由法律所赋予的权利。

知识点2 《反垄断法》所规制的垄断行为

《反垄断法》将各种垄断行为分为垄断协议、滥用市场支配地位、经营者集中以及滥用行政权力排除、限制竞争四类。

一、垄断协议

垄断协议也称联合限制竞争，是指两个或两个以上的经营者以协议、决议或者其他协同行为实施的排除、限制竞争行为。垄断协议可以表现为企业间限制竞争的合同或协议、企业团体的决议及企业间的协同行为等形式。垄断协议行为的主体为经营者、行业协会。实践中，垄断协议主要表现为：横向垄断协议，即处于产业链同一环节的两个或两个以上经营者所为的联合限制竞争行为（主要包括固定定价、划分市场、联合抵制、不当技术联合等）；纵向垄断协议，即处于同一产业链上下环节（即有交易关系或供求关系）的两个或两个以上经营者所为的联合限制竞争行为。

构成垄断协议应具备的要件如下：

1. 协议或者协同行为由多个独立主体构成。垄断协议必须发生在两个或两个以上的有竞争关系的经营者之间，具有"多个主体共同行为"的特征。同时，参加联合的主体应是在事实上具有独立性的主体，否则不能认定为垄断协议的联合主体。

2. 经营者之间存在通谋或协同一致的行为。这种通谋或协同一致的行为，可以表现在各方签署形成的协议、合同、备忘录中，也可以表现在企业团体的决定或决议中，还可以是行为人之间协同一致的行为。

【真题演练4-2 单项选择题】根据《反垄断法》的规定，下列各项中，不属于法律禁止的纵向垄断协议的有（   ）。

A. 固定或者变更商品价格的协议

B. 限制购买新技术、新设备或者限制开发新技术、新产品的协议

C. 联合抵制交易的协议

D. 固定向第三人转售商品的价格的协议

【答案】D

【解析】ABC 选项属于法律禁止的横向垄断协议。

垄断协议直接损害了未参与协议的企业的利益，也侵害了消费者的权益，妨碍了竞争机制正常发挥其功能，应予以依法制止。在实际生活中，部分垄断协议有利有弊，并且可能利大于弊。因此，经营者能够证明所达成的协议属于下列情形之一的，可以免于处罚：①为改进技术、研究开发新产品的；②为提升产品质量、降低成本、提高效率，统一产品规格、标准或者实行专业化分工的；③为提高中小经营者经营效率，增强中小经营者竞争力的；④为实现节约能源、保护环境、救灾救助等社会公共利益的；⑤因经济不景气，为缓解销售量严重下降或者生产明显过剩的；⑥为保障对外贸易和对外经济合作中的正当利益的；⑦法律和国务院规定的其他情形。同时，经营者还应当证明所达成的协议不会严重限制相关市场的竞争，并且能够使消费者分享由此产生的利益。

【真题演练 4-3 多项选择题】根据反垄断法律制度的规定，纵向垄断协议的积极效果有（　　）。

A. 减少搭便车　　　　　　　　B. 克服销售商加价

C. 改善售后服务　　　　　　　D. 有利于经营者的市场进入

【答案】ABCD

【解析】本题考核纵向垄断协议。从经济分析的角度，纵向垄断协议具有如下积极效果：（1）减少"搭便车"；（2）克服销售商加价，提升消费者福利；（3）改善售后服务；（4）有利于经营者的市场进入。

【试题来源】2022 年注册会计师全国统一考试专业阶段考试《经济法》真题

二、滥用市场支配地位

滥用市场支配地位是指具有一定的市场支配地位的企业滥用市场优势地位，对其他主体进行不公平的交易或者排除竞争对手的行为。认定滥用市场支配地位的行为需要考虑两个要素：一是取得相关市场的支配地位，二是滥用市场支配地位妨碍竞争。

（一）关于取得相关市场的支配地位的认定

这里的相关市场，是指与经营者的产品和服务之间存在竞争关系的产品和服务市场。相关市场的相关性，是指与经营者的产品和服务存在相互竞争关系的特性，具体表现为在产品和服务种类上的相关性、空间上的相关性和时间上的相关性。要

界定相关市场，需要运用经济学的方法，需要由会计、审计人员协助进行市场调查。市场支配地位，是指经营者在相关市场内具有能够控制商品价格、数量或者其他交易条件，或者能够阻碍、影响其他经营者进入相关市场能力的市场地位。认定市场支配地位的依据，一般以市场份额为主，兼顾市场行为及其相关因素。依据市场份额标准时，可以根据被告的市场份额，依法推定其具有市场支配地位。被推定具有市场支配地位的经营者，有证据证明不具有市场支配地位的，不应当认定其具有市场支配地位。

（二）关于滥用市场支配地位妨碍竞争的认定

其常见行为表现如下：

1. 不正当地确定、维持、变更商品价格。这种行为既损害了消费者的权益，将消费者享有的部分福利转移到垄断厂商，也妨碍了其他竞争者的进入，对竞争构成实质性的限制。

2. 差别对待。处于支配地位的企业在向条件相同的交易对象提供商品时，没有正当理由却在价格或其他交易条件上给予明显的区别对待，从而限制了交易对象之间的竞争。

3. 强制交易。处于支配地位的企业采取利诱、胁迫或其他不正当的方法，迫使其他企业违背真实意愿与之交易，或者促使其他企业从事限制竞争的行为。

4. 掠夺性定价。处于市场支配地位的企业以排挤竞争对手为目的，以低于成本的价格销售商品。

5. 独家交易。处于市场支配地位的企业要求经销商在特定市场内只经销自己的商品，经销其他企业的同种或同类商品。独家交易又称排他性交易行为。

经营者违反《反垄断法》规定，滥用市场支配地位的，由反垄断执法机构责令停止违法行，没收违法所得，并处上一年度销售额1%以上10%以下的罚款。经营者滥用市场支配地位行为给他人造成损失的，应依法承担民事责任。

三、经营者集中

经营者集中，是指经营者通过合并、收购、委托经营、联营或其他方式，集合经营者经济力，提高市场地位的行为，包括经营者合并和经营者控制。经营者集中可以形成一定的规模经济，但经济力量过度集中会使市场竞争主体数量减少，市场结构发生变化，对市场竞争产生不利影响。在认定经营者集中时，应当考虑下列因素：（1）参与集中的经营者在相关市场的市场份额及其对市场的控制力；（2）相关市场的市场集中度；（3）经营者集中对市场进入、技术进步的影响；（4）经营者集中对消费者和其他有关经营者的影响；（5）经营者集中对国民经济发展的影响。

经营者集中是市场中的常见行为，是市场资源重组的需要。导致垄断的经营者集中只是些规模很大且妨碍市场竞争的行为。为抑制这类经营者集中，各国法律都采取了经营者集中审查申报制度。经营者集中是否构成垄断，可以根据经营者集中前后的市场份额变化及对竞争的影响情况作出判断。当经营者集中行为违反法律规定，危及市场竞争、损害社会公共利益时，应予禁止。

四、滥用行政权力排除、限制竞争

滥用行政权力排除、限制竞争也称行政垄断或行政性垄断，是指拥有行政权力的政府机关以及其他依法具有管理公共事务职能的组织滥用行政权力，违反法律规定实施的排除、限制市场竞争的行为。行政垄断是政府违背市场规律及行政规范，参与市场竞争、干涉市场主体行为、分享市场资源、破坏经济自由的不正常状况。

判断是否构成滥用行政权力排除、限制竞争，一般应考虑以下因素：（1）从行为的实施者来看，必须是行政机关或者依照法律、法规授权具有管理公共事务职能的其他组织。这两类主体的特点是均拥有一定的行政权力；（2）行为主体实施了滥用行政权力的行为；（3）该行为产生了破坏市场机制、损害公平竞争秩序、排除或者限制竞争的严重后果。

滥用行政权力排除、限制竞争的行为方式多种多样，反垄断法主要规制以下几类行为：

1. 地区封锁。地方政府及其职能部门通过行政权力建立市场壁垒，禁止外地商品流入本地市场，禁止本地资源流出，对不同的地区经营者差别对待，实行地方保护主义。

2. 强制交易。这是指中央政府部门、地方政府及其他依法具有管理公共事务职能的组织，利用行政权力强制安排市场交易活动，限制和排斥竞争、妨碍公平交易的行为。

3. 强制经营者实施危害竞争的垄断行为。这是指行政管理者为了本地区或本部门的利益，违背经营者的意愿，强制其从事有利于本地区或本部门的垄断行为。

4. 制定含有限制竞争内容的行政法规、行政命令等。这是指行政机关利用行政权力，通过制定行政法规、规章或者发布具有普遍约束力的决定、命令，将有限制竞争性质的条款或内容包含其中，要求相对人执行以达到限制竞争的目的。

【真题演练 4-4 单项选择题】以下垄断行为中，行为人可能承担刑事责任的是（　　）。

A. 经营者滥用市场支配地位，搭售商品

B. 经营者与交易相对人达成固定转售价钱协议

C. 经营者未经执法机构批准，擅自实施集中

D. 经营者之间串通投标

【答案】D

【解析】本题涉及反垄断法律责任。我国《反垄断法》未对垄断行为规定刑事责任。可是，就具体的垄断行为来讲，我国《招标投标法》及《刑法》均对情节严重的串通招投标行为规定了刑事责任。

【试题来源】2021年注册会计师全国统一考试专业阶段考试《经济法》真题

任务三　产品质量法

Ⅰ．任务提要

（1）生产者产品质量责任和义务；

（2）销售者产品质量责任和义务；

（3）销售者的过错责任。

Ⅱ．能力提升

（1）知识目标：产品质量和产品质量法的概念，产品质量法的调整对象；产品质量监督管理体制和产品质量监督管理制度；生产者的产品质量责任和义务、销售者的产品质量责任和义务的基本内容。

（2）技能目标：市场要有效地发挥调节作用，必须具备公平、公正的市场秩序，并不是任何市场经济都能实现资源合理配置。

Ⅲ．思政融入与成效

（1）从诚信经营和社会主义核心价值观引入，通过案例分享和岗位实训，培养具有知法、用法、守法的法律意识。

（2）构建诚信、法治、公平、正义的社会正能量。

Ⅳ．岗位实训

A某以每台2200元的价格将其公司生产的"火热2000"型电动跑步机在市场公开出售，销售金额合计50万余元。B省C市市场监督管理部门通过产品质量抽查，委托D研究所对所抽样品的18个项目进行检验，发现该跑步机"外部结构""脚踏平台"不符合国家强制标准，被鉴定为不合格产品。随后，A将研发的"智能平板健走跑步机"以跑步机的名义对外出售，销售金额共计800万元。经市场监督管理部门委托F检验检疫技术中心检验，该产品未根据"跑步机附加的特殊安全要求和试验方法"加装"紧急停止开关"，且"安全扶手""脚踏平台"不符合国家强制标准，被鉴定为不合格产品。

4.3 案例解析

问：请从《产品质量法》分析此案例？

Ⅴ．知识储备

知识点 1　产品质量法概述

一、产品与产品质量

（一）产品

产品是指被人们使用和消费，并能满足人们某种需求的任何东西，包括有形的物品、无形的服务、组织、观念或它们的组合。根据《中华人民共和国产品质量法》第二条的规定，本法所称的产品是指经过加工、制作用于销售的产品。

（二）产品质量

产品质量是指产品满足需要的适用性、安全性、可靠性、耐用性、维修、经济性等特征和特性的总和。影响产品质量的，既有物质的因素，又有技术的因素，甚至还有社会的因素。我国产品质量是指国家有关法律法规、质量标准以及合同规定的对产品适用性、安全性和其他特性的要求。

二、产品质量法

（一）产品质量法的概念

产品质量法是调整产品质量监督管理关系、产品质量责任关系和产品质量检验、认证关系的法律规范的总称。1993 年 2 月 22 日第七届全国人民代表大会常务委员会第三十次会议通过，2018 年 12 月 29 日第十三届全国人民代表大会常务委员会第七次会议《关于修改〈中华人民共和国产品质量法〉等五部法律的决定》第三次修正。制定该法的目的在于加强对产品质量的监督管理，提高产品质量水平，明确产品质量责任，保护消费者的合法权益，维护社会经济秩序。

我国《产品质量法》的调整对象主要包括：

1. 产品质量监督管理关系，即各级技术质量监督部门、工商行政管理部门在产品质量的监督检查、行使行政惩罚权时与市场经营主体所发生的法律关系。

2. 产品质量责任关系，即因产品质量问题引起的消费者与生产者、销售者之间的法律关系，包括因产品缺陷导致的人身、财产损害在生产者、销售者、消费者之间所产生的损害赔偿法律关系。

3. 产品质量检验、认证关系，即因中介服务所产生的中介机构与市场经营主体之间的法律关系，因产品质量检验和认证不实损害消费者利益而产生的法律关系。

(二)《产品质量法》的特征

产品质量法所调整的社会关系决定了产品质量法具有以下特征：

1. 治理综合化。我国产品质量法要求动员国家、社会、企业、个人等上下内外一切力量，进行全方位的综合治理，并综合运用民事、行政、刑事等多种法律手段，解决产品质量问题。

2. 管理系统化。从产品生产起始，到产品运输、保管、销售等各个环节，进行系统的管理和监督，努力保证产品质量，减少产品质量问题发生，最大限度地保护用户、消费者利益。

3. 功能社会化。我国的产品质量法既要明确产品责任，保护用户、消费者利益，又要维护社会经济秩序和社会利益，将对社会个体利益的保护和对社会整体利益的保护协调结合起来。

(三) 产品质量法的原则

1. 国家宏观管理与生产经营者承担质量责任相结合的原则；
2. 实行统一立法、区域管理原则；
3. 实行奖励与惩罚相结合的原则。

【真题演练4-5 多项选择题】下列各选项中，哪些符合《产品质量法》中所称的产品（　　）？

A. 使用、运输、储存　　　　B. 加工
C. 制作　　　　　　　　　　D. 用于销售

【答案】BCD

【解析】《产品质量法》所称产品是指经过加工、制作，用于销售的产品。依此，本题只有 A 项不正确。

知识点 2　产品质量监督管理制度

一、产品质量监督机构

产品质量监督管理机构是指国家法律授予负责对产品质量进行监督和管理的部门。我国产品质量监督管理机构主要有：

1. 国务院产品质量监督管理部门。
2. 县级以上地方人民政府管理产品质量监督工作的部门。
3. 国务院和县级以上地方人民政府设置的有关行业主管部门。

二、产品质量检验制度

产品质量检验是指检验机构根据特定标准对产品品质进行检测,并判断其合格与否的活动。

产品质量检验制度的内容主要有:

(一)检验主体

企业产品质量检验主体是企业。它具有自主性和合法性的特点。自主性是指这种检验是企业为保障产品质量合格,适合并满足用户和消费者的要求,依法主动进行的检验。除有法律规定以外,企业有权选择检验范围、方法和标准,有权规定检验程序和设置检验机构。合法性,是指企业产品质量检验必须依法进行,遵循国家的有关规定。

(二)检验标准

企业产品质量检验标准有三种:第一种是法定标准;第二种是约定标准;第三种是行业标准。

(三)检验程序

国家有规定的,必须执行国家规定的程序;没有规定程序的,企业应当根据科学、合理的原则,设立自己的检验程序。企业产品质量检验应当接受国家产品质量监督管理部门和检验机构的指导、检查和监督,以确保检验质量。

三、产品质量管理制度

(一)质量标准

产品质量标准可分为:

1. 统一标准和约定标准。

统一标准是国家或行业规定的统一执行的标准;约定标准则是合同当事人约定的质量标准。没有约定或约定不明确的,按照国家标准、行业标准履行;没有国家标准、行业标准的,按照通常标准或者符合合同目的的特定标准履行。

2. 强制性标准与一般性标准。

保障安全、健康,这是最基本的要求,所以要实行强制性标准。除此之外,可实行一般性的、非强制性标准。

(二)许可证制度

生产许可证制度是指国家对于具备生产某种产品条件,并能保证产品质量的企业,依法授权许可生产该项产品资格的法律制度。

国家为了规范许可证行为,自 2005 年 9 月 1 日起施行《中华人民共和国工业产品生产许可证管理条例》。根据本条例第二条的规定，当前我国实施生产许可证制度的产品，主要包括：（1）乳制品、肉制品、饮料、米、面、食用油、酒类等直接关系人体健康的加工食品；（2）电热毯、压力锅、燃气热水器等可能危及人身、财产安全的产品；（3）税控收款机、防伪验钞仪、卫星电视广播地面接收设备、无线广播电视发射设备等关系金融安全和通信质量安全的产品；（4）安全网、安全帽、建筑扣件等保障劳动安全的产品；（5）电力铁塔、桥梁支座、铁路工业产品、水工金属结构、危险化学品及其包装物、容器等影响生产安全、公共安全的产品；（6）法律、行政法规要求依照本条例的规定实行生产许可证管理的其他产品。生产许可证的实施，由国务院产品质量监督管理部门统一组织领导、督促和检查，制定管理办法，审批产品目录，规定编号办法，仲裁有关争议事项等。

（三）认证制度

根据2003年9月3日国务院颁布的《中华人民共和国认证认可条例》规定，认证制度分为企业质量体系认证和产品质量认证。

1. 企业质量体系认证。企业质量体系认证亦称"质量体系注册"，是指由公正的第三方体系认证机构，依据正式发布的质量体系标准，对企业的质量体系实施评定，并颁发体系认证证书和发布注册名录，向公众证明企业的质量体系符合某一质量体系标准的全部活动。

企业质量体系认证由国务院产品质量监督部门认可或者其授权的部门认可的认证机构负责，下设认证监督管理司与认可与检验检测监督管理司。其中，认证监督管理司的主要职责包括：拟订实施认证和合格评定监督管理制度；规划指导认证行业发展并协助查处认证违法行为；组织参与认证和合格评定国际或区域性组织活动。认可与检验检测监督管理司职责包括：拟订实施认可与检验检测监督管理制度；组织协调检验检测资源整合和改革工作；规划指导检验检测行业发展并协助查处认可与检验检测违法行为；组织参与认可与检验检测国际或区域性组织活动。

企业可以自愿提出申请认证。企业通过质量体系的认证，获得认证证书。推行质量体系认证，引导企业向国际先进水平努力，有利于促进企业改善经营管理，提高企业整体素质，增强市场竞争能力。

2. 产品质量认证。产品质量认证是指通过认证机构的独立评审，对于符合条件的产品，颁发认证证书和认证标志，从而证明某一产品达到相应标准。推行产品质量认证制度的目的，是企业的产品通过了国家著名认证机构的产品认证，就可获得国家级认证机构颁发的"认证证书"，并允许在认证的产品上加贴认证标志。这种被国际上公认的、有效的认证方式，可使企业或组织经过产品认证树立起良好的信誉和品牌形象，同时让顾客和消费者也通过认证标志来识别商品的质量好坏和安全与否，有利于提高经认证合格的企业和产品的市场信誉，增强产品的市场竞争能力，以激励企业加强质量管理,提高产品质量水平。

实施产品质量认证的机构,是国务院产品质量监督管理部门认可的或者经国务院产品质量监督部门授权的部门认可的认证机构。

按照国务院及国务院产品质量监督部门的有关规定,企业向产品质量认证机构申请产品质量认证,需符合下列条件:(1)企业的产品符合有关的国家标准或行业标准及有关的技术要求;(2)有合理的理由证明其产品质量稳定,并能够正常批量生产;(3)企业的质量体系符合有关国家标准或国际标准的要求。

知识点3 生产者、销售者的产品质量责任和义务

一、生产者的产品质量责任和义务

产品质量责任是生产者、销售者所生产、销售的产品不符合产品质量法的强制性规定而应承担的一种责任。按照法律规定,生产者必须履行下列责任和义务:

(一)生产者应当对其生产的产品质量负责

根据法律规定,生产者生产的产品质量应当符合下列要求:

1. 不存在危及人身、财产安全的不合理的危险,有保障人体健康和人身、财产安全的国家标准、行业标准的,应当符合该标准。

2. 具备产品应当具备的使用性能。但是,对产品存在使用性能的瑕疵作出说明的除外。

3. 符合在产品或者其包装上注明采用的产品标准,符合以产品说明、实物样品等方式表明的质量状况。

(二)产品或者其包装上的标识必须真实

产品或者其包装上的标识必须真实,并符合下列要求:

1. 有产品质量检验合格证明。

2. 有中文标明的产品名称、生产厂厂名和厂址。

3. 根据产品的特点和使用要求,需要标明产品规格、等级、所含主要成分的名称和含量的,用中文相应予以标明;需要事先让消费者知晓的,应当在外包装上标明,或者预先向消费者提供有关资料。

4. 限期使用的产品,应当在显著位置清晰地标明生产日期和安全使用期或者失效日期。

5. 使用不当,容易造成产品本身损坏或者可能危及人身、财产安全的产品,应当有警示标志或者中文警示说明。

（三）关于生产者产品生产的禁止性规定

1. 不得生产国家明令淘汰的产品。
2. 不得伪造产地，不得伪造或者冒用他人的厂名、厂址。
3. 不得伪造或者冒用认证标志等质量标志。
4. 生产产品，不得掺杂、掺假，不得以假充真、以次充好，不得以不合格产品冒充合格产品。

二、销售者的产品质量责任和义务

根据我国产品质量法的规定，销售者的产品质量责任和义务是：

1. 应当建立并执行进货检查验收制度，验明产品合格证明和其他标识。
2. 应当采取措施，保证销售产品的质量。
3. 不得销售国家明令淘汰并停止销售的产品和失效、变质的产品。
4. 销售的产品标识应当符合法律规定。
5. 不得伪造产地，不得伪造或冒用他人的厂名、厂址。
6. 不得伪造或者冒用认证标志等质量标志。
7. 销售产品，不得掺杂、掺假，不得以假充真、以次充好，不得以不合格产品冒充合格产品。

三、产品质量责任的归责原则

产品质量责任的归责原则是指确立产品的生产者和销售者承担损害赔偿责任的基本准则，是消费者诉请司法机关追究产品生产者或销售者产品质量责任的基本法律依据和指导思想，它贯穿于《产品质量法》的始终。我国《产品质量法》确定的归责原则是严格责任原则。

严格责任原则是指生产者生产的产品有缺陷，对用户或消费者产生不合理的危险，并造成人身和财产损害时，必须对受害人赔偿。根据这一原则，受害人只需举出证据证明自己遭受的人身和财产损害是由于生产者生产的产品造成的，即可要求生产者承担赔偿责任。

四、产品质量责任的免除

产品质量责任的免除是指在产品责任事故发生后，被告人能够证明有法定的免责条件的存在而可以全部或者部分免除其赔偿责任。

根据我国《产品质量法》的规定，生产者能够证明有下列情形之一的，不承担赔偿责任：

1. 未将产品投入流通的。

2. 产品投入流通时,引起损害的缺陷尚不存在的。

3. 将产品投入流通时的科学技术水平尚不能发现缺陷存在的。

【真题演练4-6 单项选择题】 A先生在家中烹饪时,压力锅突然爆炸后锅盖击中头部死亡,后经相关部门检测认定:发生爆炸原因为该压力锅设计不合理导致排气孔堵塞致使发生爆炸。本案中,可以下列何种依据判定生产者承担责任（　　）。

A. 产品明示担保条件　　　　　　B. 产品买卖合同约定

C. 产品存在欺诈行为　　　　　　D. 产品存在缺陷

【答案】D

【解析】产品缺陷责任。压力锅存在设计不尽合理的缺陷,存在危及人身安全的危险,故答案为D选项。

任务四　消费者权益保护法

Ⅰ. 任务提要

（1）消费者权益保护法的基本原则；

（2）消费者的权利、经营者的义务；

（3）消费者权益争议的解决方式。

Ⅱ. 能力提升

（1）知识目标：消费者和消费者权益的含义及消费者权益保护法的概念；消费者权益保护法的基本原则；消费者权益争议的解决方式；消费者损害赔偿请求权的行使；违反《消费者权益保护法》的法律责任。

（2）技能目标：通过学习,培养学生的维权意识、自我保护意识、勇于依法维护自身权益,同时构建和谐、正义的市场秩序。

Ⅲ. 思政融入与成效

（1）从消费者的权益保护制度引入,将消费者权益保护法的"三包"原则（即"包修、包换、包退"）、对消费者的保护与新时代中国特色法治思想深度融合。

（2）引领认知：运用消费者权益保护法的维权范围,最大限度保护合法权益,真正学以致用,保护合法权益。

Ⅳ. 岗位实训

A女士在某网站浏览时发现一款女士背包,款式较为新颖,价格也低于其他店铺,她在反复对比之后下单购买并支付了全额货款。不久后A女士收到这款女士背包,但是她发现这款背包虽然在款式上不存在任何问题,但材质、做工、颜色与网站当时的图片和介绍出入很大，甚至截然不同。于是 A 女士联系网站卖家，要求退款并自己主动承担来往的运费，但店家以已经完成交易而拒绝。

问：A 女士可以要求退货吗？结合消费者权益保护法分析此案例。

4.4 案例解析

V．知识储备

知识点 1　消费者权益保护法概述

一、消费者和消费者权益的含义

消费者是指为生活消费需要，购买、使用商品或接受服务的人。消费者权益是指消费者在购买使用商品或接受服务时依法享有的受法律保护的权利。

二、消费者权益保护法的概念

消费者权益保护法是指调整在保护消费者权益过程中所发生的社会关系的法律规范的总称。因保护消费者权益而产生的社会关系包括：

1. 国家与生产经营者之间的关系，指的是国家有关管理部门对经营者经营活动的监督管理关系；

2. 国家与消费者之间的关系，指的是国家有关管理部门在为消费者提供指导、服务与保护过程中发生的关系；

3. 经营者与消费者之间的关系，是指消费者在购买、使用经营者提供的商品或服务时，造成某种损害，消费者请求经营者赔偿的关系，以及消费者对经营者进行监督时所发生的关系。

三、消费者权益保护法的基本原则

（一）平等、自愿、公平、诚实信用原则

经营者与消费者进行交易，应当在平等、自愿、公平及诚信实用的基础上进行。平等即地位的平等；自愿就是不强迫；公平就是不允许一方只享受权利，另一方只承担义务。

（二）特别保护消费者的原则

消费者与经营者之间的关系，应当是平等主体间的等价有偿关系。但由于消费者的孤立性、分散性，再加上消费者对产品技术、消费知识的缺乏，使消费者在消费关系中处于弱者地位。

(三) 国家对消费者提供支持与援助的原则

国家根据经济、文化发展水平，帮助、指导和教育消费者提高自我保护意识，同时加强对经营者的监督管理，对于一切违法经营坚决予以取缔。在消费者权益受到侵害时，提供必要的法律援助，如简化手续、方便投诉。

(四) 补偿性与惩罚性相结合的原则

补偿性是指当消费者的权益受到不法侵害、造成实际损失时，国家责令不法经营者给予适当的经济补偿。惩罚性是指对不法经营者，根据情节的轻重，分别追究民事责任、行政责任或刑事责任。

(五) 行政监督与社会监督相结合的原则

经营者应在法律法规规定的范围内依法经营，向社会提供的产品应是符合《产品质量法》要求的合格产品，国家及地方各级要定期或不定期地抽查、检查，奖优罚劣。

知识点 2　消费者的权利与经营者的义务

一、消费者的权利

《消费者权益保护法》为消费者设立了相互独立关联的 9 项权利。

(一) 安全权

消费者的人身和财产安全不受侵犯是消费者最重要的权利。具体包括：

1. 在购买、使用家用电器、家用器械、燃气以及燃气用具、日用百货、文化用品、儿童玩具等生活消费品时，有权要求这些产品质量能够有安全性，或有安全性保障措施，不存在缺陷而使消费者受到保护；

2. 在购买、使用食品、药品、化妆品时，有权要求商品符合国家规定的安全、卫生标准；

3. 在接受服务时，有权要求相关的服务设施、服务用具和用品、服务环境、服务活动及服务中所提供的产品或商品符合安全、卫生等要求，不致使消费者因此受到人身伤害或财产安全遭到威胁。

(二) 知情权

消费者的知情权是指消费者在购买、使用商品或接受服务时，知悉商品的真实情况和服务的真实情况的权利。这是每个消费者作出消费决定的前提。

消费者有权要求得到商品和服务的全面、真实的信息，有权要求商品和服务按国家规定附有合格证、说明书和标志，有权要求经营者明确回答关于商品和服务的质量、数量、价格等问题。

（三）选择权

选择权是指消费者根据自己的意愿独立自主地选择经营者，选择商品品种，选择服务方式，自主决定购买或不购买任何一种商品，接受或不接受任何一项服务，在自主选择商品或接受服务时享有进行比较、鉴别和挑选的权利。消费者的自主决定不受任何人的强制。

（四）公平交易权

公平交易权是指消费者购买商品或接受服务时，有权获得质量保障、价格合理、计量准确等公平交易条件。公平交易的核心是消费者以一定数量的货币可以换得同等价值的商品或服务。

（五）损害赔偿请求权

损害赔偿请求权是指消费者在因购买、使用商品或接受服务受到人身、财产损害时，依法享有的要求获得赔偿的权利。经营者应建立健全售后服务责任制，严格执行国家规定的"三包"规定，即包修、包换、包退或其他责任制度。经营者不得以格式合同、通知、声明、店堂告示等方式作出对消费者不公平、不合理的规定，以免除其应承担的民事责任。消费者的损害赔偿请求权包括人身损害赔偿请求权和财产损害赔偿请求权。

（六）结社权

消费者的结社权是指消费者享有的依法成立维护自身合法权益的社会团体的权利。

在消费领域中，消费者与经营者相比，在市场上处于弱者地位，法律规定消费者享有结社权，可以把消费者组织起来，形成对商品和服务的广泛的社会监督，还可以通过消费者组织的调解及时解决纠纷，也能沟通政府与消费者之间的关系以及指导消费者的消费行为，从而不断地提高消费者的自我保护意识。

（七）获取知识权

消费者的获取知识权是指消费者所享有的获得有关消费者权益保护方面的知识的权利。

消费者享有获得消费知识权利的内容包括：

1. 享有获得消费知识的权利。例如，商品使用的知识（掌握商品使用技能）、商品和服务的基本常识（选购各种商品的常识）、关于市场的基本知识（进行市场调查，了解市场各种商品或服务的种类、价格）等。

2. 享有获得消费者权益保护方面的知识的权利。消费者权益保护方面知识主要指有关消费者权益保护的法律法规和政策、消费者权益保护机构、消费者与经营者发生争议时的解决途径等方面的知识。

（八）维护尊严权

消费者的维护尊严权是指消费者在购买、使用商品和接受服务时享有的人格尊严、民族风俗习惯得到尊重的权利。人格尊严权是宪法赋予公民的基本权利。消费者的人格尊严权包括消费者的名誉权及尊严权，这种权利不受他人非法侵犯。我国是个多民族的国家，少数民族众多。少数民族在饮食、服饰、居住、婚葬、节庆、娱乐、礼节、禁忌等方面都有不同的风俗习惯。尊重民族感情，尊重少数民族风俗习惯，对于贯彻党和国家的民族政策有着极其重要的意义。

（九）监督权

消费者享有对商品和服务以及保护消费者权益工作进行监督的权利。消费者有权检举、控告侵害消费者权益的行为和国家机关及其工作人员在消费者权益工作中违法失职的行为，有权对保护消费者权益工作提出批评和建议。

二、经营者的义务

经营者是向消费者生产、销售商品或者提供服务的单位和个人，它是以营利为目的从事生产经营活动并与消费者相对应的另一方当事人。消费者的权利在一定程度上是通过经营者的义务来实现的，因此，对经营者的义务要求加以明确的规定。

（一）经营者的法定义务和约定义务

法定义务是指经营者向消费者提供商品或服务必须按照《产品质量法》和其他法律法规规定履行义务。

约定义务是指经营者和消费者有约定的应当按照约定履行义务。双方的约定不得违背法律法规的规定。

（二）经营者接受监督的义务

经营者应当听取消费者对其提供的商品或服务的意见，自觉接受消费者的监督和检查。

（三）经营者保障消费者人身和财产安全的义务

经营者应当保证其提供的商品或者服务符合保障人身财产安全的要求。对可能危及人身、财产安全的商品和服务，应当向消费者作出真实的说明和明确的警示，并说明或标明正确使用商品或者接受服务的方法以及防止危害发生的方法。

经营者发现其提供的商品或者服务存在严重缺陷，即使正确使用商品或者接受服务仍然可能对人身、财产安全造成危害的，应当立即向有关行政部门报告和告知消费者，并采取防止危害发生的措施。

（四）经营者提供真实信息的义务

经营者应当向消费者提供有关商品或者服务的真实信息，不得作引人误解的虚假宣传。经营者对消费者就其提供的商品或者服务的质量和使用方法等问题提出的询问，应当作出真实、明确的答复。商店里提供的商品应当明码标价。

（五）经营者标明真实名称和标记的义务

经营者在提供商品或服务时，应当标明真实名称和标记，否则会使消费者产生错误的认识。租赁他人柜台或场地的经营者也应当标明真实的名称和标记，否则也同样会使消费者产生错觉，使消费者的合法权益受到损害。

（六）经营者出具购货凭证和服务单据的义务

经营者提供商品或服务，应当按照国家有关规定或者商业惯例向消费者出具购货凭证或者服务单据；消费者索要购货凭证或服务单据的，经营者必须出具。

购货凭证和服务单据是经营者向消费者提供商品或服务的书面凭证，是合同关系的证据，也是消费者向经营者索赔的证据。因此，经营者向消费者出具相应的凭证和单据，既能起到对经营者监督的作用，又有利于消费者权益的保护。

（七）经营者保证商品或服务质量的义务

经营者应当保证在正常使用商品或提供服务的情况下说明其提供的商品或服务应当具备的质量、性能、用途和有效期限；但消费者在购买该商品或接受该服务前已经知道其存在瑕疵的除外。经营者以广告、产品说明、实物样品或者其他方式表明商品或者服务的质量状况的，应当保证其提供的商品或服务的实际质量状况与表明的相符。

（八）经营者的三包义务

经营者提供商品或服务，按照国家规定或者与消费者的约定，承担包修、包换、包退或者其他责任的，应当按照国家规定或者约定履行，不得故意拖延或者无理拒绝。

（九）经营者公平、合理交易的义务

为保障消费者公平交易权的顺利实现，经营者不得以格式合同、通知、声明、店堂告示等方式作出对消费者不公平、不合理的规定，或者减轻、免除其损害消费者合法权益应当承担的民事责任。格式合同、通知、声明、店堂告示含有上述内容的，其内容无效。

（十）经营者尊重消费者人格权的义务

消费者的人身自由、人格尊严是基本的民事权利。经营者不得对消费者进行侮

辱、诽谤，不得搜查消费者的身体及其携带的物品，不得侵犯消费者的人身自由。

【真题演练4-7 单项选择题】 A先生与妻子和9周岁的女儿在某酒店用餐，后A先生与妻子一同去卫生间嘱咐女儿看管好座位上的手提包。回来后发现手提包丢失，因此A先生要求酒店赔偿但遭到拒绝，遂提起民事诉讼。根据《消费者权益保护法》的规定，下列说法中正确的是（　　）。

A. 酒店应保障顾客在接受服务时的财产安全，并承担顾客随身物品遗失的风险

B. 酒店应确保其服务环境绝对安全，应当对顾客在饭馆内遭受的一切损失承担赔偿责任

C. 酒店应对顾客妥善保管随身物品作出明确提示，否则应当对顾客的物品丢失承担赔偿责任

D. 酒店应保证其提供的饮食服务符合保障人身、财产安全的要求，但并不承担对顾客随身物品的保管义务，也不承担顾客随身物品遗失的风险

【答案】 D

【解析】 根据《消费者权益保护法》规定，经营者应当保证其提供的商品符合保障人身、财产安全的要求。据此可知，经营者仅对自己为消费者提供的商品有保障其人身和财产安全的义务。本案中，酒店为A先生提供的是饮食服务，而非保管财物的服务，因此，酒店仅就对自己为甲提供的食品负有保障其人身安全的义务。

知识点3　消费者权益争议的解决

一、消费者权益争议的解决方式

消费者和经营者发生消费者权益争议的，可以通过下列途径解决：

（一）与经营者协商

消费者与经营者之间发生争议之后，双方就争议的相关事宜进行协商，达成一致意见，从而使纠纷得以解决。

协商是解决消费者与经营者之间纠纷最常见、最简单易行的方法，不需要任何第三者参加，双方在自愿平等的基础上就能使问题得以解决。

（二）请求消费者协会调解

消费者与经营者之间发生争议后，由消费者协会进行沟通、协调，使双方之间的矛盾得以解决。

在调解过程中，消费者协会起着十分重要的作用，它是沟通消费者与经营者之间的桥梁、纽带，其工作应耐心、细致。调解应在自愿的基础上，依法公正地调解。调解不成，双方达成一致意见，或达成协议后一方反悔的，双方可以通过仲裁或诉

讼方式解决争议。

（三）向有关行政部门申诉

消费者与经营者之间发生争议后，除协商或调解外，还可以向有关行政机关提出申诉，以维护消费者的合法权益。

各有关行政部门申诉是指向工商行政管理机关、技术监督机关及各有关专业部门申诉。有关行政部门对消费者的申诉，应予接受，及时答复并处理。

（四）根据与经营者达成的仲裁协议提请仲裁机构仲裁

仲裁是指发生纠纷的当事人，自愿将他们之间的争议提交仲裁机构进行裁决的活动。争议的双方可以在他们的合同中订立仲裁条款，也可以在争议发生后，双方自愿达成仲裁的书面协议，提交仲裁机构仲裁。

（五）向人民法院诉讼

诉讼就是通过审判的程序解决消费争议。它是最强有力的争议解决方法，通过其他方法解决不了的消费争议，都可以通过诉讼的途径得到解决。

二、消费者损害赔偿请求权的行使

消费者损害赔偿请求权的行使，即承担损害赔偿责任主体的确定。根据《消费者权益保护法》的有关规定，确定损害赔偿责任主体的方法大致有以下几种：

1. 消费者在购买、使用商品时，其合法权益受到损害的，可以向销售者要求赔偿。销售者赔偿后，属于生产者的责任或者属于向销售者提供商品的其他销售者的责任的，销售者有权向生产者或者其他销售者追偿。

2. 消费者或者其他受害人因商品缺陷造成人身、财产损害的，可以向销售者要求赔偿，也可以向生产者要求赔偿。属于生产者责任的，销售者赔偿后，有权向生产者追偿。属于销售者责任的，生产者赔偿后，有权向销售者追偿。

3. 消费者在接受服务时，其合法权益受到损害的，可以向服务者要求赔偿。

4. 消费者在购买、使用商品或接受服务时，其合法权益受到损害，因原企业分立、合并的，可以向变更后承受其权利义务的企业要求赔偿。

5. 使用他人营业执照的违法经营者提供商品或服务，损害消费者合法权益的，消费者可以向其要求赔偿，也可以向营业执照的持有人要求赔偿。

6. 消费者在展销会、租赁柜台购买商品或者接受服务，其合法权益受到损害的，可以向销售者或者服务者要求赔偿。展销会结束或者说租赁柜台期满后，也可以向展销会的举办者、柜台的出租者要求赔偿。展销会的举办者、柜台的出租者赔偿后，有权向销售者或服务者追偿。

7. 消费者因经营者利用虚假广告提供商品或服务，其合法权益受到损害的，可以向经营者要求赔偿。广告的经营者发布虚假广告的，消费者可以请求行政主管部门予以惩处。广告的经营者不能提供经营者的真实名称、地址的，应当承担赔偿责任。

【真题演练4-8 多项选择题】 经营者的下列行为中，属于违反《消费者权益保护法》规定的有（　　）。

A. 顾客以所购商品的价格高于同城另一家商场的同类商品的售价为由要求退货，商家予以拒绝

B. 商场的出租柜台更换了承租商户，新商户进场后，仍使用原商户设置的名称标牌

C. 商家在商场内多处设置监控录像设备，其中包括服装销售区的试衣间

D. 餐馆规定，顾客用餐结账时，餐费低于10元的不予开发票

【答案】 BCD

【解析】 本题BCD三项均违反了《消费者权益保护法》规定的经营者义务当中的尊重消费者人格的义务。其中，B选项存在误导消费者；C选项侵犯消费者隐私；D选项餐饮业金额在10元以上的，应一律按规定开具发票。如消费者索取发票的，则无论金额大小，应一律予以开具发票。

项目检测四

一、单项选择题

1. 下列各项，不属于不正当竞争行为构成要件的是（　　）。

A. 经营者违反法律规定

B. 不正当竞争行为给受害人造成了重大损失

C. 损害其他经营者的合法权益

D. 扰乱市场竞争秩序

2. 依《反垄断法》规定，下列属于经营者集中情形的是（　　）。

A. 经营者通过取得资产的方式，取得对其他经营者的表决权

B. 经营者通过合同等方式，能够对其他经营者施加影响

C. 经营者合并

D. 经营者联合抵制交易

3. 下列产品中不需要有警示标志或中文警示说明的有（　　）。

A. 有副作用的药品　　　　　　　B. 需稀释方可使用的农药

C. 易燃易爆物　　　　　　　　　D. 书籍

4. "售出商品概不退换"侵犯了消费者的（　　）。

A. 自主选择权　　　B. 公平交易权　　　C. 知悉真情权　　　D. 依法求偿权

5. 下列哪些产品出现质量问题时不可以由《消费者权益保护法》调整（　　）。

A. 王某购买的用于播种的新型玉米种子

B. 张某在商场购买的食用油

C. 陈某为对外出租而购买的 10 台收割机

D. 赵某购买的杀虫剂

二、多项选择题

1. 根据《反不正当竞争法》规定，下列行为中属不正当竞争行为的有（　　）。

A. 一个人明知是他人窃取的商业秘密而有偿取得并使用

B. 使用人不知道自己取得并使用的技术是他人骗取来的

C. 甲和乙就一项技术签订了一份技术转让合同，同时约定不论该转让协议是否达成，只要受让方接触到了该技术的核心部分，合同中的保密条款永久有效。而在合同未达成后，受让方即将该技术的核心部分全部泄露给了自己的亲属

D. 使用人窃取的技术是早已公诸于世的技术

2. 下列选项中，属于不正当竞争行为的是（　　）。

A. 因清偿债务降价销售商品

B. 最高奖金超过 50000 元的抽奖式的有奖销售

C. 在不同地域范围内使用近似的知名商品特有的包装，在后使用者能够证明其善意使用的

D. 在商品上伪造认证标志

3. 根据反垄断法的规定，下列各项中，不适用反垄断法的行为有（　　）。

A. 知识产权的正当行使人

B. 经营者达成垄断协议

C. 可能具有排除、限制竞争效果的经营者集中

D. 农业生产中的联合或者协同行为

4. 消费者与经营者发生消费者权益争议的，可以通过以下途径解决（　　）。

A. 与经营者协商和解　　　　　　　B. 请求消费者协会调解

C. 向有关行政部门申诉　　　　　　D. 向人民法院提起诉讼

5. 下列产品中存在《产品质量法》所称的"缺陷"的有哪些？（　　）

A. 致人中毒的假酒

B. 口感不佳的劣酒

C. 易醉人的高度酒

D. 突然爆炸炸坏家具的汽酒（爆炸原因为气压过高）

三、判断题

1. 引人误解的宣传不属于不正当竞争行为。（   ）
2. 《反垄断法》仅适用于中华人民共和国境内经济活动中的垄断行为。（   ）
3. 根据《反垄断法》规定，实施垄断行为的主体只能是企业。（   ）
4. 消费者在购买、使用商品或者接受服务时，其合法权益受到损害，若原企业分立、合并的，可以向变更后承受其权利义务的企业要求赔偿。（   ）
5. 《产品质量法》所称的产品是指经过加工、制作的产品。（   ）

四、实战模拟

2023 年初，张某开设的工厂研发出一种新型节能炉具，先后在一个月内制造出 10 件样品，放在仓库内妥善保管。后样品有 6 件丢失，丢失原因未知。2023 年 5 月，居民李某的燃气罐发生爆炸，查明原因是使用了某厂丢失的 6 件样品炉具中的一件，而该炉具并未在市场上公开出售，其产品本身也存在重大缺陷。居民李某要求张某工厂对其造成的赔偿损失进行赔偿，而张某拒绝赔偿。

问：李某的请求赔偿是否有法律依据？张某是否可以拒绝赔偿？

项目五　证券法律制度

【思维导图】

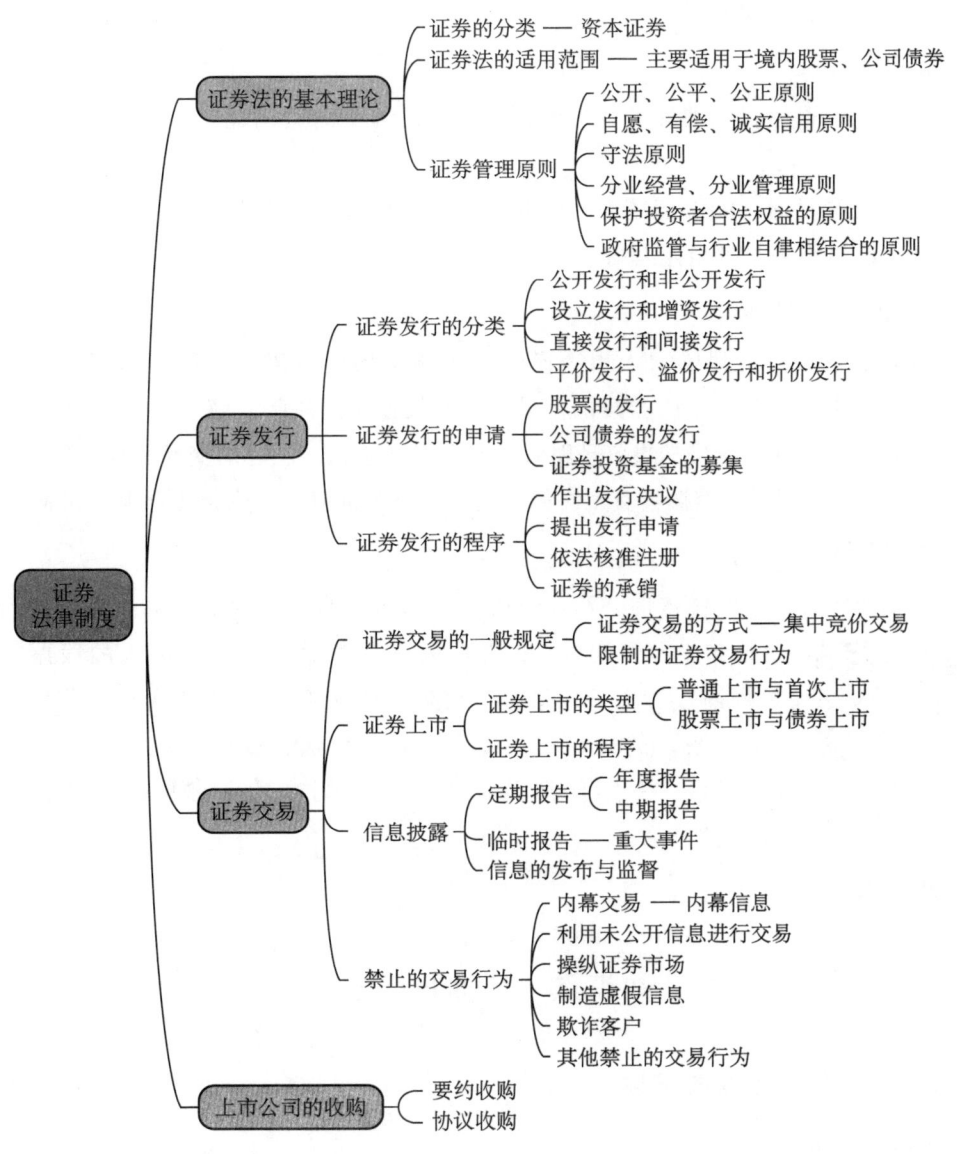

任务一　证券法的基本理论

Ⅰ．任务提要

（1）证券的概念和分类；

（2）证券法的适用范围；

（3）证券管理原则。

Ⅱ．能力提升

（1）知识目标：掌握证券管理原则；熟悉证券法的适用范围；了解证券的概念及分类。

（2）技能目标：能够运用证券法知识对我国证券市场现状进行初步评判，为将来从事与证券相关业务奠定基础。

Ⅲ．思政融入与成效

（1）从"投资有风险，入市需谨慎"证券市场提示语引入我国《证券法》的基本理论，通过解析典型证券案例，强化证券投资中的风险防范、防范意识。

（2）引领认知：正确的投资理财观、金融安全意识，良好的交易心理素质、理性成熟的价值投资理念，挖掘具有工匠精神的上市公司价值，形成合法合规的职业操守。

Ⅳ．岗位实训

5.1 案例解析

王某为知名证券投资咨询公司负责人。该公司常常在重要媒体和互联网平台免费公布发布咨询报告，并向公众推荐股票，已经买入的股票在公司咨询报告中予以推荐，咨询报告发布后将股票卖出。依照我国《证券法》的规定，王某的行为不合法，属于操纵证券市场的违法行为。（本案例涉及证券管理原则、禁止交易行为等相关知识点。）

Ⅴ．知识储备

知识点　证券与证券法

一、证券与证券法概述

（一）证券及其分类

证券是具有一定的票面金额，以证明或设定权利为目的所做成的一种书面凭证。

证券有广义与狭义之分。广义的证券是指各种财产所有权或债权凭证的通称,是用来证明证券持有者有权按其所载取得相应权益的凭证。通常包括货币证券(汇票、本票、支票等)、财物证券(提单、仓单等)、资本证券(股票、债券)三类。狭义的证券仅指资本证券,即《证券法》规定的证券,主要包括股票、公司债券、存托凭证和国务院依法认定的其他证券(证券投资基金、资产支持证券、资产管理产品等)。

1. 股票。股票是股份有限公司签发的,证明股东所持股份的凭证。我国证券市场上流通的股票有人民币普通股(A股)和境内上市外资股(B股)。另外,中国境内注册的公司还可以发行境外上市外资股,包括H股(中国香港上市)、N股(纽约上市)、S股(新加坡上市)等。

2. 债券。债券是政府、金融机构、公司企业等主体依照法定程序发行的、约定在一定期限还本付息的有价证券。债券是一种债权凭证,是一种到期还本付息的有价证券,它具有风险性小和流通性强的特点。债券按发行主体不同可分为公司债券(含可转换公司债券)、金融债券和政府债券。

3. 存托凭证。存托凭证是指在一国证券市场流通的代表外国公司有价证券的可转让凭证,是一种由存托人签发,以境外证券为基础在境内发行,代表境外基础证券权益的证券。

4. 证券投资基金份额。证券投资基金份额是基金投资人持有基金单位的权利凭证。

5. 资产支持证券。资产支持证券是由受托机构发行的、代表特定目的信托的信托受益权份额。受托机构以信托财产为限向投资者承担支付资产支持证券收益的义务,其支付基本来源于支持证券的资产池产生的现金流。

6. 资产管理产品。资产管理产品是指接受投资者委托,对受托投资者提供财产投资和管理服务的银行、信托、证券、基金、期货、保险资产管理机构,金融资产投资公司等金融机构发行的,由其担任资产管理人,由托管机构担任资产托管人,为资产委托人的利益运用委托财产进行投资的一种标准化金融产品。资产管理产品按照募集方式的不同,分为公募产品和私募产品;按照投资性质的不同,分为固定收益类产品、权益类产品、商品及金融衍生品类产品和混合类产品。

(二)证券法及其适用范围

证券法有广义和狭义之分。广义的证券法是指调整因证券的发行、交易、监督、管理及为方便证券发行与交易所提供服务而产生的社会关系的法律规范的总称;狭义的证券法专指《中华人民共和国证券法》(以下简称《证券法》),1998年12月29日全国人大常务委员会通过了该法,分别于2005年、2014年、2019年进行三次修订。

《证券法》第二条规定：在中华人民共和国境内，股票、公司债券、存托凭证和国务院依法认定的其他证券的发行和交易，适用本法；本法未规定的，适用《公司法》和其他法律、行政法规的规定。政府债券、证券投资基金份额的上市交易，适用本法；其他法律、行政法规另有规定的，适用其规定。资产支持证券、资产管理产品发行、交易的管理办法，由国务院依照本法的原则规定。

可见，证券市场上发行和流通的证券并非全部由《证券法》调整，我国《证券法》主要是对境内股票、公司债券的发行与交易进行调整。但是，《证券法》实行有条件的域外管辖，在中国境外的证券发行和交易活动，扰乱中国境内市场秩序，损害境内投资者合法权益的，依照《证券法》有关规定处理并追究法律责任。

二、证券管理原则

（一）公开、公平、公正原则

公开原则，是指证券发行和交易的一切活动和所涉及的信息都必须公开让投资者在充分了解真实情况的基础上自行作出投资决策。

公平原则，是指有关证券市场的所有参与者的法律地位平等，在市场中机会平等。

公正原则，是指证券监督管理机关在履行职责过程中，必须依法进行，执行统一的规则，适用统一的规范，同等地对待所有的证券市场参与者。

（二）自愿、有偿、诚实信用原则

自愿原则，是指当事人有权根据自己的意愿参与证券的发行与交易活动。

有偿原则，是指在证券发行与交易活动中，一方当事人取得另一方当事人的利益必须付出代价，不得无偿占有他方的财产和劳动。

诚实信用原则，是指有关各方当事人应当自觉遵守社会公德，参与民事活动要诚实守信、客观公正、信守承诺，不得有任何证券欺诈行为。

（三）守法原则

守法原则是《证券法》的基本原则，在证券的发行、交易活动中，必须遵守法律、行政法规；禁止欺诈、内幕交易和操纵证券市场的行为。

（四）分业经营、分业管理原则

分业经营、分业管理有利于提高经营水平，加强监督管理，化解金融风险。因此，《证券法》规定，证券业和银行业、信托业、保险业实行分业经营、分业管理，证券公司与银行、信托、保险业务机构分别设立。国家另有规定的除外。

（五）保护投资者合法权益的原则

作为"立法宗旨"的《证券法》第一条，将保护投资者合法权益放在首要位置，并规定了信息披露、禁止证券欺诈行为等制度，又专门设置第六章"投资者保护"，体现了保护投资者合法权益的原则。

【真题演练 5-1 单项选择题】 根据证券法律制度的规定，投资者保护机构受一定数量以上的投资者委托，可以作为代表人参加证券民事赔偿诉讼。该数量为（　　）。

A. 30 名　　　　B. 40 名　　　　C. 50 名　　　　D. 20 名

【答案】C

【解析】本题考核投资者保护制度。投资者保护机构受 50 名以上投资者委托，可以作为代表人参加诉讼，并为经证券登记结算机构确认的权利人依照前款规定向人民法院登记，但投资者明确表示不愿意参加该诉讼的除外。

【试题来源】2021 年中级会计专业技术资格考试《经济法》真题、2021 年注册会计师全国统一考试专业阶段考试《经济法》真题

（六）政府监管与行业自律相结合的原则

国务院证券监督管理机构依法对全国证券市场实行集中统一监督管理。国家审计机关依法对证券交易场所、证券公司、证券登记结算机构、证券监督管理机构进行审计监督。依法设立证券业协会，实行自律性管理。

任务二　证券发行

Ⅰ．任务提要

（1）公开发行证券；

（2）证券投资基金的募集；

（3）证券承销。

Ⅱ．能力提升

（1）知识目标：掌握证券公开发行的界定、证券承销、证券投资基金的募集；熟悉证券发行审核制度、保荐制度；了解证券发行的概念、分类。

（2）技能目标：能正确运用证券发行与承销制度。

Ⅲ．思政融入与成效

（1）从证券市场终身禁入制度引入，将证券法的三公原则（公开、公正、公平）、对投资者的保护与习近平法治思想深度融合。

（2）引领认知：运用证券法的基本规则规范证券发行行为，最大限度维护证券交易者的合法权益，真正学以致用。

Ⅳ. 岗位实训

甲股份有限公司（以下简称"甲公司"）于 2011 年以发起设立方式成立，2014 年向社会公开发行股票，同年成为上市公司。2016 年 1 月，甲公司单独投资设立了乙公司。同年 3 月，甲公司增发新股，委托 M 证券公司采用代销方式，向不特定对象发行 300 万股股票，每股发行价 10 元。承销期满，尚有 75 万股股票未售出。2016 年 6 月，甲公司为将股份奖励给本公司职工，经股东会讨论通过，回购了本公司 5% 的股份。2016 年 10 月，甲公司总经理赵某离任。2017 年 3 月，赵某将其持有的甲公司股份的 50% 转让给李某。按照甲公司 2015 年年报的披露内容，甲公司年度报告的审计机构是 P 会计师事务所。2016 年 8 月，经甲公司董事会决议，董事王某同甲公司进行了一项交易，王某获利 20 万元。试问：（1）甲公司 2016 年 3 月增发新股是否成功？说明理由。（2）根据《证券法》的规定，P 会计师事务所在什么期限内不能购买甲公司的股份？（本案例涉及公司运营、证券发行等相关知识点。）

5.2 案例解析

Ⅴ. 知识储备

知识点 1 证券发行概述

一、证券发行的概念

证券发行，是指证券发行人依法向证券投资人销售证券的活动。证券发行是发行人公司筹集资金的基本途径。我国证券发行分为公开发行证券和非公开发行证券两种。其中，公开发行证券实行注册制；非公开发行证券，不得采用广告、公开劝诱和变相公开方式。

二、证券发行的分类

（一）公开发行和非公开发行

根据证券发行的对象不同，证券发行可以分为公开发行和非公开发行。公开发行又称公募发行，是指发行人面向社会公众，即不特定的公众投资者进行的证券发行。公开发行必须严格遵循《证券法》有关信息披露的规定。非公开发行又称私募发行，是指向少数特定的投资者进行的证券发行。

公开发行证券，必须符合法律、行政法规规定的条件，并依法报经国务院证券监督管理机构或者国务院授权的部门注册。未经依法注册，任何单位和个人不得公开发行证券。有下列情形之一的，为公开发行：（1）向不特定对象发行证券；（2）向特定对象发行证券累计超过 200 人，但依法实施员工持股计划的员工人数不计算在内；(3) 法律、行政法规规定的其他发行行为。

公开发行证券实行保荐制度。发行人申请公开发行股票、可转换为股票的公司债券，依法采取承销方式的，或者公开发行法律、行政法规规定实行保荐制度的其他证券的，应当聘请证券公司担任保荐人。保荐人应当遵守业务规则和行业规范，诚实守信，勤勉尽责，对发行人的申请文件和信息披露资料进行审慎核查，督导发行人规范运作。保荐人的管理办法由国务院证券监督管理机构规定。

（二）设立发行和增资发行

根据证券发行的目的不同，证券发行可以分为设立发行和增资发行。设立发行是为成立新的股份有限公司而发行股票；增资发行是为增加已有公司的资本总额或改变其股本结构而发行新股。增发新股，既可以公开发行，也可以采取配股或赠股的形式。

（三）直接发行和间接发行

根据证券发行的方式不同，证券发行可以分为直接发行和间接发行。直接发行是指证券发行人不通过证券承销机构，而自行承担证券发行风险，办理证券发行事宜的发行方式。间接发行是指证券发行人委托证券承销机构发行证券，并由证券承销机构办理证券发行事宜，承担证券发行风险的发行方式。

（四）平价发行、溢价发行和折价发行

根据证券发行价格与证券票面金额之间的关系，证券发行可以分为平价发行、溢价发行和折价发行。平价发行，又称面值发行或等价发行，是指证券发行时的发行价格与票面金额相同的发行方式。溢价发行，是指证券发行时的发行价格超过票面金额的发行方式。折价发行，又称贴现发行，是指证券发行时的发行价格低于票面金额的发行方式。我国《公司法》第一百二十七条规定："股票发行价格可以按票面金额，也可以超过票面金额，但不得低于票面金额。"可见，我国允许股票平价发行、溢价发行，但禁止折价发行，以保障公司资本的充足。

三、证券发行的审核制度

证券发行的审核制度分为两种体制：一是实行公开主义的注册制；二是实行准则主义的核准制。

1. 注册制。注册制是证券发行申请人依法将与证券发行有关的信息和资料公开，制成法律文件，送交监管机构审核，监管机构只负责审查发行申请人提供的信息和资料是否履行了信息披露义务的制度。

2. 核准制。核准制是指发行人发行证券，不仅要公开全部的，可以供投资人判断的信息与资料，还要符合证券发行的实质性条件，证券监管机构有权依照法律的规定，对发行人提出的申请以及有关材料，进行实质性审查，发行人得到批准以后，才可以发行证券。

《证券法》第九条第一款规定："公开发行证券，必须符合法律、行政法规规定的条件，并依法报经国务院证券监督管理机构或者国务院授权的部门注册。未经依法注册，任何单位和个人不得公开发行证券。证券发行注册制的具体范围、实施步骤，由国务院规定。"这表明我国证券公开发行实施注册制。

知识点 2　证券发行的申请

一、股票的发行

公开发行股票一般分为两种情形，即设立股份有限公司公开发行股票和公司成立后公开发行新股。

1. 设立股份有限公司公开发行股票，应当符合《中华人民共和国公司法》规定的条件和经国务院批准的国务院证券监督管理机构规定的其他条件，向国务院证券监督管理机构报送募股申请和下列文件：（1）公司章程；（2）发起人协议；（3）发起人姓名或者名称，发起人认购的股份数、出资种类及验资证明；（4）招股说明书；（5）代收股款银行的名称及地址；（6）承销机构名称及有关的协议。依照本法规定聘请保荐人的，还应当报送保荐人出具的发行保荐书。法律、行政法规规定设立公司必须报经批准的，还应当提交相应的批准文件。

根据《证券法》的规定，公司首次公开发行新股，应当符合下列条件：（1）具备健全且运行良好的组织机构；（2）具有持续经营能力；（3）最近3年财务会计报告被出具无保留意见审计报告；（4）发行人及其控股股东、实际控制人最近3年不存在贪污、贿赂、侵占财产、挪用财产或者破坏社会主义市场经济秩序的刑事犯罪；（5）经国务院批准的国务院证券监督管理机构规定的其他条件。

2. 公司公开发行新股，应当报送募股申请和下列文件：（1）公司营业执照；（2）公司章程；（3）股东会决议；（4）招股说明书或者其他公开发行募集文件；（5）财务会计报告；（6）代收股款银行的名称及地址。依照本法规定聘请保荐人的，还应当报送保荐人出具的发行保荐书。依照本法规定实行承销的，还应当报送承销机构名称及有关的协议。

公司对公开发行股票所募集资金，必须按照招股说明书或者其他公开发行募集文件所列资金用途使用；改变资金用途，必须经股东会作出决议。擅自改变用途，未作纠正的，或者未经股东会认可的，不得公开发行新股。

二、公司债券的发行

（一）公开发行公司债券

公开发行公司债券，由证券交易所负责受理、审核，并经中国证监会注册。公开发行公司债券，应当符合下列条件：(1) 具备健全且运行良好的组织机构；(2) 最近3年平均可分配利润足以支付公司债券1年的利息；(3) 国务院规定的其他条件。

公开发行公司债券筹集的资金，必须按照公司债券募集办法所列资金用途使用；改变资金用途，必须经债券持有人会议作出决议。公开发行公司债券筹集的资金，不得用于弥补亏损和非生产性支出。

上市公司发行可转换为股票的公司债券，除应当符合第一款规定的条件外，还应当遵守本法第十二条第二款（上市公司发行新股，应当符合经国务院批准的国务院证券监督管理机构规定的条件，具体管理办法由国务院证券监督管理机构规定）的规定。但是，按照公司债券募集办法，上市公司通过收购本公司股份的方式进行公司债券转换的除外。

有下列情形之一的，不得再次公开发行公司债券：(1) 对已公开发行的公司债券或者其他债务有违约或者延迟支付本息的事实，仍处于继续状态；(2) 违反本法规定，改变公开发行公司债券所募资金的用途。

（二）非公开发行公司债券

非公开发行公司债券不得采用广告、公开劝诱和变相公开方式。非公开发行的对象应当是专业投资者，每次发行对象不得超过200人。

发行人、承销机构应当按照中国证监会、证券自律组织规定的投资者适当性制度，了解和评估投资者对非公开发行公司债券的风险识别和承担能力，确认参与非公开发行公司债券认购的投资者为专业投资者，并充分揭示风险。

非公开发行公司债券，由承销机构或依照规定自行销售的发行人在每次发行完成后5个工作日内向中国证券业协会报备。

非公开发行公司债券的发行人应当在募集说明书中约定债券受托管理事项。

非公开发行的公司债券，可以申请在证券交易场所、证券公司柜台转让。非公开发行的公司债券仅限于在专业投资者范围内转让。转让后，持有同次发行债券的专业投资者合计不得超过200人。

三、证券投资基金的募集

1. 证券投资基金的概念。证券投资基金，是一种利益共享、风险共担的集合证券投资方式，即通过公开或者非公开方式募集投资者资金，由基金管理人管理，基金托管人托管，从事股票、债券等金融工具组合投资的方式。

2. 证券投资基金的种类。依照证券投资基金运作方式不同，可以分为封闭式基金和开放式基金两种：（1）封闭式基金，是指基金份额总额在基金合同期限内固定不变，基金份额持有人不得申请赎回的基金；（2）开放式基金，是指基金份额总额不固定，基金份额可以在基金合同约定的时间和场所申购或者赎回的基金。

3. 基金的募集。基金管理人发售基金份额、募集基金，应当依法向国务院证券监督管理机构提交相关文件，申请核准。国务院证券监督管理机构应当自受理基金募集申请之日起6个月内依法作出核准或者不予核准的决定，并通知申请人。基金管理人应当自收到核准文件之日起6个月内进行基金募集。

基金募集不得超过国务院证券监督管理机构核准的基金募集期限。基金募集期限届满，封闭式基金募集的基金份额总额达到核准规模的80%以上，开放式基金募集的基金份额总额超过核准的最低募集份额总额，并且基金份额持有人人数符合国务院证券监督管理机构规定的，基金管理人应当自募集期限届满之日起10日内聘请法定验资机构验资，自收到验资报告之日起10日内，向国务院证券监督管理机构提交验资报告，办理基金备案手续，并予以公告。

基金募集期限届满，不能满足上述条件的，基金管理人应当承担下列责任：以其自有财产承担因募集行为而产生的债务和费用；在基金募集期限届满后30日内返还投资人已缴纳的款项，并加计银行同期存款利息。

知识点3　证券发行的程序

一、作出发行决议

发行人发行证券一般先由董事会就有关发行事项作出决议，并提请股东会批准。

二、提出发行申请

1. 公开发行证券，必须符合法律、行政法规规定的条件，并依法报经国务院证券监督管理机构或者国务院授权的部门注册。未经依法注册，任何单位和个人不得公开发行证券。

2. 发行人依法申请公开发行证券所报送的申请文件的格式、报送方式，由依法负责注册的机构或者部门规定。

3. 发行人报送的证券发行申请文件，应当充分披露投资者作出价值判断和投资决策所必需的信息，内容应当真实、准确、完整。

4. 发行人申请首次公开发行股票的，在提交申请文件后，应当按照国务院证监督管理机构的规定预先披露有关申请文件。

三、依法核准注册

1. 国务院证券监督管理机构或者国务院授权的部门依照法定条件负责证券发行申请的注册。证券公开发行注册的具体办法由国务院规定。

2. 国务院证券监督管理机构或者国务院授权的部门应当自受理证券发行申请文件之日起 3 个月内，依照法定条件和法定程序作出予以注册或者不予注册的决定，发行人根据要求补充、修改发行申请文件的时间不计算在内。不予注册的，应当说明理由。

3. 国务院证券监督管理机构或者国务院授权的部门对已作出的证券发行注册的决定，发现不符合法定条件或者法定程序，尚未发行证券的，应当予以撤销，停止发行。已经发行尚未上市的，撤销发行注册决定，发行人应当按照发行价并加算银行同期存款利息返还证券持有人；发行人的控股股东、实际控制人以及保荐人，应当与发行人承担连带责任，但是能够证明自己没有过错的除外。

四、证券的承销

1. 证券承销概念。证券承销，是指证券公司通过与证券的发行人订立合同，委托证券公司代理发行证券的一种法律行为。

发行人向不特定对象发行的证券，法律、行政法规规定应当由证券公司承销的，发行人应当同证券公司签订承销协议。公开发行证券的发行人有权依法自主选择承销的证券公司。

2. 证券承销方式。证券承销业务采取代销或者包销方式。

证券代销是指证券公司代发行人发售证券，在承销期结束时，将未售出的证券全部退还给发行人的承销方式。

证券包销是指证券公司将发行人的证券按照协议全部购入或者在承销期结束时将售后剩余证券全部自行购入的承销方式。

3. 证券承销协议。证券公司承销证券，应当同发行人签订代销或者包销协议，载明下列事项：

（1）当事人的名称、住所及法定代表人姓名；
（2）代销、包销证券的种类、数量、金额及发行价格；
（3）代销、包销的期限及起止日期；
（4）代销、包销的付款方式及日期；
（5）代销、包销的费用和结算办法；
（6）违约责任；
（7）国务院证券监督管理机构规定的其他事项。

证券公司承销证券,应当对公开发行募集文件的真实性、准确性、完整性进行核查。发现有虚假记载、误导性陈述或者重大遗漏的,不得进行销售活动;已经销售的,必须立即停止销售活动,并采取纠正措施。

4. 承销团承销。向不特定对象发行证券聘请承销团承销的,承销团应当由主承销和参与承销的证券公司组成。

5. 承销的期限。证券的代销、包销期限最长不得超过90日。证券公司在代销、包销期内,对所代销、包销的证券应当保证先行出售给认购人,证券公司不得为本公司预留所代销的证券和预先购入并留存所包销的证券。

股票发行采取溢价发行的,其发行价格由发行人与承销的证券公司协商确定。

股票发行采用代销方式,代销期限届满,向投资者出售的股票数量未达到拟公开发行股票数量70%的,为发行失败。发行人应当按照发行价并加算银行同期存款利息返还股票认购人。

公开发行股票,代销、包销期限届满,发行人应当在规定的期限内将股票发行情况报国务院证券监督管理机构备案。

【真题演练5-2 多项选择题】甲公司委托乙证券公司以代销方式公布发行股票6000万股。代销期限届满。投资者认购甲公司股票的数量为4000万股,以下表述中,正确的有(   )。

A. 甲公司应当以自有资金购入剩余的2000万股
B. 股票发行失败
C. 甲公司能够改换承销商,继续销售剩余的2000万股
D. 应当返还已收取的4000万股发行价款,并加算银行同期存款利率

【答案】BD

【解析】股票发行采纳代销方式,代销期限届满,向投资者出售的股票数量未达到拟公布发行股票数量"70%"的,为发行失败;发行人应当依照发行价并加算银行同期存款利息返还股票认购人。此题中,发行数量小于4200万股,故发行失败。甲公司应当返还已收取的4000万股发行价款,并加算银行同期存款利率。

【试题来源】2021年注册会计师全国统一考试专业阶段考试《经济法》真题

任务三 证券交易

I. 任务提要

(1) 集中竞价交易;
(2) 限制的证券交易行为;

（3）证券上市；

（4）信息披露；

（5）禁止的交易行为。

Ⅱ．能力提升

（1）知识目标：掌握证券交易一般规则、信息披露、禁止交易的行为；熟悉股票、债券上市交易条件和程序；了解禁止交易行为。

（2）技能目标：能够运用证券法知识对我国证券市场现状进行初步评判，为将来从事与证券相关业务奠定基础。

Ⅲ．思政融入与成效

（1）中国证监会等四部门联合发布五宗证券犯罪典型案例，涉及违规披露、操纵证券市场罪、利用未公开信息交易罪、内幕交易罪等证券犯罪，向市场明确传递零容忍信号的重要举措，也是加强投资者教育与保护的重要方式。

（2）引领认知：真正运用证券法的基本规则规范证券交易等行为，共同推动形成崇法守信的良好资本市场生态，最大限度维护证券交易者的合法权益。

Ⅳ．岗位实训

甲股份有限公司（以下简称"甲公司"）成立于 2013 年 9 月 3 日，公司股票自 2015 年 2 月 1 日起在深圳证券交易所上市交易。甲公司 2015 年 8 月投资 3000 万元用于某新型软件生产项目。2016 年 9 月该生产项目竣工投产。2017 年 1 月该软件产品投入市场，但由于产品性能不佳，销售状况很差，甲公司因此软件投资项目而损失重大。2017 年 11 月 1 日，甲公司董事李某建议其朋友王某抛售所持有的甲公司的全部股票。11 月 5 日，甲公司将有关该投资软件项目而损失重大的情况向国务院证券监督管理机构和深圳证券交易所报送临时报告，并予以公告。甲公司的股票价格随即下跌。试问：董事李某建议其朋友王某抛售甲公司股票是否符合法律规定？为什么？（本案例涉及证券内幕交易、证券交易行为的限制等相关知识点。）

5.3 案例解析

Ⅴ．知识储备

知识点 1　限制的证券交易行为

一、证券交易的一般规定

（一）证券交易的概念

证券交易，主要指证券买卖，即证券持有人依照证券交易规则，将已依法发行的证券转让给其他投资者的行为。证券交易当事人依法买卖的证券,必须是依法发行并交付的证券。非依法发行的证券,不得买卖。

（二）证券交易的场所

公开发行的证券,应当在依法设立的证券交易所上市交易或者在国务院批准的其他全国性证券交易场所交易。非公开发行的证券,可以在证券交易所、国务院批准的其他全国性证券交易场所、按照国务院规定设立的区域性股权市场转让。目前,我国依法设立的证券交易场所有三个,即上海证券交易所、深圳证券交易所和北京证券交易所。

（三）证券交易的方式

证券交易的方式可以分为集中竞价交易和非集中竞价交易两种,分别适用于证券交易所和场外交易市场。《证券法》规定,证券在证券交易所上市交易,应当采用公开的集中交易方式或者国务院证券监督管理机构批准的其他方式。证券交易当事人买卖的证券可以采用纸面形式或者国务院证券监督管理机构规定的其他形式。

集中竞价交易,是指所有该证券的买主和卖主集中在证券交易所公开申报和竞价交易,实行价格优先时间优先的原则。

二、限制的证券交易行为

（一）对证券交易主体的限制

1. 上市公司持有5%以上股份的股东、实际控制人、董事、监事、高级管理人员,以及其他持有发行人首次公开发行前发行的股份或者上市公司向特定对象发行的股份的股东,转让其持有的本公司股份的,不得违反法律、行政法规和国务院证券监督管理机构关于持有期限、卖出时间、卖出数量、卖出方式、信息披露等规定,并应当遵守证券交易所的业务规则。

2. 证券交易场所、证券公司和证券登记结算机构的从业人员,证券监督管理机构的工作人员以及法律、行政法规规定禁止参与股票交易的其他人员,在任期或者法定限期内,不得直接或者以化名、借他人名义持有、买卖股票或者其他具有股权性质的证券,也不得收受他人赠送的股票或者其他具有股权性质的证券。任何人在成为前款所列人员时,其原已持有的股票或者其他具有股权性质的证券,必须依法转让。实施股权激励计划或者员工持股计划的证券公司的从业人员,可以按照国务院证券监督管理机构的规定持有、卖出本公司股票或者其他具有股权性质的证券。

3. 为证券发行出具审计报告或者法律意见书等文件的证券服务机构和人员,在该证券承销期内和期满后6个月内,不得买卖该证券。为发行人及其控股股东、实际控制人,或者收购人、重大资产交易方出具审计报告或者法律意见书等文件的证券服务机构和人员，自接受委托之日起至上述文件公开后 5 日内，不得买卖该证券。实际开展上述有关工作之日早于接受委托之日的，自实际开展上述有关工作之日起至上述文件公开后 5 日内，不得买卖该证券。

4. 发起人持有的本公司股份，自公司成立之日起 1 年内不得转让。公司公开发行股份前已发行的股份，自公司股票在证券交易所上市交易之日起 1 年内不得转让。

5. 公司董事、监事、高级管理人员应当向公司申报所持有的本公司的股份及其变动情况，在任职期间每年转让的股份不得超过其所持有本公司股份总数的 25%；所持本公司股份自公司股票上市交易之日起 1 年内不得转让。上述人员离职后半年内，不得转让其所持有的本公司股份。公司章程可以对公司董事、监事、高级管理人员转让其所持有的本公司股份作出其他限制性规定。

（二）对证券交易客体的限制

1. 证券交易当事人依法买卖的证券，必须是依法发行并交付的证券；非依法发行的证券，不得买卖。

2. 依法发行的证券，法律对其转让期限有限制性规定的，在限定的期限内不得转让。

（三）对短线交易的限制

上市公司、股票在国务院批准的其他全国性证券交易场所交易的公司持有 5% 以上股份的股东、董事、监事、高级管理人员，将其持有的该公司的股票或者其他具有股权性质的证券在买入后 6 个月内卖出，或者在卖出后 6 个月内又买入，由此所得收益归该公司所有，公司董事会应当收回其所得收益。但是，证券公司因购入包销售后剩余股票而持有 5% 以上股份，以及有国务院证券监督管理机构规定的其他情形的除外。

（四）对交易收费的限制

证券交易的收费必须合理，并公开收费项目、收费标准和管理办法。证券交易的收费项目、收费标准和收费办法由国务院有关主管部门统一规定。

知识点 2　证券上市

一、证券上市的概念与类型

1. 证券上市的概念。证券上市，是指某种已发行证券获准成为证券交易所的交易对象的过程。证券一旦获准在证券交易所上市交易，即为上市证券。

2. 证券上市的类型。根据不同的标准，证券上市可分为不同的类型：

（1）普通上市与首次上市。普通上市，是指证券发行人于股票或者公司债券发行后，另择日期申请并获准上市。首次发行上市，是指公司发行人在公开发行股票或者公司债券的同时，已确定近期上市计划，并于发行成功后的合理时间内申请股票或公司债券的上市交易。

（2）股票上市与债券上市。股票上市，是指符合规定条件的公司的股票在证券交易所挂牌交易。债券上市，主要是指经证券交易所依法审核同意的公司所发行的债券在证券交易所上市交易。

二、证券上市的程序

1. 申请证券上市交易，应当向证券交易所提出申请，由证券交易所依法审核同意，并由双方签订上市协议。证券交易所根据国务院授权的部门的决定安排政府债券上市交易。

2. 申请证券上市交易，应当符合证券交易所上市规则规定的上市条件。证券交易所上市规则规定的上市条件，应当对发行人的经营年限、财务状况、最低公开发行比例和公司治理、诚信记录等提出要求。

3. 上市交易的证券，有证券交易所规定的终止上市情形的，由证券交易所按照业务规则终止其上市交易。证券交易所决定终止证券上市交易的，应当及时公告，并报国务院证券监督管理机构备案。

4. 对证券交易所作出的不予上市交易、终止上市交易决定不服的，可以向证券交易所设立的复核机构申请复核。

知识点3　信息披露

信息披露也称信息公开，是贯彻《证券法》公开性原则的具体体现。发行人及法律、行政法规和国务院证券监督管理机构规定的其他信息披露义务人，应当及时依法履行信息披露义务。信息披露义务人披露的信息，应当真实、准确、完整，简明清晰，通俗易懂，不得有虚假记载、误导性陈述或者重大遗漏。证券同时在境内境外公开发行、交易的，其信息披露义务人在境外披露的信息，应当在境内同时披露。信息披露主要包括上市公司的定期报告、临时报告及其他信息公告。

一、定期报告

上市公司应当披露的定期报告包括中期报告和年度报告。凡是对投资者作出投资决策有重大影响的信息，均应披露。

1. 中期报告。上市公司、公司债券上市交易的公司、股票在国务院批准的其他全国性证券交易场所交易的公司，应当按照国务院证券监督管理机构和证券交易场所规定的内容和格式编制定期报告，并按照规定在每一会计年度的上半年结束之日起 2 个月内，报送并公告中期报告。

2. 年度报告。上市公司、公司债券上市交易的公司、股票在国务院批准的其他全国性证券交易场所交易的公司，应当按照国务院证券监督管理机构和证券交易场所规定的内容和格式编制定期报告，并按照规定在每一会计年度结束之日起 4 个月内，报送并公告年度报告，其中的年度财务会计报告应当经符合本法规定的会计师事务所审计。

【真题演练 5 - 3 单项选择题】根据证券法律制度的规定，上市公司中负责组织定期报告披露工作的主体是（　　）。

A. 董事长　　　　B. 监事会　　　　C. 董事会秘书　　　　D. 董事会

【答案】C

【解析】董事会秘书负责组织定期报告的披露工作。选项 C 当选。

【试题来源】2022 年中级会计专业技术资格考试《经济法》真题

二、临时报告

1. 发生可能对上市公司、股票在国务院批准的其他全国性证券交易场所交易的公司的股票交易价格产生较大影响的重大事件，投资者尚未得知时，公司应当立即将有关该重大事件的情况向国务院证券监督管理机构和证券交易场所报送临时报告，并予公告，说明事件的起因、目前的状态和可能产生的法律后果。

《证券法》第八十条第二款所列重大事件：

（1）公司的经营方针和经营范围的重大变化；

（2）公司的重大投资行为，公司在一年内购买、出售重大资产超过公司资产总额 30%，或者公司营业用主要资产的抵押、质押、出售或者报废一次超过该资产的 30%；

（3）公司订立重要合同、提供重大担保或者从事关联交易，可能对公司的资产、负债、权益和经营成果产生重要影响；

（4）公司发生重大债务和未能清偿到期重大债务的违约情况；

（5）公司发生重大亏损或者重大损失；

（6）公司生产经营的外部条件发生的重大变化；

（7）公司的董事、三分之一以上监事或者经理发生变动，董事长或者经理无法履行职责；

（8）持有公司 5% 以上股份的股东或者实际控制人持有股份或者控制公司的情况发生较大变化，公司的实际控制人及其控制的其他企业从事与公司相同或者相似业务的情况发生较大变化；

（9）公司分配股利、增资的计划，公司股权结构的重要变化，公司减资、合并、分立、解散及申请破产的决定，或者依法进入破产程序、被责令关闭；

（10）涉及公司的重大诉讼、仲裁、股东会、董事会决议被依法撤销或者宣告无效；

（11）公司涉嫌犯罪被依法立案调查，公司的控股股东、实际控制人、董事、监事、高级管理人员涉嫌犯罪被依法采取强制措施；

（12）国务院证券监督管理机构规定的其他事项。

公司的控股股东或者实际控制人对重大事件的发生、进展产生较大影响的，应当及时将其知悉的有关情况书面告知公司，并配合公司履行信息披露义务。

2. 发生可能对上市交易公司债券的交易价格产生较大影响的重大事件，投资者尚未得知时，公司应当立即将有关该重大事件的情况向国务院证券监督管理机构和证券交易场所报送临时报告，并予公告，说明事件的起因、目前的状态和可能产生的法律后果。

《证券法》第八十一条第二款所列重大事件：

（1）公司股权结构或者生产经营状况发生重大变化；

（2）公司债券信用评级发生变化；

（3）公司重大资产抵押、质押、出售、转让、报废；

（4）公司发生未能清偿到期债务的情况；

（5）公司新增借款或者对外提供担保超过上年末净资产的20%；

（6）公司放弃债权或者财产超过上年末净资产的10%；

（7）公司发生超过上年末净资产10%的重大损失；

（8）公司分配股利，作出减资、合并、分立、解散及申请破产的决定，或者依法进入破产程序、被责令关闭；

（9）涉及公司的重大诉讼、仲裁；

（10）公司涉嫌犯罪被依法立案调查，公司的控股股东、实际控制人、董事、监事、高级管理人员涉嫌犯罪被依法采取强制措施；

（11）国务院证券监督管理机构规定的其他事项。

三、信息的发布与监督

1. 发行人的董事、高级管理人员应当对证券发行文件和定期报告签署书面确认意见。发行人的监事会应当对董事会编制的证券发行文件和定期报告进行审核并提出书面审核意见。监事应当签署书面确认意见。发行人的董事、监事和高级管理人员应当保证发行人及时、公平地披露信息，所披露的信息真实、准确、完整。董事、监事和高级管理人员无法保证证券发行文件和定期报告内容的真实性、准确性、完整性或者有异议的，应当在书面确认意见中发表意见并陈述理由，发行人应当披露。发行人不予披露的，董事、监事和高级管理人员可以直接申请披露。

2. 信息披露义务人披露的信息应当同时向所有投资者披露，不得提前向任何单位和个人泄露。但是，法律、行政法规另有规定的除外。任何单位和个人不得非法要求信息披露义务人提供依法需要披露但尚未披露的信息。任何单位和个人提前获知的前述信息，在依法披露前应当保密。

3. 除依法需要披露的信息之外，信息披露义务人可以自愿披露与投资者作出价值判断和投资决策有关的信息，但不得与依法披露的信息相冲突，不得误导投资者。发行人及其控股股东、实际控制人、董事、监事、高级管理人员等作出公开承诺的，应当披露。不履行承诺给投资者造成损失的，应当依法承担赔偿责任。

4. 信息披露义务人未按照规定披露信息，或者公告的证券发行文件、定期报告、临时报告及其他信息披露资料存在虚假记载、误导性陈述或者重大遗漏，致使投资者在证券交易中遭受损失的，信息披露义务人应当承担赔偿责任；发行人的控股股东、实际控制人、董事、监事、高级管理人员和其他直接责任人员以及保荐人、承销的证券公司及其直接责任人员，应当与发行人承担连带赔偿责任，但是能够证明自己没有过错的除外。

5. 依法披露的信息，应当在证券交易场所的网站和符合国务院证券监督管理机构规定条件的媒体发布，同时将其置备于公司住所、证券交易场所，供社会公众查阅。

6. 国务院证券监督管理机构对信息披露义务人的信息披露行为进行监督管理。证券交易场所应当对其组织交易的证券的信息披露义务人的信息披露行为进行监督，督促其依法及时、准确地披露信息。

知识点4 禁止的交易行为

根据《证券法》的规定，禁止的交易行为主要包括内幕交易、利用未公开信息进行交易、操纵证券市场、制造虚假信息和欺诈客户。

一、内幕交易

1. 内幕交易的概念。内幕交易，是指知悉证券交易内部信息的人员和非法获取证券交易内幕信息的人员，利用内幕信息进行证券交易的行为。《证券法》规定，禁止证券交易内幕信息的知情人和非法获取内幕信息的人利用内幕信息从事证券交易活动。

2. 内幕信息的知情人。内幕信息的知情人包括：

（1）发行人及其董事、监事、高级管理人员；

（2）持有公司5%以上股份的股东及其董事、监事、高级管理人员，公司的实际控制人及其董事、监事、高级管理人员；

（3）发行人控股或者实际控制的公司及其董事、监事、高级管理人员；

（4）由于所任公司职务或者因与公司业务往来可以获取公司有关内幕信息的人员；

（5）上市公司收购人或者重大资产交易方及其控股股东、实际控制人、董事、监事和高级管理人员；

（6）因职务、工作可以获取内幕信息的证券交易场所、证券公司、证券登记结算机构、证券服务机构的有关人员；

（7）因职责、工作可以获取内幕信息的证券监督管理机构工作人员；

（8）因法定职责对证券的发行、交易或者对上市公司及其收购、重大资产交易进行管理可以获取内幕信息的有关主管部门、监管机构的工作人员；

（9）国务院证券监督管理机构规定的可以获取内幕信息的其他人员。

3. 内幕信息。内幕信息，是指证券交易活动中，涉及发行人的经营、财务或者对该发行人证券的市场价格有重大影响的尚未公开的信息。

《证券法》第八十条第二款、第八十一条第二款所列重大事件属于内幕信息（见前面"三、信息披露（二）临时报告"）。

证券交易内幕信息的知情人和非法获取内幕信息的人，在内幕信息公开前，不得买卖该公司的证券，或者泄露该信息，或者建议他人买卖该证券。持有或者通过协议、其他安排与他人共同持有公司5%以上股份的自然人、法人、非法人组织收购上市公司的股份，本法另有规定的，适用其规定。内幕交易行为给投资者造成损失的，应当依法承担赔偿责任。

禁止证券交易场所、证券公司、证券登记结算机构、证券服务机构和其他金融机构的从业人员、有关监管部门或者行业协会的工作人员，利用因职务便利获取的内幕信息以外的其他未公开的信息，违反规定，从事与该信息相关的证券交易活动，或者明示、暗示他人从事相关交易活动。利用未公开信息进行交易给投资者造成损失的，应当依法承担赔偿责任。

二、利用未公开信息进行交易

《证券法》在内幕交易知情人之外，增加了禁止相关从业人员与工作人员利用未公开信息进行证券交易或者明示、暗示他人从事相关交易活动的规定，提升了对投资者的保护。《证券法》第五十四条规定："禁止证券交易场所、证券公司、证券登记结算机构、证券服务机构和其他金融机构的从业人员、有关监管部门或者行业协会的工作人员，利用因职务便利获取的内幕信息以外的其他未公开的信息，违反规定，从事与该信息相关的证券交易活动，或者明示、暗示他人从事相关交易活动。利用未公开信息进行交易给投资者造成损失的，应当依法承担赔偿责任。"

三、操纵证券市场

1. 操纵证券市场的概念。操纵证券市场，是指单位或个人为牟取经济利益或减少经济损失，利用资金、信息等优势，或者滥用职权，制造证券市场假象，诱导投资者在不了解事实真相的情况下作出证券投资的决定，扰乱证券市场秩序的行为。

2. 操纵证券市场的行为。禁止任何人以下列手段操纵证券市场，影响或者意图影响证券交易价格或者证券交易量：

（1）单独或者通过合谋，集中资金优势、持股优势或者利用信息优势联合或者连续买卖；

（2）与他人串通，以事先约定的时间、价格和方式相互进行证券交易；

（3）在自己实际控制的账户之间进行证券交易；

（4）不以成交为目的，频繁或者大量申报并撤销申报；

（5）利用虚假或者不确定的重大信息，诱导投资者进行证券交易；

（6）对证券、发行人公开作出评价、预测或者投资建议，并进行反向证券交易；

（7）利用在其他相关市场的活动操纵证券市场；

（8）操纵证券市场的其他手段。

操纵证券市场行为给投资者造成损失的，应当依法承担赔偿责任。

【真题演练 5-4 单项选择题】 汪某为知名证券投资咨询公司负责人。该公司常常在重要媒体和互联网平台免费公布发布咨询报告，并向公众推荐股票，已经买入的股票在公司咨询报告中予以推荐，咨询报告发布后将股票卖出，依照证券法律制度的规定，汪某的行为构成（　　）。

A. 黑幕交易　　　B. 虚假陈述　　　C. 操纵市场　　　D. 讹诈客户

【答案】 C

【解析】 本题涉及操纵证券市场行为。

【试题来源】 2021年注册会计师全国统一考试专业阶段考试《经济法》真题

四、制造虚假信息

制作虚假信息包括编造、传播虚假信息和作虚假陈述或信息误导两种情况。

《证券法》规定，禁止任何单位和个人编造、传播虚假信息或者误导性信息，扰乱证券市场；禁止证券交易场所、证券公司、证券登记结算机构、证券服务机构及其从业人员，证券业协会、证券监督管理机构及其工作人员，在证券交易活动中作出虚假陈述或者信息误导；各种传播媒介传播证券市场信息必须真实、客观，禁止误导。传播媒介及其从事证券市场信息报道的工作人员不得从事与其工作职责发生利益冲突的证券买卖编造、传播虚假信息或者误导性信息，扰乱证券市场，给投资者造成损失的，应当依法承担赔偿责任。

五、欺诈客户

（一）欺诈客户的概念

欺诈客户，是指证券公司及其从业人员在证券交易中违背客户的真实意愿，侵害客户利益的违法行为。欺诈客户行为给客户造成损失的，行为人应当依法承担赔偿责任。

（二）欺诈客户的行为

1. 违背客户的委托为其买卖证券；
2. 不在规定时间内向客户提供交易的确认文件；
3. 未经客户的委托，擅自为客户买卖证券，或者假借客户的名义买卖证券；
4. 为牟取佣金收入，诱使客户进行不必要的证券买卖；
5. 其他违背客户真实意思表示，损害客户利益的行为。

【做中学 6-16】某证券公司挪用客户账户上的资金用于股票买卖，但在获利后及时、足额地归还到客户账户中。

试问：该证券公司的行为是否合法？

【解析】不合法。根据《证券法》的规定，该证券公司的行为属于欺诈客户的行为。

六、其他禁止的交易行为

1. 任何单位和个人不得违反规定，出借自己的证券账户或者借用他人的证券账户从事证券交易。
2. 依法拓宽资金入市渠道，禁止资金违规流入股市。禁止投资者违规利用财政资金、银行信贷资金买卖证券。
3. 国有独资企业、国有独资公司、国有资本控股公司买卖上市交易的股票，必须遵守国家有关规定。
4. 证券交易场所、证券公司、证券登记结算机构、证券服务机构及其从业人员对证券交易中发现的禁止的交易行为,应当及时向证券监督管理机构报告。

任务四　上市公司的收购

Ⅰ. 任务提要

（1）要约收购；

（2）协议收购。

Ⅱ. 能力提升

（1）知识目标：掌握上市公司收购、要约收购、协议收购；熟悉上市公司收购的法律后果；了解收购信息披露的情形。

（2）技能目标：能正确运用证券法的基本规则规范上市公司收购。

Ⅲ. 思政融入与成效

（1）为什么京东等公司选择纳斯达克市场而不是 A 股？为什么 Sohu 选择港交所而不是深交所上市？为什么华为不上市？通过比对上市的规则回答存在的差异，还要寻找存在差异背后的原因。

（2）引领认知：在学习专业知识的过程中不断接受主流价值观的熏陶，树立正确的世界观、人生观、价值观，为培养德智体美劳全面发展的社会主义建设者和接班人打好坚实基础，帮助上市公司在收购行为中取得最大合法利益。

Ⅳ. 岗位实训

2019 年 3 月 25 日，甲公司通过协议方式收购股票上市的乙公司 3.5% 的股份。同日，甲公司的关联企业丙公司和丁公司分别持有乙公司股份的 1.3% 和 1.2%。此后，甲公司通过证券交易所的证券交易继续收购乙公司的股份，直至 3 月 28 日，甲公司才向中国证监会、证券交易所提交书面报告并作出公告，公告其所持乙公司股份比例超过 5%。此时，甲、丙、丁三家共持有乙公司的股份数已达到 11%。试问：(1) 按照《证券法》的规定，在 3 月 25 日后，甲公司继续收购的行为是否合法？说明理由。(2) 假如甲公司持乙公司股份比例超过 30% 后继续收购，并向乙公司的股东发出收购要约。在要约有效期内，乙公司被其担保公司 A 公司诉至人民法院，那么甲公司能否撤回其收购要约？说明理由。

（本案例涉及上市公司收购及规则等相关知识点。）

5.4 案例解析

V. 知识储备

知识点　上市公司收购

一、上市公司收购的概念及方式

（一）上市公司收购的概念

上市公司收购，是指收购人通过在证券交易所的股份转让活动，持有一个上市公司的已发行的表决权股份达到一定比例或通过证券交易所股份转让活动以外的其他合法方式控制一个上市公司的表决权股份达到一定程度，导致其获得或者可能获得对该公司的实际控制权的行为。

上市公司收购的对象是上市公司；收购的标的是上市公司的股份；收购的主体是收购人，包括投资者及其一致行动人；收购的目的是获得或者巩固对上市公司的控制权。不以达到对上市公司实际控制权而受让上市公司股票的行为，不能称为收购。这里所指的实际控制权是指：（1）投资者为上市公司持股50%以上的控股股东；（2）投资者可以实际支配上市公司股份表决权超过30%；（3）投资者通过实际支配上市公司股份表决权能够决定公司董事会过半数的成员选任；（4）投资者依其可实际支配的上市公司股份表决权足以对公司股东会的决议产生重大影响；（5）国务院证券监督管理机构认定的其他情形。收购人可以通过取得股份的方式成为一个上市公司的控股股东，或通过投资关系、协议和其他安排的途径成为一个上市公司的实际控制人，也可以同时采取上述方式和途径取得上市公司控制权。

（二）上市公司收购的方式

上市公司收购主要包括要约收购、协议收购和其他合法方式收购三种。其中：

1. 要约收购，是指投资者向目标公司的所有股东发出要约，表明愿意以要约中的条件购买目标公司的股票，以期达到对目标公司控制权的获得或巩固。

2. 协议收购，是指投资者在证券交易所外与目标公司的股东进行协商，购买目标公司的股票，以期达到对目标公司控制权的获得或巩固。

二、收购信息披露的情形

1. 通过证券交易所的证券交易，投资者持有或者通过协议、其他安排与他人共同持有一个上市公司已发行的有表决权股份达到5%时，应当在该事实发生之日起3日内，向国务院证券监督管理机构、证券交易所作出书面报告，通知该上市公司，并予公告，在上述期限内不得再行买卖该上市公司的股票，但国务院证券监督管理机构规定的情形除外。

2. 投资者持有或者通过协议、其他安排与他人共同持有一个上市公司已发行的有表决权股份达到5%后，其所持该上市公司已发行的有表决权股份比例每增加或者减少5%，应当依照前款规定进行报告和公告，在该事实发生之日起至公告后3日内，不得再行买卖该上市公司的股票，但国务院证券监督管理机构规定的情形除外。

3. 投资者持有或者通过协议、其他安排与他人共同持有一个上市公司已发行的有表决权股份达到5%后，其所持该上市公司已发行的有表决权股份比例每增加或者减少1%，应当在该事实发生的次日通知该上市公司，并予公告。

4. 违反上述第一点、第二点规定买入上市公司有表决权的股份的，在买入后的36个月内，对该超过规定比例部分的股份不得行使表决权。

5. 依照前述规定所作的公告，应当包括下列内容：持股人的名称、住所；持有的股票的名称、数额；持股达到法定比例或者持股增减变化达到法定比例的日期、增持股份的资金来源；在上市公司中拥有表决权的股份变动的时间及方式。

三、收购的具体履行

（一）要约收购规则

1. 收购要约的发出。

通过证券交易所的证券交易，投资者持有或者通过协议、其他安排与他人共同持有一个上市公司已发行的有表决权股份达到30%时，继续进行收购的，应当依法向该上市公司所有股东发出收购上市公司全部或者部分股份的要约。

收购上市公司部分股份的要约应当约定，被收购公司股东承诺出售的股份数额超过预定收购的股份数额的，收购人按比例进行收购。

依照上述规定发出收购要约，收购人必须公告上市公司收购报告书，并载明下列事项：收购人的名称、住所；收购人关于收购的决定；被收购的上市公司名称；收购目的；收购股份的详细名称和预定收购的股份数额；收购期限、收购价格；收购所需资金额及资金保证；公告上市公司收购报告书时持有被收购公司股份数占该公司已发行的股份总数的比例。

2. 收购要约的期限。

收购要约约定的收购期限不得少于30日，并不得超过60日。

3. 收购要约的撤销。

在收购要约确定的承诺期限内，收购人不得撤销其收购要约。撤销收购要约，是指收购人公告收购要约后，将该收购要约取消，使收购要约的法律效力归于消灭的意思表示。

4. 收购要约的变更。

收购要约的变更，是指收购要约生效后，收购要约发出人改变要约内容的意思表示。

收购人需要变更收购要约的,应当及时公告,载明具体变更事项,且不得存在下列情形:降低收购价格;减少预定收购股份数额;缩短收购期限;国务院证券监督管理机构规定的其他情形。

【真题演练5-5 单项选择题】 下列关于上市公司收购要约的撤销与变更的表述中,符合证券法律制度规定的是( )。

A. 收购人在收购要约确定的承诺期限内,除非出现竞争要约,不得变更收购要约

B. 收购人需要变更收购要约的,只需通知被收购公司

C. 收购人在收购要约确定的承诺期限内,不得撤销其收购要约

D. 收购人在收购要约确定的承诺期限内,可在满足一定条件下撤销其收购要约

【答案】 C

【解析】(1)选项AB:收购人需要变更收购要约的,应当及时公告,载明具体变更事项,"并"通知被收购公司(而非只需通知)。收购要约期限届满前15日内,收购人不得变更收购要约,但是出现竞争要约的除外;(2)选项CD:在收购要约确定的承诺期限内,收购人不得撤销其收购要约。

【试题来源】 2021年中级会计专业技术资格考试《经济法》真题

5. 收购要约的适用。

收购要约提出的各项收购条件,适用于被收购公司的所有股东。上市公司发行不同种类股份的,收购人可以针对不同种类股份提出不同的收购条件。

采取要约收购方式的,收购人在收购期限内,不得卖出被收购公司的股票,也不得采取要约规定以外的形式和超出要约的条件买入被收购公司的股票。

(二)协议收购规则

1. 收购人可以依照法律、行政法规的规定同被收购公司的股东以协议方式进行股份转让。以协议方式收购上市公司时,达成协议后,收购人必须在3日内将该收购协议向国务院证券监督管理机构及证券交易所作出书面报告,并予公告。在公告前不得履行收购协议。

2. 采取协议收购方式的,协议双方可以临时委托证券登记结算机构保管协议转让的股票,并将资金存放于指定的银行。

3. 采取协议收购方式的,收购人收购或者通过协议、其他安排与他人共同收购一个上市公司已发行的有表决权股份达到30%时,继续进行收购的,应当依法向该上市公司所有股东发出收购上市公司全部或者部分股份的要约。但是,按照国务院证券监督管理机构的规定免除发出要约的除外。收购人依照前面规定以要约方式收购上市公司股份,应当遵守要约收购的规定。

(三) 上市公司收购的法律后果

1. 收购期限届满，被收购公司股权分布不符合证券交易所规定的上市交易要求的，该上市公司的股票应当由证券交易所依法终止上市交易；其余仍持有被收购公司股票的股东，有权向收购人以收购要约的同等条件出售其股票，收购人应当收购。收购行为完成后，被收购公司不再具备股份有限公司条件的，应当依法变更企业形式。

2. 在上市公司收购中，收购人持有的被收购的上市公司的股票，在收购行为完成后的 18 个月内不得转让。

3. 收购行为完成后，收购人与被收购公司合并，并将该公司解散的，被解散公司的原有股票由收购人依法更换。收购行为完成后，收购人应当在 15 日内将收购情况报告国务院证券监督管理机构和证券交易所，并予公告。

4. 国务院证券监督管理机构依照本法制定上市公司收购的具体办法。上市公司分立或者被其他公司合并，应当向国务院证券监督管理机构报告，并予公告。

项目检测五

一、单项选择题

1. 甲上市公司的董事买入该上市公司的股票后 3 个月内卖出，由此所得的收益归（　　）所有。
   A. 该董事　　　　　　　　B. 证券交易所
   C. 甲上市公司　　　　　　D. 甲上市公司董事会

2. 股票发行采用代销方式，代销期限届满，向投资者出售的股票数量未达到拟公开发行股票数量（　　）的，为发行失败。
   A. 50%　　　B. 60%　　　C. 70%　　　D. 80%

3. 股票发行公司对于其发行的、可能对公司股票交易价格产生较大影响、而投资者尚未得知的重大事件，应当根据《证券法》的规定向有关部门报告并予公告。下列各项中，不属于重大事件的是（　　）。
   A. 公司经理发生变动
   B. 公司董事发生变动
   C. 公司生产经营的外部条件发生重大变化
   D. 持有公司 1% 以上股份的股东或者实际控制人，其持有股份或者控制公司的情况发生较大变化的

4. 下列属于欺诈客户行为的是（　　）。
   A. 在自己实际控制的账户之间进行证券交易，影响证券交易价格或者证券交

易量

B. 与他人串通，以事先约定的时间、价格和方式相互进行证券交易，影响证券交易价格或者证券交易量

C. 单独或者通过合谋，集中资金优势、持股优势或者利用信息优势联合或者连续买卖，操纵证券交易价格或者证券交易量

D. 利用传播媒介或者通过其他方式提供、传播虚假或者误导投资者的信息

5. 下列有关上市公司收购的表述，不符合《证券法》规定的是（　　）。

A. 采取要约收购方式的，收购人在收购期限内，不得卖出被收购公司的股票，也不得采取要约规定以外的形式和超出要约的条件买入被收购公司的股票

B. 收购人持有的被收购的上市公司的股票，在收购行为完成后的18个月内不得转让

C. 在收购要约确定的承诺期限内，经国务院证券监督管理机构及证券交易所批准并公告，收购人可以变更其收购要约

D. 收购期限届满，被收购公司因股权分布不符合上市条件而终止上市，其余仍持有被收购公司股票的股东，有权向收购人以收购要约的同等条件出售其股票，收购人应当收购

二、多项选择题

1. 下列关于上市公司收购人权利义务的表述中，不符合上市公司收购法律制度规定的有（　　）。

A. 收购人在要约收购期内，可以卖出被收购公司的股票

B. 收购人在收购要约确定的承诺期限内，不得撤销其收购要约

C. 收购期限不得少于30天并不得超过90天

D. 在要约收购期间，被收购公司董事不得辞职

2. 根据证券法律制度的规定，下列选项中，属于知悉证券交易内幕信息的知情人员的有（　　）。

A. 因职务、工作可以获取内幕信息的证券交易场所、证券登记结算机构、证券服务机构的有关人员

B. 证券监督管理机构工作人员以及由于法定职责对证券的发行、交易进行管理的其他人员

C. 由于所任公司职务可以获取公司有关内幕信息的人员

D. 发行人的董事、监事、高级管理人员

3. 下列有关公开发行股票的说法正确的是（　　）。

A. 必须是向特定对象发行股票

B. 向累计超过200人的特定对象发行证券为公开发行

C. 向累计超过 100 人的特定对象发行证券为公开发行

D. 向不特定对象公开发行股票，依法采取承销方式的，应当聘请证券公司担任保荐人

4. 根据《上市公司收购管理办法》的规定，表明已经获得或拥有上市公司控制权的情形是（　　）。

A. 投资者为上市公司持股 50% 以上的控股股东

B. 投资者可以实际支配上市公司股份表决权超过 30%

C. 投资者通过实际支配上市公司股份表决权能够决定公司董事会过半数的成员选任

D. 投资者可以实际支配的表决权足以对公司股东会的决议产生重大影响

5. 根据《证券法》的规定，某上市公司的下列人员中，不得将其持有的该公司的股票在买入后 6 个月内卖出，或者在卖出后 6 个月内又买入的有（　　）。

A. 董事会秘书　　B. 监事会主席　　C. 财务负责人　　D. 副总经理

三、判断题

1. 投资者违反证券法规定买入上市公司有表决权的股份的，在买入后的 36 个月内，对该超过规定比例部分的股份不得行使表决权。（　　）

2. 传播媒介及其从事证券市场信息报道的工作人员不得从事与其工作职责发生利益冲突的证券买卖编造、传播虚假信息或者误导性信息，扰乱证券市场，给投资者造成损失的，应当依法承担赔偿责任。（　　）

3. 收购人持有的被收购的上市公司的股票，在收购行为完成后的 12 个月内不得转让。（　　）

4. 甲、乙、丙、丁合谋，集中资金优势、持股优势或者利用信息优势联合买卖或者连续买卖证券，影响证券交易价格，从中牟取利益的行为是欺诈客户行为。（　　）

5. 国务院证券监督管理机构或者国务院授权的部门应当自受理证券发行申请文件之日起 3 个月内，依照法定条件和法定程序作出予以注册或者不予注册的决定，发行人根据要求补充、修改发行申请文件的时间不计算在内。不予注册的，应当说明理由。（　　）

四、实战模拟

2023 年 1 月，甲股份有限公司首次公开发行股份并在证券交易所交易。公司董事赵某未持有公司股份。公司监事孙某持有甲公司 10 万股股份，公司总经理李某持有甲公司 5 万股股份，公司章程对董事、监事、高级管理人员转让其所持有的本公司股份未作特别规定。（1）2023 年 5 月，为了增加员工对公司的信心，赵某买入甲公司 10 万股股份，未向甲公司报告其买入股份的行为。（2）2023 年 8 月，孙某转让其持有的甲公司 2 万股股份。（3）2023 年 12 月，公司总经理李某辞职，因担心

公司股份下跌，李某于 2024 年 3 月将其持有的甲公司 5 万股股份全部转让。要求：

（1）赵某不向甲公司报告其买入甲公司股份的行为是否符合法律规定？说明理由。

（2）孙某转让其持有的甲公司 2 万股股份的行为是否符合法律规定？说明理由。

（3）李某全部转让其持有的甲公司 5 万股股份的行为是否符合法律规定？说明理由。

项目六　票据法律制度

【思维导图】

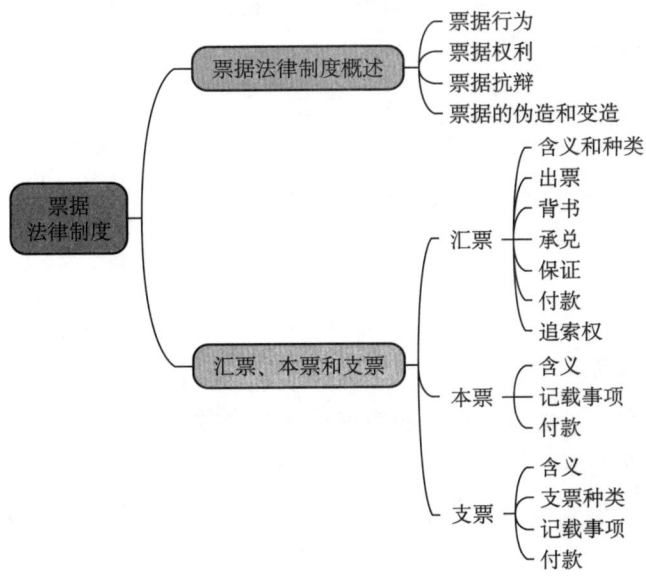

任务一　票据法律制度概述

Ⅰ．任务提要

（1）票据行为；

（2）票据权利；

（3）票据抗辩。

Ⅱ．能力提升

（1）知识目标：了解票据的特征和功能；掌握票据行为和票据权利；理解票据的抗辩、票据的伪造和变造。

（2）技能目标：正确判断票据行为的合法性，依法行使票据权利。

Ⅲ. 思政融入与成效

将票据行为的合法性、真实性融入岗位工作情境中,学生在体悟法律的权威性、公平公正的同时,培养爱岗敬业的职业精神。

Ⅳ. 岗位实训

6.1 案例解析

甲公司购买了乙公司一批货物,开出面额为 10 万元、2 个月到期的商业承兑汇票一张。1 个月后,乙公司从丙公司购买了 5 万元的产品,将该票据转让给丙。票据到期后,丙向甲提示付款,甲以乙公司货物质量有问题为由拒绝兑付票款。试问:甲能否拒绝兑付票款?为什么?

Ⅴ. 知识储备

知识点 1　票据行为

一、认识票据

(一)票据的含义

票据有广义和狭义之分,广义的票据包括各种有价证券和凭证,如仓单、提单、股票债券等;狭义的票据仅指货币证券,即指本身能使持券人或第三者取得货币索取权的有价证券。我国《票据法》中规定的票据为狭义票据,包括汇票、本票和支票。

(二)票据特征

1. 票据是设权证券。票据的各种权利、义务都是因票据的设立而产生的。票据上的权利是因票据行为而设立的,没有票据就没有票据上的权利和义务。

2. 票据是无因证券。持有票据是行使票据权利的前提条件,持票人不需要证明自己取得票据的原因。票据产生的基础关系是否有效不能影响持票人行使票据权利。

3. 票据是要式证券。票据的格式与各种票据行为都必须严格按照《票据法》的规定作出,否则票据无效。

4. 票据是文义证券。票据上所有的权利和义务,必须以票面上的文字记载为准。

5. 票据是金钱证券。票据是货币证券,其本身可以为持票人带来金钱上的收益,它的目的就是支付或获得一定金额的货币。

6. 票据是流通证券。票据可以依法流通,依法转让,且不限制转让的次数。

二、票据当事人

票据当事人是指票据法律关系主体，享有票据权利和承担票据义务的人。分为基本当事人和非基本当事人两种。

（一）基本当事人

票据基本当事人是指在票据作成和交付时就已存在的当事人，是构成票据法律关系的必要主体，包括出票人、收款人和付款人。基本当事人的缺失会导致票据无效。

1. 出票人。出票是指出票人签发票据并将其交付给收款人的票据行为。出票人则是签发票据并将其交付给收款人的人。

2. 收款人。收款人是出票人在票据上记载的受领票据金额的最初票据权利人。

3. 付款人。付款人是接受出票人委托或自行承担付款责任的人。付款人付款后解除票据责任。

（二）非基本当事人

非基本当事人是指在票据做成并交付后，通过一定的票据行为加入票据关系而享有权利、承担义务的当事人，包括承兑人、背书人、被背书人、保证人等。

1. 承兑人。承兑人是指承诺支付票据金额的人，是汇票的主债务人。不是所有的票据都有承兑人，本票和支票就没有。

2. 背书上人与被背书人。背书人是在票据背面签章，并转让票据权利给受让人的人。被背书人是指在背书活动过程中，被记名受让票据或接受背书票据的人。

3. 保证人。保证人是以自己的名义为票据债务提供担保的人，保证人由票据债务人以外的他人担当。保证人可以为出票人、背书人、承兑人、或参加承兑人提供担保。

需要注意的是，除基本当事人外，其他票据当事人不一定同时出现在一张票据上，要根据票据行为的发生来判断存在哪些非基本当事人。

三、票据行为的种类

票据行为是指具备票据法规定的特定要件和特定款式，能够发生、变更、消灭票据法律关系的行为，是以设立票据债务为目的的行为。

（一）出票

出票是指出票人签发票据并将其交付给收款人的票据行为。出票包括两个行为：一是出票人依照《票据法》的规定制作票据，即在原始票据上记载法定事项并签章；二是交付票据，即将制作的票据交付给他人占有。二者缺一不可。

(二) 背书

背书是指持票人为将票据权利转让给他人或者将一定的票据权利授予他人行使，而在票据背面或者粘单上记载有关事项并签章的行为。背书分为转让背书和非转让背书。转让背书以转让票据权利为目的。非转让背书是以授予票据权利为目的，包括委托收款背书和质押背书。

背书由背书人签章并记载背书日期。背书未记载日期的，视为在汇票到期日前背书。汇票以背书转让或者以背书将一定的汇票权利授予他人行使时，必须记载被背书人名称。以背书转让的票据，背书应当连续。持票人以背书的连续，证明其汇票权利；非经背书转让，而以其他合法方式取得汇票的，依法举证，证明其汇票权利。背书连续，是指在票据转让中，转让汇票的背书人与受让汇票的被背书人在汇票上的签章依次前后衔接。

背书不得附有条件。背书时附有条件的，所附条件无效。

(三) 承兑

承兑是指汇票付款人承诺在汇票到期日支付汇票金额的票据行为。承兑仅适用于商业汇票。付款人承兑汇票的，应当在汇票正面记载"承兑"字样和承兑日期并签章；见票后定期付款的汇票，应当在承兑时记载付款日期。付款人承兑汇票，不得附有条件；承兑附有条件的，视为拒绝承兑。付款人承兑汇票后，应当承担到期付款的责任。

(四) 保证

票据的债务可以由保证人承担保证责任。保证不得附有条件，附有条件的，不影响对票据的保证责任。被保证的汇票，保证人应当与被保证人对持票人承担连带责任。汇票到期后得不到付款的，持票人有权向保证人请求付款，保证人应当足额付款。保证人清偿票据债务后，可以行使持票人对被保证人及其前手的追索权。

知识点 2 票据权利

一、票据权利的概念及种类

《票据法》所称票据权利，是指持票人向票据债务人请求支付票据金额的权利，包括付款请求权和追索权。

付款请求权是指持票人向票据主债务人出示票据，请求支付票据金额的权利，是票据的第一次权利，也是票据上的主权利。

票据追索权，是指持票人在行使付款请求权被拒绝后，依法向其前手请求偿还票据金额及其他金额的权利，是第二次请求权。

二、票据权利的取得

票据的取得，必须给付对价，即应当给付票据双方当事人认可的相对应的代价。善意取得的票据，即使无对价或者无相当对价，仍可享有票据权利，但票据持有人的票据权利不能优于其前手。因税收、继承、赠与可以依法无偿取得票据的，不受给付对价的限制。但是，所享有的票据权利不得优于其前手的权利。

票据的取得可分为原始取得和继受取得，主要有以下几种情况：

1. 出票取得。从出票人处取得票据。
2. 票据转让。从持有票据的人处受让票据。
3. 依法取得。如税收、继承、赠与、企业合并等方式获得票据。

因下列情形取得票据的，不享有票据权利：

1. 以欺诈、偷盗或者胁迫等手段取得票据的，或者明知有前列情形，出于恶意取得票据的，不得享有票据权利。
2. 持票人因重大过失取得不符合本法规定的票据的，也不得享有票据权利。

三、票据权利的行使

票据权利的行使，是指持票人请求票据的付款人支付票据金额的行为。票据不同，其权利的行使程序不同，包括票据的提示承兑、提示付款、行使追索权等程序。

1. 提示承兑。提示承兑，是指持票人向付款人出示汇票，并要求付款人承诺付款的行为。定日付款或者出票后定期付款的汇票，持票人应当在汇票到期日前向付款人提示承兑；见票后定期付款的汇票，持票人应当自出票日起一个月内向付款人提示承兑；见票即付的汇票无须提示承兑。

2. 提示付款。提示付款，是指票据的持票人在票据的付款期限内向票据付款人提示票据，要求票据付款人偿付票据金额的行为。见票即付的汇票，自出票日起一个月内向付款人提示付款；定日付款、出票后定期付款或者见票后定期付款的汇票，自到期日起 10 日内向承兑人提示付款。本票的出票人在持票人提示见票时，必须承担付款的责任。本票自出票日起，付款期限最长不得超过 2 个月。支票的持票人应当自出票日起 10 日内提示付款；异地使用的支票，其提示付款的期限由中国人民银行另行规定。

持票人未按照前款规定期限提示付款的，在作出说明后，承兑人或者付款人仍应当继续对持票人承担付款责任。通过委托收款银行或者通过票据交换系统向付款人提示付款的，视同持票人提示付款。

持票人未按照前款规定期限提示付款的，在作出说明后，承兑人或者付款人仍应当继续对持票人承担付款责任。

3. 行使追索权。汇票到期被拒绝付款的，持票人可以对背书人、出票人以及汇票的其他债务人行使追索权。

汇票到期日前，有下列情形之一的，持票人也可以行使追索权：

1. 汇票被拒绝承兑的；
2. 承兑人或者付款人死亡、逃匿的；
3. 承兑人或者付款人被依法宣告破产的或者因违法被责令终止业务活动的。

四、票据权利的保全

票据权利的保全，是指票据权利人为了防止票据权利丧失而进行的行为。持票人在法定期限内提示承兑、提示付款的行为，以及要求承兑人或付款人提供拒绝承兑或者拒绝付款的证明以行使追索权等都是票据权利的保全行为。

持票人对票据债务人行使票据权利，或者保全票据权利，应当在票据当事人的营业场所和营业时间内进行，票据当事人无营业场所的，应当在其住所进行。

五、票据权利的消灭

票据权利的消灭，是指因发生一定的法律事实而使票据权利不复存在。票据权利可因票据债务消除而消灭，也可因票据时效而消灭。

《票据法》规定，票据权利在下列期限内不行使而消灭：

1. 持票人对票据的出票人和承兑人的权利，自票据到期日起 2 年。见票即付的汇票、本票，自出票日起 2 年；
2. 持票人对支票出票人的权利，自出票日起 6 个月；
3. 持票人对前手的追索权，自被拒绝承兑或者被拒绝付款之日起 6 个月；
4. 持票人对前手的再追索权，自清偿日或者被提起诉讼之日起 3 个月。

票据的出票日、到期日由票据当事人依法确定。

持票人因超过票据权利时效或者因票据记载事项欠缺而丧失票据权利的，仍享有民事权利，可以请求出票人或者承兑人返还其与未支付的票据金额相当的利益。即票据权利丧失不代表民事权利的消失，法律关系主体之间的债权债务关系不会随之消失。

六、票据权利的补救

持票人行使票据权利的一个前提是必须持有票据，如果票据一旦丧失，票据权利的实现必将受到影响。票据丧失后可采取挂失止付、公示催告、普通诉讼三种方式进行补救。

（一）挂失止付

挂失止付仅为票据丧失后的票据权利或票据金额的保全方法，是指票据丧失后，失票人以止付通知的方式告知付款人票据丧失的情形，并请求付款人在止付有效期间对票据不予以付款的票据权利保全方法。

收到挂失止付通知的付款人，应当暂停支付。

失票人应当在通知挂失止付后 3 日内，也可以在票据丧失后，依法向人民法院申请公示催告，或者向人民法院提起诉讼。

（二）公示催告

公示催告是票据权利人在丧失票据后申请法院宣告票据无效，从而使票据权利与票据分离的一种制度。失票人应当在通知挂失止付后 3 日内，也可以在票据丧失后，依法向人民法院申请公示催告，或者向人民法院提起诉讼。票据上的利害关系人在规定时间内没有申报权利的，法院会通过除权判决宣告票据无效。

（三）普通诉讼

普通诉讼是指以失票人为原告，以"承兑人或者出票人"为被告，请求人民法院判决其向失票人付款的制度。如果与票据上的权利有利害关系的人是明确的，则无须公示催告，可按一般的票据纠纷向法院提起诉讼。

知识点 3　票据抗辩

一、票据抗辩的含义及种类

票据抗辩是指票据债务人根据票据法规定对票据债权人拒绝履行义务的行为。票据抗辩可分为对物抗辩和对人抗辩。

（一）对物抗辩

对物抗辩，票据抗辩中一切票据债务人或特定票据债务人可以对抗任何持票人的抗辩。其主要包括以下情形：

1. 票据行为不成立的抗辩，如票据应记载的内容有欠缺，票据债务人为无民事行为能力或限制民事行为能力，以欺诈、偷盗、胁迫手段取得票据等。

2. 依票据记载不能提出请求的抗辩，如票据未到期、付款地不符等。

3. 票据载明的权利已消灭或者已失效而为的抗辩，例如，票据债权因付款、抵销、免除、除权判决、时效届满而消灭等。

4. 票据权利的保全手续欠缺的抗辩，例如，行使追索权时不能提供被拒绝的证明等。

5. 票据上有伪造、变造情形的抗辩。

（二）对人的抗辩

对人的抗辩是指票据债务人对抗特定债权人的抗辩。这类抗辩是基于票据当事人之间的特定关系而产生的，只能对特定的票据债权人行使。例如，甲向乙签发一张票据用于支付货款，但乙实际并未交货，甲可以未给付对价向乙主张抗辩。

《票据法》规定，票据债务人可以对不履行约定义务的与自己有直接债权债务关系的持票人，进行抗辩。如果该票据被依法转让，票据债务人则不能对第三人抗辩。

二、票据抗辩的限制

《票据法》规定票据债务人不得以自己与出票人或者与持票人的前手之间的抗辩事由，对抗持票人。但是，持票人明知存在抗辩事由而取得票据的除外。

知识点4　票据的伪造和变造

一、票据的伪造

（一）票据伪造的含义

票据的伪造，是指假借他人名义而实施的票据行为。例如，在票据上伪造出票人签章等。

（二）票据伪造的责任

票据上的记载事项应当真实，不得伪造、变造。伪造、变造票据上的签章和其他记载事项的，应当承担法律责任。

票据上有伪造、变造的签章的，不影响票据上其他真实签章的效力。

由于伪造签章的行为人在票据上没有出现他的名字，因此伪造人不承担票据责任，但不代表他不承担法律责任，伪造人应承担民事侵权责任，构成犯罪的应承担刑事责任。

二、票据的变造

（一）票据变造的含义

票据的变造，是指无权改变票据记载事项的人对除票据签章以外的事项进行变更的行为。例如，变更票据的到期日、付款日、付款地和金额等。

（二）票据变造的责任

票据上其他记载事项被变造的，在变造之前签章的人，对原记载事项负责；在变造之后签章的人,对变造之后的记载事项负责;不能辨别是在票据被变造之前或者之后签章的,视同在变造之前签章。

任务二　汇票、本票和支票

Ⅰ．任务提要

（1）汇票；
（2）本票；
（3）支票。

Ⅱ．能力提升

（1）知识目标：了解汇票的承兑和保证、本票和支票的含义；掌握汇票的出票等票据行为；掌握本票和支票的记载事项。

（2）技能目标：正确判断汇票、本票和支票的票据行为的合法性,依法行使票据权利。

Ⅲ．思政融入与成效

汇票、本票和支票是职业领域中非常重要的票据,将诚信、公平的理念融入票据权利和票据行为中,使学生在分析问题解决问题的同时,形成职业自豪感,树立法治观念。

Ⅳ．岗位实训

甲签发汇票一张,汇票上记载收款人为乙、金额为20万元、付款人为某建设银行支行,汇票到期日为2023年4月1日。乙取得票据以后,将其背书转让给丙,丙没有背书转让给丁,属于空白背书,丁再背书转让给乙,乙再背书转让给戊,戊再背书转让给己,己要求付款银行某建设银行支行付款时,被以背书不具连续性为由拒绝付款。请问:此背书是否具有连续性?

6.2 案例解析

Ⅴ．知识储备

知识点1　汇票

一、汇票的含义和种类

汇票是出票人签发的,委托付款人在见票时或者在指定日期无条件支付确定的金额给收款人或者持票人的票据。

1. 根据出票人不同，分为银行汇票和商业汇票。

（1）银行汇票是指由银行签发的汇票。

（2）商业汇票，由银行以外组织签发的汇票。根据承兑人不同分为商业承兑汇票和银行承兑汇票。商业汇票的出票人与付款人具有真实的委托付款关系，并在银行开立存款账户。

2. 根据付款期限不同，分为见票即付的汇票、出票后定期付款的汇票、定期付款的汇票和见票后定期付款的汇票。

二、出票

汇票必须记载下列事项：

1. 表明"汇票"的字样；
2. 无条件支付的委托；
3. 确定的金额；
4. 付款人名称；
5. 收款人名称；
6. 出票日期；
7. 出票人签章。

汇票上未记载上述规定事项之一的，汇票无效。

汇票上记载付款日期、付款地、出票地等事项的，应当清楚、明确。

汇票上未记载付款日期的，为见票即付。

汇票上未记载付款地的，付款人的营业场所、住所或者经常居住地为付款地。

汇票上未记载出票地的，出票人的营业场所、住所或者经常居住地为出票地。

票据金额以中文大写和数码同时记载，二者必须一致，二者不一致的，票据无效。

票据金额、日期、收款人名称不得更改，更改的票据无效。

对票据上的其他记载事项，原记载人可以更改，更改时应当由原记载人签章证明。

三、背书

（一）背书的含义

持票人可以将汇票权利转让给他人或者将一定的汇票权利授予他人行使。在我国票据转让只能通过背书转让的方式进行。背书是在票据背面或者粘单上记载有关事项并签章的票据行为。票据凭证不能满足背书人记载事项的需要，可以加附粘单，粘附于票据凭证上。粘单上的第一记载人,应当在汇票和粘单的粘接处签章。

出票人在汇票上记载"不得转让"字样的,汇票不得转让。

(二)背书的法律要求

1. 签章和日期。背书由背书人签章并记载背书日期。背书未记载日期的,视为在汇票到期日前背书。

汇票以背书转让或者以背书将一定的汇票权利授予他人行使时,必须记载被背书人名称。

2. 以背书转让的汇票,背书应当连续。背书连续,是指在票据转让中,转让汇票的背书人与受让汇票的被背书人在汇票上的签章依次前后衔接。持票人以背书的连续,证明其汇票权利;非经背书转让,而以其他合法方式取得汇票的,依法举证,证明其汇票权利。

以背书转让的汇票,后手应当对其直接前手背书的真实性负责。

后手是指在票据签章人之后签章的其他票据债务人。

3. 背书不得附有条件。背书时附有条件的,所附条件不具有汇票上的效力。

4. 背书转让,禁止分别或部分转让。将汇票金额的一部分转让的背书或者将汇票金额分别转让给二人以上的背书无效。

背书人在汇票上记载"不得转让"字样,其后手再背书转让的,原背书人对后手的被背书人不承担保证责任。

汇票被拒绝承兑、被拒绝付款或者超过付款提示期限的,不得背书转让;背书转让的,背书人应当承担汇票责任。背书人以背书转让汇票后,即承担保证其后手所持汇票承兑和付款的责任。

四、承兑

承兑是指汇票付款人承诺在汇票到期日支付汇票金额的票据行为。只有商业汇票有承兑,银行汇票、银行本票及支票不需要承兑。

(一)提示承兑

提示承兑是指持票人向付款人出示汇票,并要求付款人承诺付款的行为。定日付款或者出票后定期付款的汇票,持票人应当在汇票到期日前向付款人提示承兑。见票后定期付款的汇票,持票人应当自出票日起一个月内向付款人提示承兑。

汇票未按照规定期限提示承兑的,持票人丧失对其前手的追索权。

见票即付的汇票无须提示承兑。

(二)承兑记载事项

付款人承兑汇票的,应当在汇票正面记载"承兑"字样和承兑日期并签章;见票后定期付款的汇票,应当在承兑时记载付款日期。

汇票上未记载承兑日期的,以前条第一款规定期限的最后1日为承兑日期。

付款人对向其提示承兑的汇票,应当自收到提示承兑的汇票之日起3日内承兑或者拒绝承兑。

(三) 承兑的效力

付款人承兑汇票,不得附有条件;承兑附有条件的,视为拒绝承兑。付款人承兑汇票后,应当承担到期付款的责任。

【**真题演练6-1 单项选择题**】根据票据法律制度的规定,下列关于汇票承兑行为的表述中,正确的是( )。

A. 出票后定期付款的汇票未按照法定期限提示承兑的,持票人丧失对其前手的追索权

B. 定日付款的汇票,持票人应当自出票日起一个月内向付款人提示承兑

C. 未记载付款日期的银行汇票必须提示承兑

D. 承兑附有条件的,所附条件不具有汇票上的效力

【**答案**】A

【**解析**】选项B,定日付款的汇票,应当在到期日前提示承兑;选项C,未记载付款日期的银行汇票为见票即付;选项D,付款人承兑汇票,不得附有条件;承兑附有条件的,视同拒绝承兑。选项A当选。

【**试题来源**】2022年中级会计专业技术资格考试《经济法》真题

五、保证

(一) 保证的记载事项

汇票的债务可以由保证人承担保证责任。保证人由汇票债务人以外的他人担当。

保证人在汇票或者粘单上未记载被保证人名称的,已承兑的汇票,承兑人为被保证人;未承兑的汇票,出票人为被保证人。保证人在汇票或者粘单上未记载保证日期的,出票日期为保证日期。

保证不得附有条件;附有条件的,不影响对汇票的保证责任。

(二) 保证的效力

保证人对合法取得汇票的持票人所享有的汇票权利,承担保证责任。但是,被保证人的债务因汇票记载事项欠缺而无效的除外。

被保证的汇票,保证人应当与被保证人对持票人承担连带责任。汇票到期后得不到付款的,持票人有权向保证人请求付款,保证人应当足额付款。

保证人为二人以上的,保证人之间承担连带责任。

保证人清偿汇票债务后，可以行使持票人对被保证人及其前手的追索权。

六、付款

（一）提示付款

提示付款是指持票人向承兑人或付款人出示票据，请求付款的行为。持票人不在法定期限内进行承兑提示和付款提示的，丧失对前手的追索权。

持票人应当按照下列期限提示付款：

1. 见票即付的汇票，自出票日起一个月内向付款人提示付款；

2. 定日付款、出票后定期付款或者见票后定期付款的汇票，自到期日起 10 日内向承兑人提示付款。

持票人未按照前款规定期限提示付款的，在作出说明后，承兑人或者付款人仍应当继续对持票人承担付款责任。

通过委托收款银行或者通过票据交换系统向付款人提示付款的，视同持票人提示付款。

（二）支付或拒绝付款

持票人依照规定提示付款的，付款人必须在当日足额付款。

付款人及其代理付款人付款时，应当审查汇票背书的连续，并审查提示付款人的合法身份证明或者有效证件。

对定日付款、出票后定期付款或者见票后定期付款的汇票，付款人在到期日前付款的，由付款人自行承担所产生的责任。

（三）付款的法律效力

付款人依法足额付款后，全体汇票债务人的责任解除。

七、追索权

（一）追究索权的行使条件

汇票到期被拒绝付款的，持票人可以对背书人、出票人以及汇票的其他债务人行使追索权。

汇票到期日前，有下列情形之一的，持票人也可以行使追索权：

1. 汇票被拒绝承兑的；

2. 承兑人或者付款人死亡、逃匿的；

3. 承兑人或者付款人被依法宣告破产的或者因违法被责令终止业务活动的。

持票人行使追索权时，应当提供被拒绝承兑或者被拒绝付款的有关证明。

持票人提示承兑或者提示付款被拒绝的，承兑人或者付款人必须出具拒绝证明，或者出具退票理由书。未出具拒绝证明或者退票理由书的，应当承担由此产生的民事责任。

持票人不能出示拒绝证明、退票理由书或者未按照规定期限提供其他合法证明的，丧失对其前手的追索权。但是，承兑人或者付款人仍应当对持票人承担责任。

（二）追索权行使程序

持票人应当自收到被拒绝承兑或者被拒绝付款的有关证明之日起 3 日内，将被拒绝事由书面通知其前手；其前手应当自收到通知之日起 3 日内书面通知其再前手。持票人也可以同时向各汇票债务人发出书面通知。

未按照法律规定期限通知的，持票人仍可以行使追索权。

（三）追索对象

汇票的出票人、背书人、承兑人和保证人对持票人承担连带责任。

持票人可以不按照汇票债务人的先后顺序，对其中任何一人、数人或者全体行使追索权。

持票人对汇票债务人中的一人或者数人已经进行追索的，对其他汇票债务人仍可以行使追索权。被追索人清偿债务后，与持票人享有同一权利。

持票人为出票人的，对其前手无追索权。持票人为背书人的，对其后手无追索权。

（四）法律效力

被追索人依照前二条规定清偿债务后，其责任解除。

知识点 2　本票、支票

一、本票

（一）本票的含义

本票是出票人签发的，承诺自己在见票时无条件支付确定的金额给收款人或者持票人的票据。《票据法》上所称的本票仅指银行本票，由银行出票，银行付款的自付票据，见票即付无须承兑。

（二）记载事项

本票必须记载下列事项：

1. 表明"本票"的字样；
2. 无条件支付的承诺；
3. 确定的金额；

4. 收款人名称；

5. 出票日期；

6. 出票人签章。

本票上未记载上述规定事项之一的，本票无效。

本票上记载付款地、出票地等事项的，应当清楚、明确。本票上未记载付款地的，出票人的营业场所为付款地。本票上未记载出票地的，出票人的营业场所为出票地。

（三）付款

本票的出票人在持票人提示见票时，必须承担付款的责任。

本票自出票日起，付款期限最长不得超过 2 个月。

本票的持票人未按照规定期限提示见票的，丧失对出票人以外的前手的追索权。

二、支票

（一）支票含义

支票是出票人签发的，委托办理支票存款业务的银行或者其他金融机构在见票时无条件支付确定的金额给收款人或者持票人的票据。支付是与现金最接近的一类票据，见票即付无须承兑。

（二）支票种类

支票可以支取现金，也可以转账，用于转账时，应当在支票正面注明。

1. 现金支票。支票中专门用于支取现金的，可以另行制作现金支票，现金支票只能用于支取现金。

2. 转账支票。支票中专门用于转账的，可以另行制作转账支票，转账支票只能用于转账，不得支取现金。

（三）记载事项

支票必须记载下列事项：

1. 表明"支票"的字样；

2. 无条件支付的委托；

3. 确定的金额；

4. 付款人名称；

5. 出票日期；

6. 出票人签章。

支票上未记载前款规定事项之一的，支票无效。

支票上的金额可以由出票人授权补记，未补记前的支票，不得使用。支票上未记载收款人名称的，经出票人授权，可以补记。支票上未记载付款地的，付款人的营业场所为付款地。

支票上未记载出票地的，出票人的营业场所、住所或者经常居住地为出票地。

出票人可以在支票上记载自己为收款人。支票限于见票即付，不得另行记载付款日期。另行记载付款日期的，该记载无效。支票的出票人所签发的支票金额不得超过其付款时在付款人处实有的存款金额。

出票人签发的支票金额超过其付款时在付款人处实有的存款金额的，为空头支票。禁止签发空头支票。

（四）付款

出票人必须按照签发的支票金额承担保证向该持票人付款的责任。

出票人在付款人处的存款足以支付支票金额时，付款人应当在当日足额付款。支票的持票人应当自出票日起10日内提示付款；异地使用的支票，其提示付款的期限由中国人民银行另行规定。

超过提示付款期限的，付款人可以不予付款；付款人不予付款的，出票人仍应当对持票人承担票据责任。

付款人依法支付支票金额的，对出票人不再承担受委托付款的责任，对持票人不再承担付款的责任。但是，付款人以恶意或者有重大过失付款的除外。

项目检测六

一、单项选择题

1. 根据《票据法》的规定，下列关于汇票持票人行使票据追索权的表述中，不正确的是（　　）。

   A. 汇票到期被拒绝付款的，可以向出票人追索

   B. 汇票未到期付款人死亡的，可以向付款人的继承人追索

   C. 汇票未到期承兑人破产的，可以向出票人追索

   D. 汇票未到期承兑人逃匿的，可以向持票人的前手追索

2. 甲公司7月1日通过报纸发布广告，称其有某型号的电脑出售，每台售价8000元，随到随购，数量不限，广告有效期至7月30日。乙公司委托王某携带金额16万元的支票于7月28日到甲公司购买电脑，但甲公司称广告所述电脑已全部售完。乙公司为此受到一定的经济损失。根据合同法律制度的规定，下列表述正确的是（　　）。

   A. 甲公司的广告构成要约，乙公司的行为构成承诺，甲公司不承担违约责任

   B. 甲公司的广告构成要约，乙公司的行为构成承诺，甲公司应当承担违约责任

C. 甲公司的广告不构成要约，乙公司的行为不构成承诺，甲公司不承担民事责任

D. 甲公司的广告构成要约，乙公司的行为不构成承诺，甲公司不承担民事责任

3. 2018年12月1日，甲公司向乙公司签发一张支票，乙公司将该支票背书转让给丙公司，丙公司又将该支票背书转让给丁公司；2018年12月5日，丁公司向付款银行提示付款被拒绝。有关丁公司行使票据追索权的期限，下列说法不符合票据法律制度规定的是（　　）。

A. 丁公司首次向乙公司行使票据追索权的最晚时间为2019年6月5日

B. 丁公司首次向丙公司行使票据追索权的最晚时间为2019年6月5日

C. 丁公司首次向甲公司行使票据追索权的最晚时间为2019年6月5日

D. 丁公司首次向甲公司行使票据追索权的最晚时间为2019年6月1日

4. 定日付款的汇票，自到期日起的一定期限内向承兑人提示付款，该期限是（　　）。

A. 1个月　　　　B. 2个月　　　　C. 3个月　　　　D. 10日

5. 根据票据法律制度的规定，下列有关票据承兑的说法正确的是（　　）。

A. 定日付款的商业承兑汇票，持票人应当在汇票到期日前向付款人提示承兑

B. 见票后定期付款的汇票，持票人应当自出票日起10日内向付款人提示承兑

C. 付款人承兑汇票的，应当在汇票正面或者背面记载"承兑"字样和承兑日期并签章

D. 票据承兑后，持票人未在法定期限提示付款的，承兑人的票据责任解除

6. 甲公司为购买货物而将所持有的汇票背书转让给乙公司，并在背书栏中记载了"若此票据到期不获付款不能向本公司追索"的字样。根据票据法律制度的规定，下列表述中，正确的是（　　）。

A. 背书无效

B. 背书有效，乙的后手持票人应受上述记载约束

C. 背书有效，但是上述记载没有汇票上的效力

D. 票据无效

7. 根据票据法律制度的规定，下列有关汇票未记载事项的表述中，正确的是（　　）。

A. 汇票上未记载付款日期的，为出票后3个月内付款

B. 汇票上未记载付款地的，出票人的营业场所、住所或者经常居住地为付款地

C. 汇票上未记载收款人名称的，经出票人授权可以补记

D. 汇票上未记载出票日期的，该汇票无效

8. 根据票据法律制度的规定，下列关于汇票提示付款的表述中，正确的是

（　　）。

  A. 见票即付的汇票，无须提示付款

  B. 定日付款的汇票，自到期日起10日内提示付款

  C. 出票后定期付款的汇票，自出票日起10日内提示付款

  D. 见票后定期付款的汇票，自出票日起10日内提示付款

9. 根据票据法律制度的规定，无权更改票据内容的人，对票据下列记载事项的变更，不属于票据的变造的是（　　）。

  A. 变更票据上的到期日　　　　　B. 变更票据上的付款地

  C. 变更票据金额　　　　　　　　D. 变更票据签章

10. 对背书人记载"不得转让"字样的汇票，其后手再背书转让的，将产生的法律后果是（　　）。

  A. 该汇票无效

  B. 该背书转让无效

  C. 背书人对后手的被背书人不承担保证责任

  D. 背书人对后手的被背书人承担保证责任

二、多项选择题

1. 下列选项中，属于票据抗辩中对物抗辩的有（　　）。

  A. 票据金额大写是壹佰万元，小写是10万元

  B. 票据权利人行使权利的时间、地点、方式不符合票据记载或法律规定

  C. 票据时效期间已过

  D. 对特定票据债务人的追索权，因为持票人未进行权利的保全而丧失

2. 下列选项中，汇票不得进行背书转让的有（　　）。

  A. 现金银行汇票

  B. 汇票被拒绝付款的

  C. 超过付款提示期限的汇票

  D. 出票人记载"不得转让"字样的汇票

3. 根据《票据法》规定，支票限于见票即付，不得另行记载付款日期。下列关于另行记载付款日期说法不正确的有（　　）。

  A. 该记载无效　　　　　　　　　B. 票据无效

  C. 以记载的付款日期为准　　　　D. 视为远期票据

4. 下列关于票据行为成立必须具备的基本条件的表述中，正确的有（　　）。

  A. 行为人必须具有从事票据行为的能力

  B. 行为人的意思表示必须真实或无缺陷

  C. 票据行为必须符合法定形式

D. 票据行为的内容必须符合法律、法规的规定

5. 根据票据法律制度规定的一般情形，行为人可通过下列方式取得票据权利（　　）。

A. 从持有票据的人处依法受让票据

B. 依法继承而从被继承人处获得票据

C. 直接从出票人处合法获得票据

D. 依法征税而从纳税人处获得票据

三、判断题

1. 本票的持票人未在规定期限提示本票的，丧失对所有前手的追索权。（　　）

2. 票据变造，变造的内容是票据上所记载的除签章以外的事项。（　　）

3. 狭义的票据包括汇票、本票和支票。（　　）

4. 承兑人可以其与出票人之间的资金关系来对抗持票人，拒绝支付汇票金额。（　　）

5. 支票的出票人签发支票的金额不得超过付款时在付款人处实有的存款金额。（　　）

四、实战模拟

2001年7月，某银行甲市分行某办事处（相当于县级支行）办公室主任李某与其妻弟密谋后，利用工作上的便利，盗用该银行已于1年前公告作废的旧业务印鉴和银行现行票据格式凭证，签署了金额为人民币100万元的银行承兑汇票一张，出票人和付款人及承兑人记载为该办事处，汇票到期日为同年12月底，收款人为某省建筑公司，该建筑公司系李某妻弟所承包经营的企业。李某将签署的汇票交给了该公司后，该公司请求某外贸公司在票据上签署了保证，之后持票向某城市合作银行申请贴现。该合作银行扣除利息和手续费后，把贴现款96万元支付给了该建筑公司。汇票到期，城市合作银行向甲市分行某办事处提示付款遭拒绝。

请问：

（1）本案中有哪些票据行为？其效力如何？为什么？

（2）某市合作银行是否享有票据权利？如有，应如何行使？如没有，该如何处理？

（3）如果李某用已经作废的旧票据格式凭证（无出票人一栏）签署银行承兑汇票，在其他情节相同的情况下，对某市合作银行有何影响？

项目七　知识产权法律制度

【思维导图】

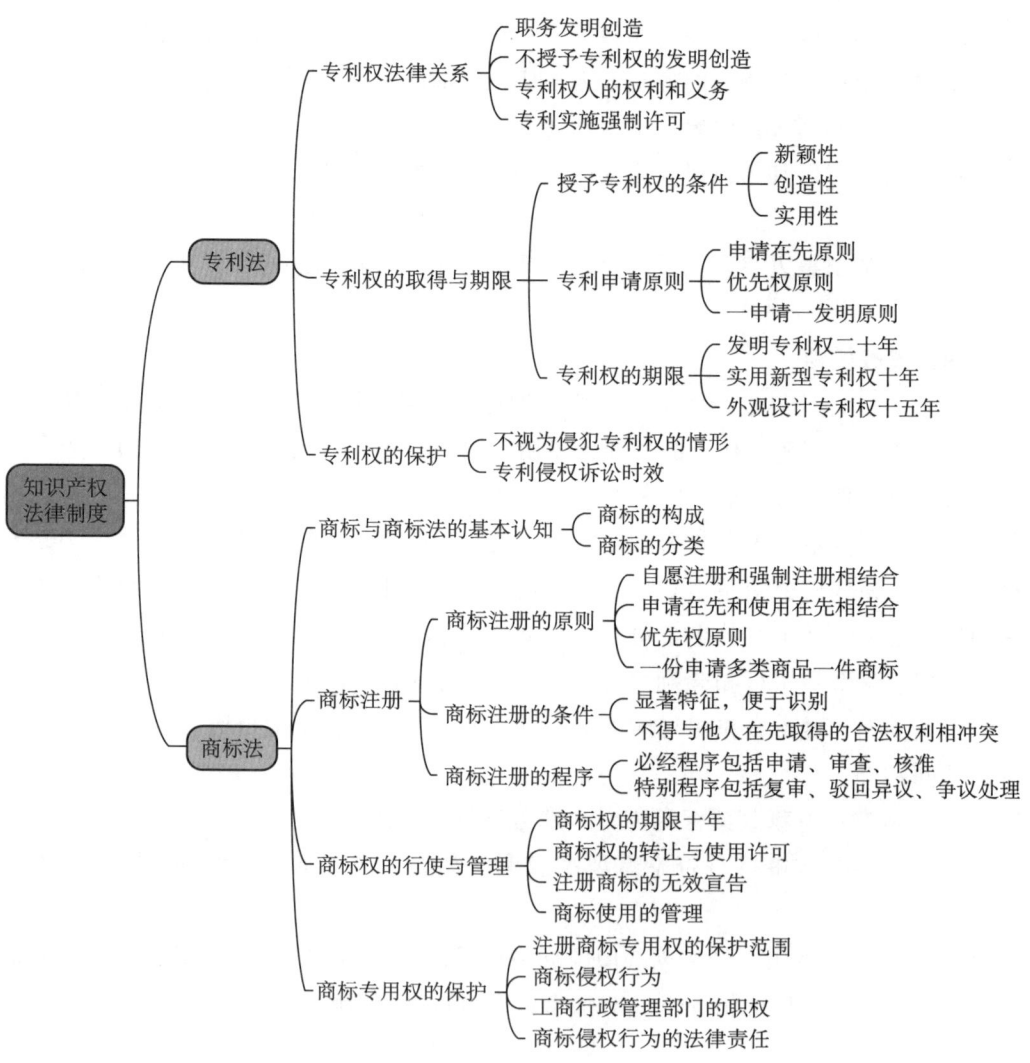

任务一 专利法

Ⅰ. 任务提要

（1）职务发明创造；

（2）授予专利权的条件；

（3）专利权法律关系；

（4）专利实施强制许可；

（5）专利申请原则；

（6）专利权的保护。

Ⅱ. 能力提升

（1）知识目标：掌握授予专利权的条件、专利申请原则和专利侵权行为；熟悉专利权的种类；了解专利权的消灭。

（2）技能目标：能够正确界定专利权归属，识别侵权行为及其后果。

Ⅲ. 思政融入与成效

（1）从华为手机的专利研发看我国专利创新发展，展现中国之治的生命力和优越性。

（2）引领认知：人的社会属性，增强社会责任感、工匠精神，坚定信念：幸福生活是靠奋斗出来的。

Ⅳ. 岗位实训

甲公司2020年取得一项产品发明专利，乙、丙、丁、戊四公司未经甲公司许可实施其专利，分别为：乙公司购买了该专利产品，经研究产品的原理后仿造该产品并进行销售；丙公司在甲公司申请前已经制造相同产品，并且仅在原有范围内继续制造；丁公司为科学实验而使用该专利产品；戊公司取得强制许可后制造该专利产品。试问：根据专利法律制度的规定，谁的行为属于侵犯了甲公司专利权？（本案例涉及专利侵权行为等相关知识点。）

7.1 案例解析

Ⅴ. 知识储备

知识点1 专利权法律关系

专利权法律关系与其他法律关系一样，由主体、客体、内容三个要素构成。

一、专利权的主体

专利权的主体是指有权提出专利申请和获得专利权的单位和个人。

（一）发明人或者设计人

发明人或者设计人，是指对发明创造的实质性特点作出创造性贡献的人。在完成发明创造过程中，只负责组织工作的人、为物质技术条件的利用提供方便的人或者从事其他辅助工作的人，不是发明人或者设计人。

（二）职务发明创造的单位

职务发明创造，是指执行本单位的任务或者主要是利用本单位的物质技术条件所完成的发明创造。

凡符合下列条件之一的，均属于职务发明创造：执行本单位的任务所完成的职务发明创造，是指：（1）在本职工作中作出的发明创造；（2）履行本单位交付的本职工作之外的任务所作出的发明创造；（3）退休、调离原单位后或者劳动、人事关系终止后1年内作出的，与其在原单位承担的本职工作或者原单位分配的任务有关的发明创造。以上所称本单位，包括临时工作单位；以上所称本单位的物质技术条件，是指本单位的资金、设备、零部件、原材料或者不对外公开的技术资料等。

职务发明创造申请专利的权利属于该单位，申请被批准后，该单位为专利权人。利用本单位的物质技术条件所完成的发明创造，单位与发明人或者设计人订有合同，对申请专利的权利和专利权的归属作出约定的，从其约定。

职务发明创造的专利申请权和专利权归单位享有，但发明人或者设计人仍有两项重要的权利：

1. 享有从所在单位取得奖励、报酬的权利。具体包括：被授予专利权的单位应当对职务发明创造的发明人或者设计人给予奖励；发明创造专利实施后，根据其推广应用的范围和取得的经济效益，对发明人或者设计人给予合理的报酬。

2. 发明人或者设计人的署名权。即发明人或者设计人有权在专利文件中写明自己是发明人或者设计人。

非职务发明创造，申请专利的权利属于发明人或者设计人；申请被批准后，该发明人或者设计人为专利权人。

【真题演练7-1 多项选择题】工程师王某在甲公司的职责是研发电脑鼠标。下列哪些说法是错误的？（ ）

A. 王某利用业余时间研发的新鼠标的专利申请权属于甲公司

B. 如王某没有利用甲公司物质技术条件研发出新鼠标，其专利申请权属于王某

C. 王某主要利用了单位物质技术条件研发出新型手机，其专利申请权属于王某

D. 如王某辞职后到乙公司研发出新鼠标，其专利申请权均属于乙公司

【答案】BCD

【解析】 本题涉及职务发明创造问题。选项 A 说法正确。王某是甲公司负责研发电脑鼠标的工程师，其在公司的职责就是研发电脑鼠标，因此，即便其是利用业余时间研发的新电脑鼠标，也属于在本职工作中作出的发明创造。该发明创造属于职务发明，专利申请权属于甲公司。选项 B 说法错误。王某是甲公司负责研发电脑鼠标的工程师，其在公司的职责就是研发电脑鼠标，即便其没有利用公司的资金、设备、零部件等技术条件，但其也无法避免地会利用到其在工作中从公司内部了解到的技术资料。因此，其研发出的新的电脑鼠标，依然属于职务发明，该发明的专利申请权属于甲公司，而非属于王某。选项 C 说法错误。王某主要利用了单位物质技术条件研发出的新型手机属于职务发明，其专利申请权属于甲公司，而非属于王某。选项 D 说法错误。如果王某辞职后应聘到乙公司，一年内在乙公司研发出新鼠标，则该新鼠标的专利申请权属于甲公司，而非属于乙公司。

【试题来源】 法律职业资格考试《知识产权法》历年真题

（三）共同发明与委托发明创造人

两个以上单位或者个人合作完成的发明创造、一个单位或者个人接受其他单位或者个人委托所完成的发明创造，除另有协议的以外，申请专利的权利属于完成或者共同完成的单位或者个人；申请被批准后，申请的单位或者个人为专利权人。

（四）发明创造的合法受让人

作出发明创造的单位或个人可以将自己所有的专利申请权转让给他人，合法受让人有权就受让的发明创造申请专利，申请被批准后，专利权归该申请人所有。但是，有关发明创造的人身权利则永远属于发明创造者本人享有。这里的合法受让人主要是针对非职务发明创造的转让而产生的合法受让人而言。

（五）外国人、外国企业或者外国其他组织

外国的自然人、外国企业或者外国的其他组织可以依法在中国申请和取得专利权。通常应当委托依法设立的专利代理机构办理。

二、专利权的客体

专利权的客体，是指专利法的保护对象，即依法应授予专利的发明创造。我国专利法所称的发明创造是指发明、实用新型和外观设计三种。

（一）发明

发明，是指对产品、方法或者其改进所提出的新的技术方案。

发明分为产品发明、方法发明和改进发明。产品发明是指通过人的智力劳动所

创造的各种新发明，如机器、设备、用具等。方法发明是指制造某种产品或生成某种物质所利用的手段发明，如汉字输入方法、无铅汽油的提炼方法等。改进发明，是指对已有的产品发明或方法提出的实质性的新的技术方案。

（二）实用新型

实用新型，是指对产品的形状、构造或者其结合所提出的适于实用的新的技术方案。

实用新型也属于发明的范畴，但与发明相比，实用新型仅限于产品，不包括方法，同时必须是具有固定的形状和构造的产品，即固态产品。因而平面产品（如电路图）、无确定形状的产品（如气态、液态、凝胶状、颗粒粉末状的物质或者材料等）不能申请实用新型专利。另外，不可移动的建筑物也不能申请实用新型专利。

（三）外观设计

外观设计，是指对产品的整体或者局部的形状、图案或者其结合以及色彩与形状、图案的结合所作出的富有美感并适于工业应用的新设计。与发明、实用新型不同，外观设计专利保护的是产品外表的设计，如汽车外观设计、电视机外观设计等。它涉及的是美学思想，即主要是解决产品的视觉效果问题。而与产品内部结构、产品本身的技术性能无关。

（四）不授予专利权的发明创造

发明创造是专利法保护的对象，但并非所有的发明创造都可以授予专利权，成为专利权的客体。我国专利法对专利权客体的范围作了限制，不受专利法保护的智力成果大体可分为两类：

1. 对违反法律、社会公德或者妨害公共利益的发明创造，不授予专利权，如赌博、吸毒工具等。对违反法律、行政法规的规定获取或者利用遗传资源，并依赖该遗传资源完成的发明创造，不授予专利权。这里所称违反法律的发明创造，不包括仅其实施为法律所禁止的发明创造。这里所说的遗传资源，是指取自人体、动物、植物或者微生物等含有遗传功能单位并具有实际或者潜在价值的材料；依赖遗传资源完成的发明创造，是指利用了遗传资源的遗传功能完成的发明创造。

2. 对不属于专利法所称的发明创造项目或者虽属于专利法所称的某些发明创造，但专利法明文规定不予保护的，不授予专利：（1）科学发现；（2）智力活动的规则和方法；（3）疾病的诊断和治疗方法；（4）动物和植物品种；（5）原子核变换方法以及用原子核变换方法获得的物质；（6）对平面印刷品的图案、色彩或者二者的结合作出的主要起标识作用的设计。对前款第（4）项所列产品的生产方法，可以依照本法规定授予专利权。

三、专利权人的内容

专利权的内容，是指专利权人依法享有的权利和应承担的义务。

（一）专利权人的权利

1. 独占权。发明和实用新型专利权被授予后，除本法另有规定的以外，任何单位或者个人未经专利权人许可，都不得实施其专利，即不得为生产经营目的制造、使用、许诺销售、销售、进口其专利产品，或者使用其专利方法以及使用、许诺销售、销售、进口依照该专利方法直接获得的产品。外观设计专利权被授予后，任何单位或者个人未经专利权人许可，都不得实施其专利，即不得为生产经营目的制造、许诺销售、销售、进口其外观设计专利产品。

2. 转让权。专利申请权和专利权可以转让。我国单位或者个人向外国人、外国企业或者外国其他组织转让专利申请权或者专利权的，应当依照有关法律、行政法规的规定办理手续。转让专利申请权或者专利权的，当事人应当订立书面合同，并向国务院专利行政部门登记，由国务院专利行政部门予以公告。专利申请权或者专利权的转让自登记之日起生效。

3. 实施许可权。专利权人有许可他人实施其专利并收取使用费的权利。任何单位或者个人实施他人专利的，应当与专利权人订立实施许可合同，向专利权人支付专利使用费。被许可人无权允许合同规定以外的任何单位或者个人实施该专利。

4. 标记权。发明人或者设计人有权在专利文件中写明自己是发明人或者设计人。专利权人有权在其专利产品或者该产品的包装上标明专利标识。

5. 请求权。当专利权人的专利权受到侵犯时，专利权人或利害关系有直接向人民法院起诉，或请求管理专利工作的部门处理的权利。

（二）专利权人的义务

1. 缴纳专利年费的义务。专利权人应当自被授予专利权的当年开始缴纳年费，否则将导致专利权终止。

2. 奖励职务发明人或设计人的义务。被授予专利权的单位应当对职务发明创造的发明人或者设计人给予奖励；发明创造专利实施后，根据其推广应用的范围和取得的经济效益，对发明人或者设计人给予合理的报酬。国家鼓励被授予专利权的单位实行产权激励，采取股权、期权、分红等方式，使发明人或者设计人合理分享创新收益。

四、专利权的限制（又称专利实施强制许可）

为防止和限制专利权人滥用专利权，维护社会整体利益，保护技术改进，促进技术进步，对发明专利和实用新型专利可实施强制许可。

（一）强制许可概述

强制许可，是指国务院专利行政部门依照专利法的规定，根据第三人的申请并不经发明或者实用新型专利权人的同意而实施其专利的一种行政强制措施。

（二）强制许可的种类

1. 商业性的强制许可。专利权人自专利权被授予之日起满三年，且自提出专利申请之日起满四年，无正当理由未实施或者未充分实施其专利的，国务院专利行政部门根据该单位的申请，可以给予实施该专利的强制许可。

2. 为限制专利权人的垄断行为而实施强制许可。专利权人行使专利权的行为被依法认定为垄断行为，为消除或者减少该行为对竞争产生的不利影响，国家专利行政部门可以根据请求给予实施专利的强制许可。

3. 国家紧急状态或非常情况下的强制许可。在国家出现紧急状态或者非常情况时，或者为了公共利益的目的，国务院专利行政部门可以给予实施发明专利或者实用新型专利的强制许可。

4. 专利药品的强制许可。为了公共健康目的，对取得专利权的药品，国务院专利行政部门可以给予制造并将其出口到符合中华人民共和国参加的有关国际条约规定的国家或者地区的强制许可。

5. 从属专利的强制许可。一项取得专利权的发明或者实用新型比前已经取得专利权的发明或者实用新型具有显著经济意义的重大技术进步，其实施又有赖于前一发明或者实用新型的实施的，国务院专利行政部门根据后一专利权人的申请，可以给予实施前一发明或者实用新型的强制许可。反之，国务院专利行政部门根据前一专利权人的申请，也可以给予实施后一发明或者实用新型的强制许可。

（三）强制许可的登记、公布及终止

国务院专利行政部门作出的给予实施强制许可的决定，应当及时通知专利权人，并予以登记和公告。给予实施强制许可的决定，应当根据强制许可的理由规定实施的范围和时间。强制许可的理由消除并不再发生时，国务院专利行政部门应当根据专利权人的请求，经审查后作出终止实施强制许可的决定。

（四）强制许可的性质和许可费用

取得实施强制许可的单位或者个人不享有独占的实施权，并且无权允许他人实施。

取得实施强制许可的单位或者个人应当付给专利权人合理的使用费，或者依照中华人民共和国参加的有关国际条约的规定处理使用费问题。付给使用费的，其数额由双方协商；双方不能达成协议的，由国务院专利行政部门裁决。

（五）因强制许可而向人民法院起诉

专利权人对国务院专利行政部门关于实施强制许可的决定不服的，专利权人和取得实施强制许可的单位或者个人对国务院专利行政部门关于实施强制许可的使用费的裁决不服的，可以自收到通知之日起 3 个月内向人民法院起诉。

知识点 2　专利权的取得与期限

一、授予专利权的条件

（一）授予专利权的发明和实用新型，应当具备新颖性、创造性和实用性

1. 新颖性。新颖性，是指该发明或者实用新型不属于现有技术（这里所说的现有技术是指申请日以前在国内外为公众所知的技术，下同）；也没有任何单位或者个人就同样的发明或者实用新型在申请日以前向国务院专利行政部门提出过申请，并记载在申请日以后公布的专利申请文件或者公告的专利文件中。

申请专利的发明创造在申请日以前 6 个月内，有下列情形之一的，不丧失新颖性：（1）在国家出现紧急状态或者非常情况时，为公共利益目的首次公开的；（2）在中国政府主办或者承认的国际展览会上首次展出的；（3）在规定的学术会议或者技术会议上首次发表的；（4）他人未经申请人同意而泄露其内容的。

2. 创造性。创造性，是指与现有技术相比，该发明具有突出的实质性特点和显著的进步，该实用新型具有实质性特点和进步。

3. 实用性。实用性，是指该发明或者实用新型能够制造或者使用，并且能够产生积极效果。

（二）授予专利权的外观设计，应当具备新颖性

授予专利权的外观设计，应当不属于现有设计；也没有任何单位或者个人就同样的外观设计在申请日以前向国务院专利行政部门提出过申请，并记载在申请日以后公告的专利文件中。授予专利权的外观设计与现有设计或者现有设计特征的组合相比，应当具有明显区别。授予专利权的外观设计不得与他人在申请日以前已经取得的合法权利相冲突。

二、专利权的取得

（一）专利申请原则

1. 申请在先原则。所谓先申请原则也称为申请在先原则，是指两个以上的申请人分别就同样的发明创造申请专利的，专利权授予最先申请的人。

2. 优先权原则。申请人自发明或者实用新型在外国第一次提出专利申请之日起12个月内,或者自外观设计在外国第一次提出专利申请之日起6个月内,又在中国就相同主题提出专利申请的,依照该外国同中国签订的协议或者共同参加的国际条约,或者依照相互承认优先权的原则,可以享有优先权。申请人自发明或者实用新型在中国第一次提出专利申请之日起12个月内,或者自外观设计在中国第一次提出专利申请之日起6个月内,又向国务院专利行政部门就相同主题提出专利申请的,可以享有优先权。

3. 一申请一发明原则。一件发明或者实用新型专利申请应当限于一项发明或者实用新型。属于一个总的发明构思的两项以上的发明或者实用新型,可以作为一件申请提出。一件外观设计专利申请应当限于一项外观设计。同一产品两项以上的相似外观设计,或者用于同一类别并且成套出售或者使用的产品的两项以上外观设计,可以作为一件申请提出。

(二)专利申请文件

1. 申请发明或者实用新型专利应当提交请求书、说明书及其摘要和权利要求书等文件。

(1)请求书应当写明发明或者实用新型的名称,发明人的姓名,申请人姓名或者名称、地址,以及其他事项。

(2)说明书应当对发明或者实用新型作出清楚、完整的说明,以所属技术领域的技术人员能够实现为准;必要的时候,应当有附图。摘要应当简要说明发明或者实用新型的技术要点。

(3)权利要求书应当以说明书为依据,清楚、简要地限定要求专利保护的范围。

(4)依赖遗传资源完成的发明创造,申请人应当在专利申请文件中说明该遗传资源的直接来源和原始来源;申请人无法说明原始来源的,应当陈述理由。

2. 申请外观设计专利的,应当提交请求书、该外观设计的图片或者照片以及对该外观设计的简要说明等文件。申请人提交的有关图片或者照片应当清楚地显示要求专利保护的产品的外观设计。

(三)专利申请的提出、撤回与修改

1. 专利申请的提出。专利申请人将上述专利申请文件备齐,即可通过邮寄、直接送交或者委托专利代理机构送交国务院专利行政部门。国务院专利行政部门收到专利申请文件之日为申请日。如果申请文件是邮寄的,以寄出的邮戳日为申请日。

2. 专利申请的撤回与修改。

(1)申请人可以在被授予专利权之前随时撤回其专利申请。

(2) 申请人可以对其专利申请文件进行修改，但是，对发明和实用新型专利申请文件的修改不得超出原说明书和权利要求书记载的范围，对外观设计专利申请文件的修改不得超出原图片或者照片表示的范围。

(四) 专利申请的审批程序

1. 发明专利的审批程序。对发明专利的审查批准应当经过初步审查、早期公布、实质审查、核准、公告等程序。

(1) 初步审查。也称为"形式审查"或"格式审查"。它主要是对专利申请手续和申请文件是否完备进行审查。包括审查专利申请文件是否齐备、格式是否符合规定、专利申请是否明显属于不授予专利权的范畴、专利申请人是否具备申请专利的资格、是否缴纳了申请费等。国务院专利行政部门通过初步审查，以决定是否公布。

(2) 早期公布。国务院专利行政部门收到发明专利申请后，经初步审查认为符合本法要求的，自申请日起满 18 个月，即行公布。国务院专利行政部门可以根据申请人的请求早日公布其申请。

(3) 实质审查。也称为技术审查，是指国务院专利行政部门从技术角度审查发明创造是否符合《专利法》所要求的新颖性、创造性、实用性。发明专利申请自申请日起 3 年内，国务院专利行政部门可以根据申请人随时提出的请求，对其申请进行实质审查；申请人无正当理由逾期不请求实质审查的，该申请即被视为撤回。国务院专利行政部门认为必要的时候，可以自行对发明专利申请进行实质审查。

发明专利的申请人请求实质审查的时候，应当提交在申请日前与其发明有关的参考资料。发明专利已经在外国提出过申请的，国务院专利行政部门可以要求申请人在指定期限内提交该国为审查其申请进行检索的资料或者审查结果的资料；无正当理由逾期不提交的，该申请即被视为撤回。

(4) 核准并公告。发明专利申请经实质审查没有发现驳回理由的，由国务院专利行政部门作出授予发明专利权的决定，发给发明专利证书，同时予以登记和公告。发明专利权自公告之日起生效。

当然并不是所有的发明专利申请都能顺利地通过上述 4 个步骤，其中可能存在要求修改、陈述意见或被驳回等情况。国务院专利行政部门对发明专利申请进行实质审查后，认为不符合本法规定的，应当通知申请人，要求其在指定的期限内陈述意见，或者对其申请进行修改；无正当理由逾期不答复的，该申请即被视为撤回。发明专利申请经申请人陈述意见或者进行修改后，国务院专利行政部门仍然认为不符合本法规定的，应当予以驳回。

2. 实用新型、外观设计专利的审批程序。实用新型和外观设计专利申请经初步审查没有发现驳回理由的，由国务院专利行政部门作出授予实用新型专利权或者外观设计专利权的决定，发给相应的专利证书，同时予以登记和公告。实用新型专利权和外观设计专利权自公告之日起生效。

（五）复审与起诉

专利申请人对国务院专利行政部门驳回申请的决定不服的，可以自收到通知之日起 3 个月内向国务院专利行政部门请求复审。国务院专利行政部门复审后，作出决定，并通知专利申请人。

专利申请人对国务院专利行政部门的复审决定不服的，可以自收到通知之日起 3 个月内向人民法院起诉。

三、专利权的期限、终止和无效

（一）专利权的期限

发明专利权的期限为 20 年，实用新型专利权的期限为 10 年，外观设计专利权的期限为 15 年，均自申请日起计算。自发明专利申请日起满 4 年，且自实质审查请求之日起满 3 年后授予发明专利权的，国务院专利行政部门应专利权人的请求，就发明专利在授权过程中的不合理延迟给予专利权期限补偿，但由申请人引起的不合理延迟除外。为补偿新药上市审评审批占用的时间，对在中国获得上市许可的新药相关发明专利，国务院专利行政部门应专利权人的请求给予专利权期限补偿。补偿期限不超过 5 年，新药批准上市后总有效专利权期限不超过 14 年。

（二）专利权的终止

专利权的终止是指专利权的失效，可以分为自然终止和非自然终止两种。自然终止是指专利权的期限届满。非自然终止是指有下列情形之一的，专利权在期限届满前终止：一是没有按照规定缴纳年费的；二是专利权人以书面声明放弃其专利权的。

专利权在期限届满前终止的，由国务院专利行政部门予以登记和公告。

（三）专利权的无效

专利权的无效也称为专利权无效宣告，是指专利权被授予后，依法宣告某项专利权无效的制度。

1. 自国务院专利行政部门公告授予专利权之日起，任何单位或者个人认为该专利权的授予不符合本法有关规定的，可以请求国务院专利行政部门宣告该专利权无效。

2. 国务院专利行政部门对宣告专利权无效的请求应当及时审查和作出决定，并通知请求人和专利权人。宣告专利权无效的决定，由国务院专利行政部门登记和公告。对国务院专利行政部门宣告专利权无效或者维持专利权的决定不服的，可以自收到通知之日起 3 个月内向人民法院起诉。人民法院应当通知无效宣告请求程序的对方当事人作为第三人参加诉讼。

3. 宣告无效的专利权视为自始即不存在。宣告专利权无效的决定，对在宣告专利权无效前人民法院作出并已执行的专利侵权的判决、调解书，已经履行或者强制执行的专利侵权纠纷处理决定，以及已经履行的专利实施许可合同和专利权转让合同，不具有追溯力。但是因专利权人的恶意给他人造成的损失，应当给予赔偿。依照规定不返还专利侵权赔偿金、专利使用费、专利权转让费，明显违反公平原则的，应当全部或者部分返还。

知识点 3 专利权的保护

一、专利权保护范围的确定

专利权的保护范围，是指发明创造专利权的法律效力所及范围。发明或者实用新型专利权的保护范围以其权利要求的内容为准，说明书及附图可以用于解释权利要求的内容。外观设计专利权的保护范围以表示在图片或者照片中的该产品的外观设计为准，简要说明可以用于解释图片或者照片所表示的该产品的外观设计。

二、侵害专利权的行为

（一）专利侵权的情形

所谓专利侵权，是指在专利权的有效期限内，未经专利权人许可，以生产经营为目的实施其专利。

专利侵权发生后，当事人应当积极寻求各种方法来解决其纠纷。即未经专利权人许可，实施其专利，即侵犯其专利权，引起纠纷的，由当事人协商解决；不愿协商或者协商不成的，专利权人或者利害关系人可以向人民法院起诉，也可以请求管理专利工作的部门处理。管理专利工作的部门处理时，认定侵权行为成立的，可以责令侵权人立即停止侵权行为，当事人不服的，可以自收到处理通知之日起 15 日内依照《中华人民共和国行政诉讼法》向人民法院起诉；侵权人期满不起诉又不停止侵权行为的，管理专利工作的部门可以申请人民法院强制执行。进行处理的管理专利工作的部门应当事人的请求，可以就侵犯专利权的赔偿数额进行调解；调解不成的，当事人可以依照《中华人民共和国民事诉讼法》向人民法院起诉。

（二）不视为侵犯专利权的情形

1. 专利产品或者依照专利方法直接获得的产品，由专利权人或者经其许可的单位、个人售出后，使用、许诺销售、销售、进口该产品的；

2. 在专利申请日前已经制造相同产品、使用相同方法或者已经作好制造、使用

的必要准备,并且仅在原有范围内继续制造、使用的;

3. 临时通过中国领陆、领水、领空的外国运输工具,依照其所属国同中国签订的协议或者共同参加的国际条约,或者依照互惠原则,为运输工具自身需要而在其装置和设备中使用有关专利的;

4. 专为科学研究和实验而使用有关专利的;

5. 为提供行政审批所需要的信息,制造、使用、进口专利药品或者专利医疗器械的,以及专门为其制造、进口专利药品或者专利医疗器械的。

在专利侵权纠纷中,被控侵权人有证据证明其实施的技术或者设计属于现有技术或者现有设计的,不构成侵犯专利权。

为生产经营目的使用、许诺销售或者销售不知道是未经专利权人许可而制造并售出的专利侵权产品,能证明该产品合法来源的,不承担赔偿责任。

(三) 专利侵权诉讼时效

侵犯专利权的诉讼时效为3年,自专利权人或者利害关系人知道或者应当知道侵权行为以及侵权人之日起计算。发明专利申请公布后至专利权授予前使用该发明未支付适当使用费的,专利权人要求支付使用费的诉讼时效为3年,自专利权人知道或者应当知道他人使用其发明之日起计算,但是,专利权人于专利权授予之日前即已知道或者应当知道的,自专利权授予之日起计算。

三、专利侵权行为的法律责任

(一) 民事责任

在专利侵权行为发生后,专利权人或者利害关系人可以请求行政机关或者人民法院追究行为人的民事责任。主要有停止侵权、赔偿损失、消除影响等。

侵犯专利权的赔偿数额按照权利人因被侵权所受到的实际损失或者侵权人因侵权所获得的利益确定;权利人的损失或者侵权人获得的利益难以确定的,参照该专利许可使用费的倍数合理确定。对故意侵犯专利权,情节严重的,可以在按照上述方法确定数额的1倍以上5倍以下确定赔偿数额。权利人的损失、侵权人获得的利益和专利许可使用费均难以确定的,人民法院可以根据专利权的类型、侵权行为的性质和情节等因素,确定给予3万元以上500万元以下的赔偿。赔偿数额还应当包括权利人为制止侵权行为所支付的合理开支。

(二) 行政责任和刑事责任

1. 假冒专利的,除依法承担民事责任外,由负责专利执法的部门责令改正并予公告,没收违法所得,可以处违法所得5倍以下的罚款;没有违法所得或者违法所得在5万元以下的,可以处25万元以下的罚款;构成犯罪的,依法追究刑事责任。

2. 向外国申请专利，泄露国家秘密的，由所在单位或者上级主管机关给予行政处分；构成犯罪的，依法追究刑事责任。

3. 管理专利工作的部门不得参与向社会推荐专利产品等经营活动，如其违反规定的，由其上级机关或者监察机关责令改正，消除影响，有违法收入的予以没收；情节严重的，对直接负责的主管人员和其他直接责任人员依法给予处分。

4. 从事专利管理工作的国家机关工作人员以及其他有关国家机关工作人员玩忽职守、滥用职权、徇私舞弊，构成犯罪的，依法追究刑事责任；尚不构成犯罪的，依法给予处分。

任务二　商标法

Ⅰ.任务提要

（1）商标的定义及分类；

（2）商标注册原则；

（3）商标权的内容及保护；

（4）商标侵权行为。

Ⅱ.能力提升

（1）知识目标：掌握商标注册原则和商标侵权行为；熟悉商标注册条件、商标权的内容及保护；了解商标的定义及分类。

（2）技能目标：能够正确界定商标权归属，识别侵权行为及其后果。

Ⅲ.思政融入与成效

（1）从热点事件讨论商标权抢注行为，融入法治、和谐、善良风俗价值观，辨析商标侵权行为。

（2）引领认知：社会主义核心价值观，坚决反对个人主义、极端利己主义，将马克思主义科学人生观、价值观融入教学。

Ⅳ.岗位实训

甲油漆厂生产的油漆，质量优良，声誉很高，2015年10月20日将其多年使用的"工农牌"商标向商标局提出了注册申请，乙企业2015年年初开始生产油墨，也于10月20日向商标局提出"工农牌"商标的注册申请。同时，丙造纸厂也一直"工农牌"商标生产和销售新闻纸；丁陶瓷厂生产的釉彩也使用的是"工农牌"商标。（注：油漆、油墨、釉彩属于类似产品）

7.2 案例解析

试问：(1) 商标局在接到甲油漆厂和乙企业的商标注册申请后应如何处理？(2) 如果上述两厂之一取得了商标专用权，丙造纸厂是否仍能使用"工农牌"商标生产其产品？为什么？丁陶瓷厂是否能继续使用"工农牌"商标？为什么？（本案例涉及商标注册、商标侵权行为等相关知识点。）

V．知识储备

知识点 1　商标与商标法的基本认知

一、商标的基本认知

（一）商标的概念

商标，俗称"牌子"，是商品的生产者、经营者或者服务的提供者能够将自己的商品与他人的商品区别开的标志，即由文字、图形、字母、数字、三维标志、颜色组合和声音等，以及上述要素的组合所构成的标志。但下列标志不得作为商标使用：(1) 同中华人民共和国的国家名称、国旗、国徽、国歌、军旗、军徽、军歌、勋章等相同或者近似的，以及同中央国家机关的名称、标志、所在地特定地点的名称或者标志性建筑物的名称、图形相同的；(2) 同外国的国家名称、国旗、国徽、军旗等相同或者近似的，但经该国政府同意的除外；(3) 同政府间国际组织的名称、旗帜、徽记等相同或者近似的，但经该组织同意或者不易误导公众的除外；(4) 与表明实施控制、予以保证的官方标志、检验印记相同或者近似的，但经授权的除外；(5) 同"红十字""红新月"的名称、标志相同或者近似的；(6) 带有民族歧视性的；(7) 带有欺骗性，容易使公众对商品的质量等特点或者产地产生误认的；(8) 有害于社会主义道德风尚或者有其他不良影响的。县级以上行政区划的地名或者公众知晓的外国地名，不得作为商标。但是，地名具有其他含义或者作为集体商标、证明商标组成部分的除外；已经注册的使用地名的商标继续有效。

（二）商标的分类

1. 按照商标的构成划分，商标可分为平面商标和立体商标。平面商标，是指以文字、图形或者文字、图形组合而形成的标志，文字商标是其中最常见的商标类型，如"六必居""长虹红太阳""黑妹"等。立体商标是指以商品形状或其容器、包装的形状构成的三维标志。

2. 按照商标使用对象的不同，商标可划分为商品商标和服务商标。商品商标，是指使用于商品的商标。例如美国可口可乐公司的"可口可乐""雪碧""芬达"

等系列饮料商标。服务商标,是指使用于服务项目,用以区别服务业经营者所从事的同类服务项目的特点的显著标记。如提供通信服务的"中国电信"。

3. 按照商标的特殊性质划分,商标可分为集体商标和证明商标。集体商标,是指以团体、协会或者其他组织名义注册,供该组织成员在商事活动中使用,以表明使用者在该组织中的成员资格的标志。证明商标,是指由对某种商品或者服务具有监督能力的组织所控制,而由该组织以外的单位或者个人使用于其商品或者服务,用以证明该商品或者服务的原产地、原料、制造方法、质量或者其他特定品质的标志。例如纯羊毛标志:"WOOL",是国际羊毛局管理的标志。

4. 按照商标是否受法律保护划分,商标可分为注册商标或未注册商标。注册商标是指由当事人申请、经国家主管机关审查核准予以注册的商标。注册商标是商标法保护的对象,其所有人享有商标专用权。未注册商标是指其使用人未申请或者注册申请未被核准、未给予注册的商标。未注册的商标可以自行在市场上使用,但其使用人不享有商标专用权,不受法律保护。

5. 按照商标的知名度高低而作的划分,商标可分为普通商标与驰名商标。二者是相对而言的。认定驰名商标应当考虑下列因素:(1)相关公众对该商标的知晓程度;(2)该商标使用的持续时间;(3)该商标的任何宣传工作的持续时间、程度和地理范围;(4)该商标作为驰名商标受保护的记录;(5)该商标驰名的其他因素。

二、商标法的基本认知

商标法,是指调整因商标的注册、使用、管理和保护商标专用权而发生的各种社会关系的法律规范的总称。商标法有广义和狭义之分:广义的商标法包括各种商标法律规范;狭义的商标法仅指《中华人民共和国商标法》(1982年8月第五届全国人大常委会通过,1993年2月第七届全国人大常委会、2001年10月第九届全国人大常委会、2013年8月第十二届全国人大常委会、2019年4月第十三届全国人大常委会共四次修正)

知识点 2 商标注册

经商标局核准注册的商标为注册商标,包括商品商标、服务商标和集体商标、证明商标;商标注册人享有商标专用权,受法律保护。

一、商标注册的原则

1. 自愿注册和强制注册相结合的原则。在我国,商标注册采用自愿注册与强制注册相结合,以自愿注册为主的原则。

(1) 自愿注册,是指商标使用人有权根据自己的实际需要决定是否申请商标注册,国家对此不加强制。自然人、法人或者其他组织在生产经营活动中,对其商品或者服务需要取得商标专用权的,应当向商标局申请商标注册。不以使用为目的的恶意商标注册申请,应当予以驳回。

(2) 强制注册,是指商标使用人必须申请商标注册,并依法获得专用权时才能使用。法律、行政法规规定必须使用注册商标的商品,必须申请商标注册,未经核准注册的,不得在市场销售。根据相关法律规定,必须使用注册商标的商品有:人用药品、烟草制品(卷烟和雪茄烟)。这些商品往往涉及人们的身体健康,为加强这些商品的质量监督,保护人民的健康,有必要对这些商品的商标实行强制注册。

【真题演练7-2 单项选择题】下列商品中必须使用注册商标的有( )。

A. 羊胎素护肤用品　　　　　　　B. 电磁治疗仪
C. 雪茄烟　　　　　　　　　　　D. 儿童补钙糖果

【答案】C

【解析】本题涉及必须注册商标问题。在我国,商标注册实行自愿注册和强制注册相结合的原则,即人用药品、烟草制品(卷烟和雪茄烟)实行强制注册。故本题正确选项为C。

【试题来源】法律职业资格考试《知识产权法》历年真题

2. 申请在先和使用在先相结合的原则。两个或者两个以上的商标注册申请人,在同一种商品或者类似商品上,以相同或者近似的商标申请注册的,初步审定并公告申请在先的商标;同一天申请的,初步审定并公告使用在先的商标,驳回其他人的申请,不予公告。同日使用或者均未使用的,各申请人可以自收到商标局通知之日起30日内自行协商,并将书面协议报送商标局;不愿协商或者协商不成的,商标局通知各申请人以抽签的方式确定一个申请人,驳回其他人的注册申请。商标局已经通知但申请人未参加抽签的,视为放弃申请,商标局应当书面通知未参加抽签的申请人。

3. 优先权原则。商标注册申请人自其商标在外国第一次提出商标注册申请之日起6个月内,或者在中国政府主办的或者承认的国际展览会展出的商品上首次使用的,自该商品展出之日起6个月内,又在中国就相同商品以同一商标提出商标注册申请的,依照该外国同中国签订的协议或者共同参加的国际条约,或者按照相互承认优先权的原则,可以享有优先权,即允许其将第一次提出商标注册申请日或首次使用日定为申请日。

4. 一份申请多类商品一件商标的原则。商标注册申请人可以通过一份申请就多个类别的商品申请注册同一商标,并应当按照公布的商品和服务分类表填报使用商标的类别和名称。

二、商标注册申请人

商标注册申请人,是指在生产经营活动中,对其商品或者服务依法能够向我国商标局提出申请并获得商标专用权的自然人、法人或者其他组织。商标注册申请人不以使用为目的的恶意商标注册申请,应当予以驳回。两个以上的自然人、法人或者其他组织可以共同向商标局申请注册同一商标,共同享有和行使该商标专用权。

除了我国的自然人、法人或者其他组织可以作为商标注册人外,外国人或外国企业也可以作为商标注册人。外国人或者外国企业在中国申请商标注册的,应当按其所属国和中华人民共和国签订的协议或者共同参加的国际条约办理,或者按对等原则办理。外国人或者外国企业在中国申请商标注册和办理其他商标事宜的,应当委托依法设立的商标代理机构办理。

三、商标注册的条件

1. 申请注册的商标,应当有显著特征,便于识别,并不得与他人在先取得的合法权利相冲突。商标注册人有权标明"注册商标"或者注册标记(注、®)。

2. 下列标志不得作为商标注册:(1)仅有本商品的通用名称、图形、型号的;(2)仅直接表示商品的质量、主要原料、功能、用途、重量、数量及其他特点的;(3)其他缺乏显著特征的。但是,上述标志经过使用取得显著特征,并便于识别的,可以作为商标注册。

3. 以三维标志申请注册商标的,仅由商品自身的性质产生的形状、为获得技术效果而需有的商品形状或者使商品具有实质性价值的形状,不得注册。

4. 就相同或者类似商品申请注册的商标是复制、摹仿或者翻译他人未在中国注册的驰名商标,容易导致混淆的,不予注册并禁止使用。

5. 就不相同或者不相类似商品申请注册的商标是复制、摹仿或者翻译他人已经在中国注册的驰名商标,误导公众,致使该驰名商标注册人的利益可能受到损害的,不予注册并禁止使用。

6. 商标中有商品的地理标志,而该商品并非来源于该标志所标示的地区,误导公众的,不予注册并禁止使用;但是,已经善意取得注册的继续有效。

四、商标注册的程序

商标注册的程序分为必经程序和特别程序:必经程序包括申请、审查、核准;

特别程序包括复审、驳回异议、争议处理三大程序。特别程序是商标注册过程中发生矛盾或冲突而设置的补救程序。

1. 申请。商标注册的申请，是取得商标专用权的前提和必经程序。商标注册申请人在严格遵守商标注册规定的前提下，应当向商标局提出《商标注册申请书》，送交商标图样，附送有关身份证明文件，并按照规定缴纳费用。商标注册申请人为申请商标注册所申报的事项和所提供的材料应当真实、准确、完整。

2. 审查。审查包括形式审查（申请日、申请人等手续）和实质审查（显著性和禁用范围等）。

（1）形式审查。商标局在进行形式审查中应首先确定申请日。商标注册的申请日期以商标局收到申请文件的日期为准。商标注册申请手续齐备、按照规定填写申请文件并缴纳费用的，商标局予以受理并书面通知申请人，否则不予受理，书面通知申请人并说明理由。申请手续基本齐备或者申请文件基本符合规定，但是需要补正的，商标局通知申请人予以补正，限其自收到通知之日起30日内，按照指定内容补正并交回商标局。在规定期限内补正并交回商标局的，保留申请日期；期满未补正的或者不按照要求进行补正的，商标局不予受理并书面通知申请人。

（2）初步审定并公告。商标局对受理的商标注册申请，应当自收到商标注册申请文件之日起9个月内审查完毕，符合商标法有关规定的，予以初步审定公告。在审查过程中，商标局认为商标注册申请内容需要说明或者修正的，可以要求申请人作出说明或者修正。申请人未作出说明或者修正的，不影响商标局作出审查决定。申请注册的商标，凡不符合商标法有关规定或者同他人在同一种商品或者类似商品上已经注册的或者初步审定的商标相同或者近似的，由商标局驳回申请，不予公告。

3. 核准。对初步审定公告的商标，自公告之日起3个月内无人向商标局提出异议的，予以核准注册，发给商标注册证，并予公告。

4. 复审、驳回异议。对驳回申请、不予公告的商标，商标局应当书面通知商标注册申请人。商标注册申请人不服的，可以自收到通知之日起15日内向商标评审委员会申请复审。商标评审委员会应当自收到申请之日起9个月内作出决定，并书面通知申请人。经审查异议不成立而准予注册的商标，商标注册申请人取得商标专用权的时间自初步审定公告3个月期满之日起计算。

5. 更正。商标注册申请人或者注册人发现商标申请文件或者注册文件有明显错误的，可以申请更正。商标局依法在其职权范围内作出更正，并通知当事人。

6. 宣告无效。已经注册的商标，违反商标法有关规定或者是以欺骗手段或者其他不正当手段取得注册的，由商标局宣告该注册商标无效；其他单位或者个人可以请求商标评审委员会宣告该注册商标无效。

知识点 3　商标权的行使与管理

一、商标权的期限

注册商标的有效期为 10 年，自核准注册之日起计算。这是指商标专用权的有效期限，在有效期限内商标专用权受到法律保护。

1. 续展注册。注册商标有效期满，需要继续使用的，商标注册人应当在期满前 12 个月内按照规定办理续展手续；在此期间未能办理的，可以给予 6 个月的宽展期。每次续展注册的有效期为 10 年，自该商标上一届有效期满次日起计算。期满未办理续展手续的，注销其注册商标。商标局应当对续展注册的商标予以公告。

2. 商标注册的变更。注册商标需要改变其标志的，应当重新提出注册申请。注册商标需要变更注册人的名义、地址或者其他注册事项的，应当提出变更申请。

二、商标权的转让与使用许可

（一）商标权的转让

1. 共同申请。转让注册商标的，转让人和受让人应当签订转让协议，并共同向商标局提出申请。受让人应当保证使用该注册商标的商品质量。转让注册商标的，商标注册人对其在同一种商品上注册的近似的商标，或者在类似商品上注册的相同或者近似的商标，应当一并转让。

2. 核准。对容易导致混淆或者有其他不良影响的转让，商标局不予核准，书面通知申请人并说明理由。转让注册商标经核准后，予以公告。受让人自公告之日起享有商标专用权。

（二）商标使用许可

1. 质量保证。商标注册人可以通过签订商标使用许可合同，许可他人使用其注册商标。许可人应当监督被许可人使用其注册商标的商品质量。被许可人应当保证使用该注册商标的商品质量。

2. 明示标注。经许可使用他人注册商标的，必须在使用该注册商标的商品上标明被许可人的名称和商品产地。

3. 备案。许可他人使用其注册商标的，许可人应当将其商标使用许可报商标局备案，由商标局公告。商标使用许可未经备案不得对抗善意第三人。

【真题演练 7-3 单项选择题】注册商标许可使用合同的被许可人实施的下列哪一行为构成商标侵权行为？（　　）

A. 未经许可人同意，没有在使用该注册商标的商品上标明许可人的名称

B. 未经许可人同意，将该商标扩大使用到不同类的商品上
C. 未经许可人同意，修改了该商标的图形
D. 在商标许可合同期限届满后，未经许可人同意，继续使用该商标

【答案】D

【解析】本题涉及商标侵权问题

【试题来源】法律职业资格考试《知识产权法》历年真题

三、注册商标的无效宣告

（一）欺骗取得注册

已经注册的商标，违反下列规定的，或者是以欺骗手段或者其他不正当手段取得注册的，由商标局宣告该注册商标无效；其他单位或者个人可以请求商标评审委员会宣告该注册商标无效：不以使用为目的的恶意商标注册申请；标志违反商标法禁止作为商标使用规定的；标志违反商标法禁止作为商标注册的；以三维标志申请注册商标的，仅由商品自身的性质产生的形状、为获得技术效果而需有的商品形状或者使商品具有实质性价值的形状取得注册的；商标代理机构除对其代理服务申请商标注册外，申请注册其他商标的。

（二）误导公众的注册

已经注册的商标，违反下列规定的，自商标注册之日起5年内，在先权利人或者利害关系人可以请求商标评审委员会宣告该注册商标无效。对恶意注册的，驰名商标所有人不受5年的时间限制：就相同或者类似商品申请注册的商标是复制、摹仿或者翻译他人未在中国注册的驰名商标，容易导致混淆的；就不相同或者不相类似商品申请注册的商标是复制、摹仿或者翻译他人已经在中国注册的驰名商标，误导公众，致使该驰名商标注册人的利益可能受到损害的；未经授权，代理人或者代表人以自己的名义将被代理人或者被代表人的商标进行注册，被代理人或者被代表人提出异议的；商标中有商品的地理标志，而该商品并非来源于该标志所标示的地区，误导公众的。

四、商标使用的管理

商标的使用，是指将商标用于商品、商品包装或者容器以及商品交易文书上，或者将商标用于广告宣传、展览以及其他商业活动中，用于识别商品来源的行为。

（一）使用注册标记

商标注册人使用注册商标，可以在商品、商品包装、说明书或者其他附着物上标明"注册商标"或者注册标记。注册标记包括Ⓡ和®。使用注册标记，应当标注

在商标的右上角或者右下角。

(二) 撤销注册商标

1. 商标注册人在使用注册商标的过程中，自行改变注册商标、注册人名义、地址或者其他注册事项的，由地方工商行政管理部门责令限期改正；期满不改正的，由商标局撤销其注册商标。

2. 注册商标成为其核定使用的商品的通用名称或者没有正当理由连续3年不使用的，任何单位或者个人可以向商标局申请撤销该注册商标。商标局应当自收到申请之日起9个月内作出决定。有特殊情况需要延长的，经国务院工商行政管理部门批准，可以延长3个月。

注册商标被撤销、被宣告无效或者期满不再续展的，自撤销、宣告无效或者注销之日起一年内，商标局对与该商标相同或者近似的商标注册申请，不予核准。

知识点4　商标专用权的保护

一、注册商标专用权的保护范围

注册商标的专用权，以核准注册的商标和核定使用的商品为限。

二、商标侵权行为

有下列行为之一的，均属于侵犯注册商标专用权的行为：(1) 未经商标注册人的许可，在同一种商品上使用与其注册商标相同的商标的；(2) 未经商标注册人的许可，在同一种商品上使用与其注册商标近似的商标，或者在类似商品上使用与其注册商标相同或者近似的商标，容易导致混淆的；(3) 销售侵犯注册商标专用权的商品的；(4) 伪造、擅自制造他人注册商标标识或者销售伪造、擅自制造的注册商标标识的；(5) 未经商标注册人同意，更换其注册商标并将该更换商标的商品又投入市场的；(6) 故意为侵犯他人商标专用权行为提供便利条件，帮助他人实施侵犯商标专用权行为的；(7) 给他人的注册商标专用权造成其他损害的。

三、工商行政管理部门的职权

县级以上工商行政管理部门根据已经取得的违法嫌疑证据或者举报，对涉嫌侵犯他人注册商标专用权的行为进行查处时，可以行使下列职权：(1) 询问有关当事人，调查与侵犯他人注册商标专用权有关的情况；(2) 查阅、复制当事人与侵权活动有关的合同、发票、账簿以及其他有关资料；(3) 对当事人涉嫌从事侵犯他人注册商标专用权活动的场所实施现场检查；（4）检查与侵权活动有关的物品；对有证据证明是侵犯他人注册商标专用权的物品，可以查封或者扣押。

工商行政管理部门依法行使上述规定职权时，当事人应当予以协助、配合，不得拒绝、阻挠。

四、商标侵权行为的法律责任

（一）商标侵权行为的行政责任

侵犯注册商标专用权行为的行政责任包括：责令立即停止侵权行为，没收、销毁侵权商品和主要用于制造侵权商品、伪造注册商标标识的工具，违法经营额5万元以上的，可以处违法经营额5倍以下的罚款，没有违法经营额或者违法经营额不足5万元的，可以处25五万元以下的罚款。对5年内实施两次以上商标侵权行为或者有其他严重情节的，应当从重处罚。销售不知道是侵犯注册商标专用权的商品，能证明该商品是自己合法取得并说明提供者的，由工商行政管理部门责令停止销售。

（二）商标侵权行为的民事责任

人民法院在审理侵犯注册商标专用权纠纷案件中，对侵犯商标专用权的赔偿数额，按照权利人因被侵权所受到的实际损失确定；实际损失难以确定的，可以按照侵权人因侵权所获得的利益确定；权利人的损失或者侵权人获得的利益难以确定的，参照该商标许可使用费的倍数合理确定。对恶意侵犯商标专用权，情节严重的，可以在按照上述方法确定数额的1倍以上5倍以下确定赔偿数额。赔偿数额应当包括权利人为制止侵权行为所支付的合理开支。权利人因被侵权所受到的实际损失、侵权人因侵权所获得的利益、注册商标许可使用费难以确定的，由人民法院根据侵权行为的情节判决给予500万元以下的赔偿。

（三）商标侵权行为的刑事责任

1. 侵犯商标权的犯罪行为有以下三类：（1）未经商标注册人许可，在同一种商品上使用与其注册商标相同的商标，构成犯罪的，除赔偿被侵权人的损失外，依法追究刑事责任；（2）伪造、擅自制造他人注册商标标识或者销售伪造、擅自制造的注册商标标识，构成犯罪的，除赔偿被侵权人的损失外，依法追究刑事责任；（3）销售明知是假冒注册商标的商品，构成犯罪的，除赔偿被侵权人的损失外，依法追究刑事责任。

2. 从事商标注册、管理和复审工作的国家机关工作人员玩忽职守、滥用职权、徇私舞弊，违法办理商标注册、管理和复审事项，收受当事人财物，牟取不正当利益，构成犯罪的，依法追究刑事责任；尚不构成犯罪的，依法给予处分。

项目检测七

一、单项选择题

1. 某人于 2021 年 1 月 1 日向专利局提出一份发明专利申请，经初步审查后，2022 年 7 月 1 日予以公布。2023 年 4 月 1 日申请人请求进行实质审查，2023 年 8 月 1 日被授予发明专利权。该发明专利权的保护期限自（　　）起计算。

A. 2021 年 1 月 1 日　　　　　　　　B. 2022 年 7 月 1 日

C. 2023 年 4 月 1 日　　　　　　　　D. 2023 年 8 月 1 日

2. 职务发明创造的专利申请人是（　　）。

A. 发明人

B. 发明人所在单位

C. 发明人及其所在单位

D. 发明人与其所在单位约定的单位或者个人

3. 根据我国专利法规定，外观设计专利权的保护期限为（　　）。

A. 10 年　　　　B. 15 年　　　　C. 20 年　　　　D. 25 年

4. 根据我国《专利法》的规定，以下发明创造中不能授予专利权的是（　　）。

A. 饮料的配方　　　　　　　　　　B. 转基因大豆的生产方法

C. 疾病治疗仪的制造方法　　　　　D. 疾病的预防和治疗力法

5. 甲于 2015 年 3 月 1 日开始使用"建华"牌商标，乙于 2015 年 4 月 1 日开始使用相同的商标。甲、乙均于 2017 年 5 月 1 日向商标局寄出注册"建华"商标的申请文件，但甲的申请文件于 5 月 8 日寄至，乙的文件于 5 月 5 日寄至。根据《商标法》的规定，商标局应初步审定后，下列表述中，正确的是（　　）。

A. 商标局应当将甲、乙的申请同时公告，因甲、乙申请日期相同

B. 商标局应当公告乙的申请，因乙申请在先

C. 商标局应当公告甲的申请，虽然甲、乙同时申请，但甲使用在先

D. 由商标局自由裁定

6. 下列商品中，必须使用注册商标的是（　　）。

A. 无糖饮料　　　　　　　　　　　B. 烟草制品

C. 墙壁涂料　　　　　　　　　　　D. 核磁共振治疗仪

二、多项选择题

1. 根据专利法律制度规定，下列各选项中，可授予专利权的客体有（　　）。

A. 对产品形状作出的富有美感并适用于工业应用的新设计

B. 通过智力活动创造出的关于新产品的技术方案

C. 疾病的诊断和治疗方法

D. 动物和植物品种

2. 根据专利法律制度的规定，未经专利权人许可的下列行为中，不构成侵犯专利权的有（　　）。

A. 丙科研院专为科学研究并使用赵某的专利技术

B. 王某将购买的专利产品出售给李某

C. 丁××在专利许可协议期满后，在专利有效期内继续生产该专利产品

D. 乙××在甲××申请专利之前已经制造某产品，在甲××就相同产品获得专利权后，乙××在原有范围内继续生产该产品

3. 以下关于我国《专利法》对于专利申请的规定中，说法准确的有（　　）。

A. 申请专利必须以书面形式提出

B. 一项发明或者实用新型专利申请理应限于一项发明或者实用新型

C. 两个以上的人分别就同样的发明创造申请专利时，专利权授给最先发明人

D. 两个以上的人分别就同样的发明创造申请专利时，专利权授给最先申请人

4. 根据商标法律制度的规定，下列情形中，不得申请商标××的有（　　）。

A. 丙××拟使用××的名称申请商标××

B. 甲××拟使用"红十字"标志申请商标××

C. 乙××拟以自己未作为商标使用的某产品的通用名称申请商标××

D. 丁××拟使用××国国徽图案申请商标××

5. 下列商标如向我国商标局申请注册，将不会被核准的是（　　）。

A. "纽约"牌毛毯　　　　　　　　B. "野猪"牌牙刷

C. "痛苦"牌啤酒　　　　　　　　D. "皇冠"牌粉笔

三、判断题

1. 国务院专利行政部门就发明专利在授权过程中的不合理延迟，可以依职权主动给予专利权人专利权期限补偿。（　　）

2. 当事人转让专利权的，专利权的转让自交付专利证书之日起生效。（　　）

3. 甲厂使用"幸福牌"注册商标销售其生产的0520型收录机，其后，乙厂也使用"幸福牌"商标（未注册）销售其生产的轴承，乙厂的行为未构成商标侵权行为。（　　）

4. 甲公司为食品公司，将拥有的"绿三角"注册商标使用在其生产的面粉上。后甲公司改为建材公司，其可以继续使用"绿三角"的注册商标，用在其生产的水泥上。（　　）

5. 以相同的商标在同一天申请注册的，商标权授予使用在先的当事人。（　　）

四、实战模拟

甲公司为国内生产数控机床的公司，拥有与数控机床有关的多项发明专利技术。2022年4月，甲公司与外国乙公司签订了商标使用许可合同。根据商标使用许可合同，甲公司获得了乙公司的A注册商标的独占使用权，核准使用的商品为数控机床。2022年7月，甲公司与丙公司签订代销合同，约定丙公司以自己的名义试销贴有A注册商标的数控机床10台，销售价格为每台15万元，每销售一台收取代销费2万元。2023年3月，丙公司以每台15万元的价格向丁公司销售了3台数控机床。丁公司收到3台数控机床后，自己使用一台，将其余两台出租给其他公司。2023年8月，丙公司未经甲公司同意，将其余7台数控机床的A注册商标清除，更换为自己的C注册商标，并以每台15万元的价格卖出了5台。

要求：根据上述内容，分别回答下列问题：

（1）丁公司出租数控机床的行为是否侵犯甲公司的专利权？并说明理由。

（2）丙公司更换A注册商标的行为是否侵犯乙公司的商标权？并说明理由。

项目八　劳动合同和社会保险法律制度

【思维导图】

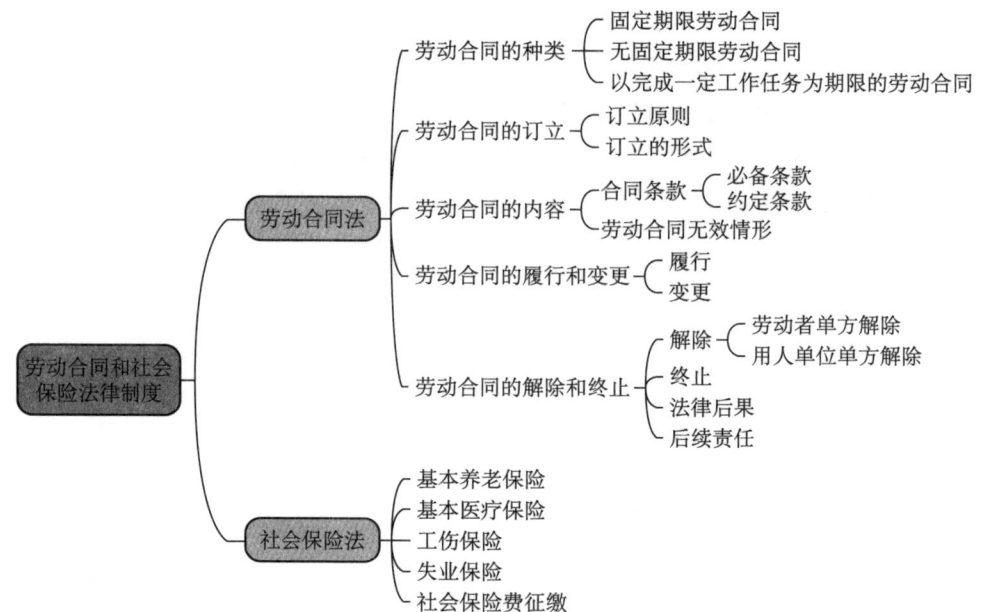

任务一　劳动合同法

Ⅰ．任务提要

（1）劳动合同的种类；

（2）劳动合同的订立、合同内容、合同履行和变更、合同解除和终止。

Ⅱ．能力提升

（1）知识目标：了解劳动合同的订立过程，熟练掌握劳动合同的内容和效力。

（2）技能目标：能够草拟和审查劳动合同的内容和效力；能力计算劳动合同解除后的经济补偿金。

Ⅲ．思政融入与成效

从契约精神讲解劳动合同，明确用人单位要充分尊重劳动者的合法权益和诉求，在纠纷中校正不合理或违法行为。使学生形成正确的劳动观，尊重劳动，热爱劳动。

Ⅳ．岗位实训

张三在甲公司工作 2 年后，甲公司将其送到某大学接受为期 1 年的专项技术培训，公司为张三支付了各项培训费用共 2 万元。为此，公司与张三约定，培训合格后，公司提拔他任公司技术总监，但张三必须得为公司服务 5 年，违反服务期应承担每年 2 万元的违约金；还约定张三与公司解除或终止劳动合同后，2 年内不得到经营同类产品的公司工作，如违反该约定应支付违约金 10 万元。张三培训后回公司工作，1 年后，因公司经营不景气，连续 5 个月均只发了工资的 60%，张三以单位未及时足额支付劳动报酬为由书面通知公司解除合同，20 天后便到了经营同类产品的乙公司上班。张三提出解除劳动合同后要求甲公司支付尚未支付的 5 个月工资的 40% 和经济补偿金；甲公司则认为张三违反了服务期条款和竞业限制条款，要求张三按约定支付该两项违约金，赔偿因未提前通知即辞职而给公司带来的损失，并认为乙公司也应承担连带责任。双方因此而产生纠纷。请分析以下问题：

（1）张三是否有权要求甲公司支付尚未支付的 5 个月工资的 40% 和经济补偿金？

（2）张三是否应支付违反服务期条款和竞业限制条款的违约金？违反服务期条款和竞业限制条款的违约金应怎样承担？本案的约定符合法律规定吗？

（3）甲公司主张张三应赔偿因未提前通知即辞职而给甲公司带来的损失能获得支持吗？为什么？

（4）乙公司应承担连带责任吗？为什么？

8.1 案例解析

Ⅴ．知识储备

知识点 1　劳动合同的种类

劳动合同分为固定期限劳动合同、无固定期限劳动合同和以完成一定工作任务为期限的劳动合同。

一、固定期限劳动合同

固定期限劳动合同，是指用人单位与劳动者约定合同终止时间的劳动合同。用人单位与劳动者协商一致，可以订立固定期限劳动合同。

二、无固定期限劳动合同

无固定期限劳动合同，是指用人单位与劳动者约定无确定终止时间的劳动合同。

用人单位与劳动者协商一致，可以订立无固定期限劳动合同。

有下列情形之一，劳动者提出或者同意续订、订立劳动合同的，除劳动者提出订立固定期限劳动合同外，应当订立无固定期限劳动合同：

1. 劳动者在该用人单位连续工作满 10 年的；

2. 用人单位初次实行劳动合同制度或者国有企业改制重新订立劳动合同时，劳动者在该用人单位连续工作满 10 年且距法定退休年龄不足 10 年的；

3. 连续订立 2 次固定期限劳动合同，且劳动者没有用人单位可以依法解除劳动合同的情形的，续订劳动合同的。

用人单位自用工之日起满 1 年不与劳动者订立书面劳动合同的，视为用人单位与劳动者已订立无固定期限劳动合同。

三、以完成一定工作任务为期限的劳动合同

以完成一定工作任务为期限的劳动合同，是指用人单位与劳动者约定以某项工作的完成为合同期限的劳动合同。

用人单位与劳动者协商一致，可以订立以完成一定工作任务为期限的劳动合同。

知识点 2　劳动合同的订立

一、劳动合同订立的原则

订立劳动合同，应当遵循合法、公平、平等自愿、协商一致、诚实信用的原则。

依法订立的劳动合同具有约束力，用人单位与劳动者应当履行劳动合同约定的义务。

二、劳动合同订立的形式

1. 劳动合同必须采用书面形式签订。用人单位自用工之日起即与劳动者建立劳动关系。用人单位应当建立职工名册备查。建立劳动关系，应当订立书面劳动合同。

2. 签订劳动合同的时限要求。已建立劳动关系，未同时订立书面劳动合同的，应当自用工之日起 1 个月内订立书面劳动合同。

3. 实际用工日与劳动合同订立时间不一致以，以实际用工日为准。用人单位与劳动者在用工前订立劳动合同的，劳动关系自用工之日起建立。

劳动合同由用人单位与劳动者协商一致，并经用人单位与劳动者在劳动合同文本上签字或者盖章生效。劳动合同文本由用人单位和劳动者各执一份。

【真题演练 8-1 案例分析题】王某与 A 公司于 2023 年 3 月 1 日签订劳动合同，约定合同期限是 1 年，试用期 1 个月。王某 3 月 10 日上岗工作。

请问：王某与 A 公司是何时建立劳动关系的？

【答案】劳动者与用人单位形成劳动关系的时间以实际用工日为准。因此王某与 A 公司是 2023 年 3 月 10 日建立劳动关系的。

知识点 3　劳动合同的内容

一、劳动合同的条款

（一）必备条款

劳动合同应当具备以下条款：

1. 用人单位的名称、住所和法定代表人或者主要负责人；
2. 劳动者的姓名、住址和居民身份证或者其他有效身份证件号码；
3. 劳动合同期限；
4. 工作内容和工作地点；
5. 工作时间和休息休假；
6. 劳动报酬；
7. 社会保险；
8. 劳动保护、劳动条件和职业危害防护；
9. 法律、法规规定应当纳入劳动合同的其他事项。

（二）约定条款

劳动合同除前款规定的必备条款外，用人单位与劳动者可以约定试用期、培训、保守秘密、补充保险和福利待遇等其他事项。

1. 试用期。

（1）试用期限。劳动合同期限 3 个月以上不满 1 年的，试用期不得超过 1 个月；劳动合同期限 1 年以上不满 3 年的，试用期不得超过 2 个月；3 年以上固定期限和无固定期限的劳动合同，试用期不得超过 6 个月。

同一用人单位与同一劳动者只能约定一次试用期。

以完成一定工作任务为期限的劳动合同或者劳动合同期限不满 3 个月的，不得约定试用期。

试用期包含在劳动合同期限内。劳动合同仅约定试用期的，试用期不成立，该期限为劳动合同期限。

（2）试用期工资。劳动者在试用期的工资不得低于本单位相同岗位最低档工资或者劳动合同约定工资的80%，并不得低于用人单位所在地的最低工资标准。

（3）试用期内劳动合同的解除。在试用期内，劳动者有下列8种情形的，用人单位可以解除劳动合同：在试用期间被证明不符合录用条件的；严重违反用人单位的规章制度的；严重失职，营私舞弊，给用人单位造成重大损害的；劳动者同时与其他用人单位建立劳动关系，对完成本单位的工作任务造成严重影响，或者经用人单位提出，拒不改正的；因本法第二十六条第一款第一项规定的情形致使劳动合同无效的；被依法追究刑事责任的；劳动者患病或者非因工负伤，在规定的医疗期满后不能从事原工作，也不能从事由用人单位另行安排的工作的；劳动者不能胜任工作，经过培训或者调整工作岗位，仍不能胜任工作的。

用人单位在试用期解除劳动合同的，应当向劳动者说明理由。

2. 服务期。用人单位为劳动者提供专项培训费用，对其进行专业技术培训的，可以与该劳动者订立协议，约定服务期。

劳动者违反服务期约定的，应当按照约定向用人单位支付违约金。违约金的数额不得超过用人单位提供的培训费用。用人单位要求劳动者支付的违约金不得超过服务期尚未履行部分所应分摊的培训费用。

用人单位与劳动者约定服务期的，不影响按照正常的工资调整机制提高劳动者在服务期期间的劳动报酬。

3. 保密义务和竞业限制。

（1）保密义务。用人单位与劳动者可以在劳动合同中约定保守用人单位的商业秘密和与知识产权相关的保密事项。

对负有保密义务的劳动者，用人单位可以在劳动合同或者保密协议中与劳动者约定竞业限制条款，并约定在解除或者终止劳动合同后，在竞业限制期限内按月给予劳动者经济补偿。劳动者违反竞业限制约定的，应当按照约定向用人单位支付违约金。

（2）竞业限制。竞业限制的人员限于用人单位的高级管理人员、高级技术人员和其他负有保密义务的人员。竞业限制的范围、地域、期限由用人单位与劳动者约定，竞业限制的约定不得违反法律、法规的规定。

在解除或者终止劳动合同后，前款规定的人员到与本单位生产或者经营同类产品、从事同类业务的有竞争关系的其他用人单位，或者自己开业生产或者经营同类产品、从事同类业务的竞业限制期限，不得超过2年。

二、劳动合同无效情形

下列劳动合同无效或者部分无效：

1. 以欺诈、胁迫的手段或者乘人之危，使对方在违背真实意思的情况下订立或者变更劳动合同的；
2. 用人单位免除自己的法定责任、排除劳动者权利的；
3. 违反法律、行政法规强制性规定的。

对劳动合同的无效或者部分无效有争议的，由劳动争议仲裁机构或者人民法院确认。

劳动合同部分无效，不影响其他部分效力的，其他部分仍然有效。

劳动合同被确认无效，劳动者已付出劳动的，用人单位应当向劳动者支付劳动报酬。劳动报酬的数额，参照本单位相同或者相近岗位劳动者的劳动报酬确定。

知识点 4　劳动合同的履行和变更

一、劳动合同的履行

用人单位与劳动者应当按照劳动合同的约定，全面履行各自的义务。

（一）劳动报酬

用人单位应当按照劳动合同约定和国家规定，向劳动者及时足额支付劳动报酬。用人单位拖欠或者未足额支付劳动报酬的，劳动者可以依法向当地人民法院申请支付令，人民法院应当依法发出支付令。用人单位支付劳动者的工资不得低于当地最低工资标准。工资应当以货币形式按月支付给劳动者本人。不得克扣或者无故拖欠劳动者的工资。劳动者在法定休假日和婚丧假期间以及依法参加社会活动期间，用人单位应当依法支付工资。

（二）加班

用人单位应当严格执行劳动定额标准，不得强迫或者变相强迫劳动者加班。用人单位安排加班的，应当按照国家有关规定向劳动者支付加班费。

用人单位由于生产经营需要，经与工会和劳动者协商后可以延长工作时间，一般每日不得超过 1 小时；因特殊原因需要延长工作时间的，在保障劳动者身体健康的条件下延长工作时间每日不得超过 3 小时，但是每月不得超过 36 小时。

安排劳动者延长工作时间的，支付不低于工资的 150% 的工资报酬；休息日安排劳动者工作又不能安排补休的，支付不低于工资的 200% 的工资报酬；法定休假日安排劳动者工作的，支付不低于工资的 300% 的工资报酬。

（三）劳动者拒绝违章指挥、强令冒险作业

劳动者拒绝用人单位管理人员违章指挥、强令冒险作业的，不视为违反劳动合同。

劳动者对危害生命安全和身体健康的劳动条件，有权对用人单位提出批评、检举和控告。

二、劳动合同的变更

用人单位变更名称、法定代表人、主要负责人或者投资人等事项，不影响劳动合同的履行。用人单位发生合并或者分立等情况，原劳动合同继续有效，劳动合同由承继其权利和义务的用人单位继续履行。用人单位与劳动者协商一致，可以变更劳动合同约定的内容。变更劳动合同，应当采用书面形式。变更后的劳动合同文本由用人单位和劳动者各执一份。

知识点 5　劳动合同的解除和终止

一、劳动合同解除

（一）协商解除

用人单位与劳动者协商一致，可以解除劳动合同。

（二）法定解除

1. 劳动者提前通知解除劳动合同。劳动者提前 30 日以书面形式通知用人单位，可以解除劳动合同。劳动者在试用期内提前 3 日通知用人单位，可以解除劳动合同。

2. 劳动者单方解除劳动合同。用人单位有下列情形之一的，劳动者可以解除劳动合同：

（1）未按照劳动合同约定提供劳动保护或者劳动条件的；
（2）未及时足额支付劳动报酬的；
（3）未依法为劳动者缴纳社会保险费的；
（4）用人单位的规章制度违反法律、法规的规定，损害劳动者权益的；
（5）因用人单位过错致使劳动合同无效的；
（6）法律、行政法规规定劳动者可以解除劳动合同的其他情形。

用人单位以暴力、威胁或者非法限制人身自由的手段强迫劳动者劳动的，或者用人单位违章指挥、强令冒险作业危及劳动者人身安全的，劳动者可以立即解除劳动合同，无须事先告知用人单位。

3. 用人单位单方解除劳动合同（过失性辞退）。劳动者有下列情形之一的，用人单位可以解除劳动合同：

（1）在试用期间被证明不符合录用条件的；
（2）严重违反用人单位的规章制度的；

(3) 严重失职，营私舞弊，给用人单位造成重大损害的；

(4) 劳动者同时与其他用人单位建立劳动关系，对完成本单位的工作任务造成严重影响，或者经用人单位提出，拒不改正的；

(5) 因劳动者过错致使劳动合同无效的；

(6) 被依法追究刑事责任的。

4. 用人单位单方解除劳动合同（无过失性辞退）。有下列情形之一的，用人单位提前30日以书面形式通知劳动者本人或者额外支付劳动者1个月工资后，可以解除劳动合同：

(1) 劳动者患病或者非因工负伤，在规定的医疗期满后不能从事原工作，也不能从事由用人单位另行安排的工作的；

(2) 劳动者不能胜任工作，经过培训或者调整工作岗位，仍不能胜任工作的；

(3) 劳动合同订立时所依据的客观情况发生重大变化，致使劳动合同无法履行，经用人单位与劳动者协商，未能就变更劳动合同内容达成协议的。

5. 经济性裁员。有下列情形之一，需要裁减人员20人以上或者裁减不足20人但占企业职工总数10%以上的，用人单位提前30日向工会或者全体职工说明情况，听取工会或者职工的意见后，裁减人员方案经向劳动行政部门报告，可以裁减人员：

(1) 依照企业破产法规定进行重整的；

(2) 生产经营发生严重困难的；

(3) 企业转产、重大技术革新或者经营方式调整，经变更劳动合同后，仍需裁减人员的；

(4) 其他因劳动合同订立时所依据的客观经济情况发生重大变化，致使劳动合同无法履行的。

裁减人员时，应当优先留用下列人员：

(1) 与本单位订立较长期限的固定期限劳动合同的；

(2) 与本单位订立无固定期限劳动合同的；

(3) 家庭无其他就业人员，有需要扶养的老人或者未成年人的。

用人单位依法裁减人员，在6个月内重新招用人员的，应当通知被裁减的人员，并在同等条件下优先招用被裁减的人员。

6. 用人单位不得解除劳动合同的情形。劳动者有下列情形之一的，用人单位不得解除劳动合同：

(1) 从事接触职业病危害作业的劳动者未进行离岗前职业健康检查，或者疑似职业病病人在诊断或者医学观察期间的；

(2) 在本单位患职业病或者因工负伤并被确认丧失或者部分丧失劳动能力的；

(3) 患病或者非因工负伤，在规定的医疗期内的；

(4) 女职工在孕期、产期、哺乳期的;
(5) 在本单位连续工作满 15 年,且距法定退休年龄不足 5 年的;
(6) 法律、行政法规规定的其他情形。

要充分发挥工会在劳动合同解除中的监督作用,用人单位单方解除劳动合同,应当事先将理由通知工会。用人单位违反法律、行政法规规定或者劳动合同约定的,工会有权要求用人单位纠正。用人单位应当研究工会的意见,并将处理结果书面通知工会。

二、劳动合同的终止

劳动合同的终止,是劳动者与用人单位的权利义务关系的终止,即劳动关系的终止。

(一) 劳动合同终止的情形

有下列情形之一的,劳动合同终止:

1. 劳动合同期满的;
2. 劳动者开始依法享受基本养老保险待遇的;
3. 劳动者死亡,或者被人民法院宣告死亡或者宣告失踪的;
4. 用人单位被依法宣告破产的;
5. 用人单位被吊销营业执照、责令关闭、撤销或者用人单位决定提前解散的;
6. 法律、行政法规规定的其他情形。

(二) 经济补偿

有下列情形之一的,用人单位应当向劳动者支付经济补偿:

1. 由用人单位提出解除劳动合同并与劳动者协商一致而解除劳动合同的;
2. 劳动者符合随时通知解除和不需要事先通知即可解除劳动合同的规定情形而解除劳动合同的;
3. 用人单位符合提前 30 日以书面形式通知劳动者本人或者额外支付劳动者 1 个月工资后可以解除劳动合同的规定情形而解除劳动合同的;
4. 用人单位符合可裁减人员规定而解除与劳动者的劳动合同的;
5. 除用人单位维持或者提高劳动合同约定条件续订劳动合同,劳动者不同意续订的情形外,劳动合同期满终止固定期限劳动合同的;
6. 以完成一定工作任务为期限的劳动合同因任务完成而终止的;
7. 用人单位被依法宣告破产终止劳动合同的;
8. 用人单位被吊销营业执照、责令关闭、撤销或者用人单位决定提前解散而终止劳动合同的;
9. 法律、行政法规规定的其他情形。

经济补偿按劳动者在本单位工作的年限，每满 1 年支付 1 个月工资的标准向劳动者支付。6 个月以上不满 1 年的，按 1 年计算；不满 6 个月的，向劳动者支付半个月工资的经济补偿。

劳动者月工资高于用人单位所在直辖市、设区的市级人民政府公布的本地区上年度职工月平均工资 3 倍的，向其支付经济补偿的标准按职工月平均工资 3 倍的数额支付，向其支付经济补偿的年限最高不超过 12 年。

月工资是指劳动者在劳动合同解除或者终止前 12 个月的平均工资。

三、违法解除或者终止劳动合同的法律后果

用人单位违法解除或者终止劳动合同，劳动者要求继续履行劳动合同的，用人单位应当继续履行；劳动者不要求继续履行劳动合同或者劳动合同已经不能继续履行的，用人单位应当依法支付赔偿金。

四、劳动合同解除或者终止后双方的义务

用人单位应当在解除或者终止劳动合同时出具解除或者终止劳动合同的证明，并在 15 日内为劳动者办理档案和社会保险关系转移手续。

劳动者应当按照双方约定，办理工作交接。用人单位依法应当向劳动者支付经济补偿的，在办结工作交接时支付。

用人单位对已经解除或者终止的劳动合同的文本，至少保存 2 年备查。

任务二　社会保险法

Ⅰ. 任务提要

（1）基本养老保险；

（2）基本医疗保险；

（3）工伤和失业保险。

Ⅱ. 能力提升

（1）知识目标：掌握基本养老保险的主要内容；掌握工伤保险的主要内容。

（2）技能目标：能够正确分析工伤保险的认定。

Ⅲ. 思政融入与成效

将社会主义制度的优越性融入社会保险法的学习，规范社会保险关系，维护公民参加社会保险和享受社会保险待遇的合法权益，构建和发展和谐稳定的社会关系。

Ⅳ. 岗位实训

周某是河北省某煤矿的一名矿工,从事煤矿开采。2019年3月的一天,周某和往常一样下班后前往单位职工浴室洗澡。在浴室洗澡时,周某不慎摔成骨折。事故发生后,周某所在单位向当地劳动保障行政部门提出了工伤认定申请,认为周某工作结束后在洗澡过程中受伤,属于工作时间后在工作场所内从事与工作有关的收尾性工作受到事故伤害的,应当认定为工伤。劳动保障行政部门受理后,经过调查认为周某摔伤纯属由于个人不慎造成并且与工作无关,因此认为周某在洗澡过程中所受到的伤害不属于工伤。周某对劳动保障行政部门的这一认定结论不服,于是向法院提起了行政诉讼。你认为周某的工伤认定会得到法院支持吗?

8.2 案例解析

Ⅴ. 知识储备

知识点1 基本养老保险

依照《社会保险法》的规定,国家建立基本养老保险、基本医疗保险、工伤保险、失业保险、生育保险等社会保险制度,保障公民在年老、疾病、工伤、失业、生育等情况下依法从国家和社会获得物质帮助的权利。

基本养老保险作为社会保险中至关重要的一项,在社会生活中发挥着重要作用。

一、覆盖范围

1. 职工应当参加基本养老保险,由用人单位和职工共同缴纳基本养老保险费。
2. 无雇工的个体工商户、未在用人单位参加基本养老保险的非全日制从业人员以及其他灵活就业人员可以参加基本养老保险,由个人缴纳基本养老保险费。
3. 公务员和参照公务员法管理的工作人员养老保险的办法由国务院规定。

二、缴费机制

(一)基本养老保险实行社会统筹与个人账户相结合

基本养老保险基金由用人单位和个人缴费以及政府补贴等组成。用人单位应当按照国家规定的本单位职工工资总额的比例缴纳基本养老保险费,记入基本养老保险统筹基金。

职工应当按照国家规定的本人工资的比例缴纳基本养老保险费,记入个人账户。个人账户不得提前支取,记账利率不得低于银行定期存款利率,免征利息税。个人死亡的,个人账户余额可以继承。

无雇工的个体工商户、未在用人单位参加基本养老保险的非全日制从业人员以及其他灵活就业人员参加基本养老保险的,应当按照国家规定缴纳基本养老保险费,分别记入基本养老保险统筹基金和个人账户。

(二) 基本养老金由统筹养老金和个人账户养老金组成

基本养老金根据个人累计缴费年限、缴费工资、当地职工平均工资、个人账户金额、城镇人口平均预期寿命等因素确定。

三、待遇

参加基本养老保险的个人,达到法定退休年龄时累计缴费满15年的,按月领取基本养老金。不足15年的,可以缴费至满15年,按月领取基本养老金;也可以转入新型农村社会养老保险或者城镇居民社会养老保险,按照国务院规定享受相应的养老保险待遇。

参加基本养老保险的个人,因病或者非因工死亡的,其遗属可以领取丧葬补助金和抚恤金;在未达到法定退休年龄时因病或者非因工致残完全丧失劳动能力的,可以领取病残津贴。所需资金从基本养老保险基金中支付。

知识点2 基本医疗保险

一、覆盖范围

1. 职工应当参加职工基本医疗保险,由用人单位和职工按照国家规定共同缴纳基本医疗保险费。

2. 无雇工的个体工商户、未在用人单位参加职工基本医疗保险的非全日制从业人员以及其他灵活就业人员可以参加职工基本医疗保险,由个人按照国家规定缴纳基本医疗保险费。

3. 除职工基本医疗保险应参保人员以外的其他所有城乡居民,由城乡居民基本医疗保险制度覆盖。

二、缴费机制

城镇居民基本医疗保险实行个人缴费和政府补贴相结合。

享受最低生活保障的人、丧失劳动能力的残疾人、低收入家庭60周岁以上的老年人和未成年人等所需个人缴费部分,由政府给予补贴。

参加职工基本医疗保险的个人,达到法定退休年龄时累计缴费达到国家规定年限的,退休后不再缴纳基本医疗保险费,按照国家规定享受基本医疗保险待遇;未达到国家规定年限的，可以缴费至国家规定年限。

三、费用结算

1. 符合基本医疗保险药品目录、诊疗项目、医疗服务设施标准以及急诊、抢救的医疗费用，按照国家规定从基本医疗保险基金中支付。

参保人员医疗费用中应当由基本医疗保险基金支付的部分，由社会保险经办机构与医疗机构、药品经营单位直接结算。社会保险行政部门和卫生行政部门应当建立异地就医医疗费用结算制度，方便参保人员享受基本医疗保险待遇。

2. 支付范围

下列医疗费用不纳入基本医疗保险基金支付范围：（1）应当从工伤保险基金中支付的；（2）应当由第三人负担的；（3）应当由公共卫生负担的；（4）在境外就医的。

医疗费用依法应当由第三人负担，第三人不支付或者无法确定第三人的，由基本医疗保险基金先行支付。基本医疗保险基金先行支付后，有权向第三人追偿。

四、医疗期

医疗期是指企业职工因患病或非因工负伤停止工作，治病休息，但不得解除劳动合同的期限。

（一）医疗期限

企业职工因患病或非因工负伤，需要停止工作进行医疗时，根据本人实际参加工作年限和在本单位工作年限，给予3个月到24个月的医疗期（见表8-1）：

1. 实际工作年限不足10年的，在本单位工作年限不足5年的为3个月；5年以上的为6个月。

2. 实际工作年限10年以上的，在本单位工作年限不足5年的为6个月；5年以上不足10年的为9个月；10年以上不足15年的为12个月；15年以上不足20年的为18个月；20年以上的为24个月。

表8-1　　　　　　　　　　工作年限与医疗期期限

实际工作年限	在本单位工作年限（用Y表示）	医疗期期限	计算方法
<10年	<5年	3个月	6个月
	≥5年	6个月	12个月
≥10年	<5年		
	5年≤Y<10年	9个月	15个月
	10年≤Y<15年	12个月	18个月
	15年≤Y<20年	18个月	24个月
	≥20年	24个月	30个月

(二) 待遇

1. 病假工资或疾病救济费可以低于当地最低工资标准支付，但最低不能低于最低工资标准的 80%。

2. 医疗期内不得解除或终止劳动合同，用人单位符合随时通知解除劳动合同条件的除外。如医疗期内遇合同期满，则合同必须续延至医疗期满，职工在此期间仍然享受医疗期内待遇。

3. 对医疗期满尚未痊愈者，或者医疗期满后，不能从事原工作，也不能从事用人单位另行安排的工作，被解除劳动合同的，用人单位须按经济补偿金规定给予其经济补偿金。

知识点 3 工伤保险

一、缴费机制

职工应当参加工伤保险，由用人单位缴纳工伤保险费，职工不缴纳工伤保险费。用人单位应当按照本单位职工工资总额，根据社会保险经办机构确定的费率缴纳工伤保险费。

二、工伤认定

（一）工伤认定情形

1. 在工作时间和工作场所内，因工作原因受到事故伤害的；

2. 工作时间前后在工作场所内，从事与工作有关的预备性或收尾性工作受到事故伤害的；

3. 在工作时间和工作场所内，因履行工作职责受到暴力等意外伤害的；

4. 患职业病的；

5. 因工外出期间，由于工作原因受到伤害或者发生事故下落不明的；

6. 在上下班途中，受到非本人主要责任的交通事故或者城市轨道交通、客运轮渡、火车事故伤害的；

7. 法律、行政法规规定应当认定为工伤的其他情形。

（二）不认定工伤的情形

职工因下列情形之一导致本人在工作中伤亡的，不认定为工伤：

1. 故意犯罪；

2. 醉酒或者吸毒；

3. 自残或者自杀；

4. 法律、行政法规规定的其他情形。

三、费用支付

（一）工伤保险基金支付

因工伤发生的下列费用，按照国家规定从工伤保险基金中支付：

1. 治疗工伤的医疗费用和康复费用；
2. 住院伙食补助费；
3. 到统筹地区以外就医的交通食宿费；
4. 安装配置伤残辅助器具所需费用；
5. 生活不能自理的，经劳动能力鉴定委员会确认的生活护理费；
6. 一次性伤残补助金和一至四级伤残职工按月领取的伤残津贴；
7. 终止或者解除劳动合同时，应当享受的一次性医疗补助金；
8. 因工死亡的，其遗属领取的丧葬补助金、供养亲属抚恤金和因工死亡补助金；
9. 劳动能力鉴定费。

（二）用人单位支付

因工伤发生的下列费用，按照国家规定由用人单位支付：

1. 治疗工伤期间的工资福利；
2. 五级、六级伤残职工按月领取的伤残津贴；
3. 终止或者解除劳动合同时，应当享受的一次性伤残就业补助金。

（三）停止支付的情形

1. 丧失享受待遇条件的；
2. 拒不接受劳动能力鉴定的；
3. 拒绝治疗的。

知识点 4　失业保险

一、失业保险缴纳

职工应当参加失业保险，由用人单位和职工按照国家规定共同缴纳失业保险费。

二、领取条件

失业人员符合下列条件的，从失业保险基金中领取失业保险金：

1. 失业前用人单位和本人已经缴纳失业保险费满 1 年的；

2. 非因本人意愿中断就业的；
3. 已经进行失业登记，并有求职要求的。

三、领取期限

失业人员失业前用人单位和本人累计缴费满 1 年不足 5 年的，领取失业保险金的期限最长为 12 个月；累计缴费满 5 年不足 10 年的，领取失业保险金的期限最长为 18 个月；累计缴费 10 年以上的，领取失业保险金的期限最长为 24 个月。重新就业后，再次失业的，缴费时间重新计算，领取失业保险金的期限与前次失业应当领取而尚未领取的失业保险金的期限合并计算，最长不超过 24 个月。

四、失业保险金标准

失业保险金的标准，由省、自治区、直辖市人民政府确定，不得低于城市居民最低生活保障标准。

五、失业保险金的继承

失业人员在领取失业保险金期间死亡的，参照当地对在职职工死亡的规定，向其遗属发给一次性丧葬补助金和抚恤金。所需资金从失业保险基金中支付。

个人死亡同时符合领取基本养老保险丧葬补助金、工伤保险丧葬补助金和失业保险丧葬补助金条件的，其遗属只能选择领取其中的一项。

六、停止领取失业保险金的情形

1. 重新就业的；
2. 应征服兵役的；
3. 移居境外的；
4. 享受基本养老保险待遇的；
5. 无正当理由，拒不接受当地人民政府指定部门或者机构介绍的适当工作或者提供的培训的。

知识点 5 社会保险费征缴

一、社会保险登记

用人单位应当自成立之日起 30 日内凭营业执照、登记证书或者单位印章，向当地社会保险经办机构申请办理社会保险登记。社会保险经办机构应当自收到申请之日起 15 日内予以审核，发给社会保险登记证件。

用人单位应当自用工之日起 30 日内为其职工向社会保险经办机构申请办理社会保险登记。

二、社会保险费用的缴纳

用人单位应当自行申报、按时足额缴纳社会保险费，非因不可抗力等法定事由不得缓缴、减免。职工应当缴纳的社会保险费由用人单位代扣代缴，用人单位应当按月将缴纳社会保险费的明细情况告知本人。

无雇工的个体工商户、未在用人单位参加社会保险的非全日制从业人员以及其他灵活就业人员，可以直接向社会保险费征收机构缴纳社会保险费。

项目检测八

一、单项选择题

1. 甲公司为员工王某支付培训费 20000 元，服务期为 5 年。3 年后，王某以劳动合同期满为由，不肯再续签合同，甲公司要求王某支付违约金，根据规定，违约金数额不得超过（　　）元。

　　A. 20000　　　　B. 12000　　　　C. 10000　　　　D. 8000

2. 根据劳动合同法律制度的规定，下列属于劳动合同必备条款的是（　　）。

　　A. 试用期　　　　　　　　　　B. 服务期
　　C. 竞业限制　　　　　　　　　D. 工作时间和休息休假

3. 根据劳动合同法律制度的规定，累计工作满 20 年以上的职工，请病假累计（　　）个月以上的不享受当年的年休假。

　　A. 1 个月　　　　B. 2 个月　　　　C. 3 个月　　　　D. 4 个月

4. 根据劳动合同法律制度的规定，下列关于劳动报酬的表述中，不正确的是（　　）。

　　A. 工资可以以法定货币支付，也可以以实物及有价证券替代货币支付
　　B. 劳动者在法定休假日和婚丧假期间及依法参加社会活动期间，用人单位应当依法支付工资
　　C. 在部分公民放假的节日期间（妇女节、青年节，非星期六、星期日），对参加社会活动或单位组织庆祝活动和照常工作的职工，单位应支付工资报酬，但不支付加班工资
　　D. 如果部分公民放假的节日期间（妇女节、青年节），恰逢星期六、星期日，单位安排职工加班工作，则应当依法支付休息日的加班工资

5. 刘某在正常完成自己工作的前提下，被公司安排在周六加班，且不能安排补休。根据劳动合同法律制度的规定，刘某可以要求公司按照不低于其日或小时工资标准的（　　）支付工资。

　　A. 100%　　　　　B. 150%　　　　　C. 200%　　　　　D. 300%

6. 于某作为甲公司的出纳，月工资3000元，因其个人原因给公司造成损失10万元。已知当地月最低工资标准为2500元。根据劳动合同法律制度的规定，下列表述中，不正确的是（　　）。

　　A. 甲公司可按照劳动合同的约定要求于某赔偿经济损失

　　B. 甲公司经济损失的赔偿，可依法从于某的工资中扣除

　　C. 甲公司每月扣除的部分不得超过于某当月工资的20%

　　D. 甲公司扣除损失后最低可支付于某2400元的工资

7. 周某到E公司就职后，发现E公司未按照劳动合同约定提供劳动保护和劳动条件。根据劳动合同法律制度的规定，下列表述正确的是（　　）。

　　A. 周某无权单方面解除劳动合同

　　B. 周某可随时通知E公司解除劳动合同

　　C. 周某若想解除劳动合同，需要E公司同意才可以

　　D. 周某不能解除劳动合同，只有E公司才有单方解除权

8. 根据劳动合同法律制度的规定，下列关于劳动调解程序的表述中，不正确的是（　　）。

　　A. 当事人申请劳动争议调解可以书面申请，也可以口头申请

　　B. 经调解达成协议的，应当制作调解协议书

　　C. 调解协议书送达当事人后生效

　　D. 达成调解协议后，一方当事人在协议约定期限内不履行调解协议的，另一方当事人可以依法申请仲裁

9. 2022年2月1日，王某与甲公司签订1年期劳动合同，试用期为1个月；工作期间双方无任何违法违规行为，2022年4月1日，王某书面通知甲公司解除劳动合同，那么王某依法应继续在甲公司工作（　　）日。

　　A. 3　　　　　B. 15　　　　　C. 20　　　　　D. 30

10. 李某于2015年9月3日到甲公司工作，甲公司在同年12月3日才与其订立书面劳动合同。已知李某月工资为3000元，甲公司已按月足额发放。因未及时订立书面劳动合同，甲公司应向李某支付的工资补偿为（　　）。

　　A. 6000元　　　　B. 9000元　　　　C. 3000元　　　　D. 0元

二、多项选择题

1. 根据劳动合同法律规定的规定，下列情形中，可导致劳动合同关系终止的有

(   )。

  A. 劳动合同期满   B. 劳动者达到法定退休年龄

  C. 用人单位被依法宣告破产   D. 女职工在哺乳期

  2. 2021 年 2 月 1 日，秦某进入宁国公司工作，月工资 8000 元，公司按月支付，直到 2022 年 8 月底，宁国公司仍未与秦某签订书面劳动合同。下列有关宁国公司与秦某之间劳动关系建立及后果的表述中，正确的有（　　）。

  A. 应视为自 2022 年 2 月 1 日起双方已订立无固定期限劳动合同

  B. 宁国公司应当立即与秦某补订书面劳动合同

  C. 秦某有权要求宁国公司支付未签订书面劳动合同的工资补偿 88000 元

  D. 双方的劳动关系自 2021 年 2 月 1 日起建立

  3. 根据劳动合同法律制度的规定，下列情形中，可导致劳动合同无效或部分无效的有（　　）。

  A. 劳动合同条款违反法律、行政法规强制性规定的

  B. 劳动合同欠缺必备条款的

  C. 一方当事人以胁迫的手段，使对方在违背真实意思的情况下订立的

  D. 劳动合同签订后，用人单位发生分立的

  4. 根据劳动合同法律制度的规定，下列各项中，属于劳动合同必备条款的有（　　）。

  A. 服务期   B. 工作内容   C. 补充保险   D. 劳动合同期限

  5. 根据社会保险法律制度的规定，下列有关职工基本养老保险待遇的表述中，正确的有（　　）。

  A. 参保职工未达到法定退休年龄时因病致残完全丧失劳动能力的，可以领取病残津贴

  B. 参保职工死亡后，其个人账户中的余额可以全部依法继承

  C. 参保职工达到法定退休年龄时累计缴费满 15 年，按月领取基本养老金

  D. 参保职工死亡同时符合领取基本养老保险丧葬补助金、工伤保险丧葬补助金和失业保险丧葬补助金条件的，其遗属可以同时领取

三、判断题

  1. 劳动合同可以约定试用期，试用期最长不得超过 12 个月。（　　）

  2. 在试用期间被证明不符合录用条件的，用人单位应提前 30 日通知劳动者，解除劳动合同。（　　）

  3. 劳动者在用人单位工作满 10 年的，必须订立无固定期限劳动合同。（　　）

  4. 省级以上人民政府将社会保险事业纳入国民经济和社会发展规划。（　　）

  5. 参加基本养老保险的个人，因病或者非因工死亡的，其遗属可以领取丧葬补

助金和抚恤金。 （　　）

四、实战模拟

张某于 2020 年 6 月入职某快递公司，双方订立的劳动合同约定试用期为 3 个月，试用期月工资为 8000 元，工作时间执行某快递公司规章制度相关规定。某快递公司规章制度规定，工作时间为早 9 时至晚 9 时，每周工作 6 天。2 个月后，张某以工作时间严重超过法律规定上限为由拒绝超时加班安排，某快递公司即以张某在试用期间被证明不符合录用条件为由与其解除劳动合同。张某向劳动人事争议仲裁委员会（简称仲裁委员会）申请仲裁。

请分析：用人单位能否解除与张某的劳动合同？

参考文献

［1］财政部会计财务评价中心．经济法基础［M］．北京：经济科学出版社，2021.11.

［2］财政部会计财务评价中心．经济法［M］．北京：经济科学出版社，2023.1.

［3］李世炜．经济法［M］．3版．北京：高等教育出版社，2019.11（2022.1重印）．

［4］刘树桥，滕桂艳．经济法概论［M］．北京：中国电力出版社，2010.9.

［5］王福友．经济法［M］．7版．北京：高等教育出版社，2021.4（2022.6重印）．

［6］王琳雯，李良雄．经济法实务［M］．北京：人民邮电出版社，2022.10.

［7］孙长坪．经济法律基础与实务［M］．北京：高等教育出版社，2015.01.

［8］何辛．新编经济法实用教程［M］．大连：大连理工大学出版社，2022.08.